Uma história da velhice no Brasil

Mary
Del
Priore

Uma história da velhice no Brasil

2ª edição
1ª reimpressão

VESTÍGIO

Copyright © 2025 Mary Del Priore
Copyright desta edição © 2025 Editora Vestígio

Todos os direitos reservados pela Editora Vestígio. Nenhuma parte desta publicação poderá ser reproduzida, seja por meios mecânicos, eletrônicos, seja via cópia xerográfica, sem a autorização prévia da Editora.

DIREÇÃO EDITORIAL
Arnaud Vin

EDITOR RESPONSÁVEL
Eduardo Soares

PREPARAÇÃO DE TEXTO
Sonia Junqueira

REVISÃO
Eduardo Soares

PESQUISA ICONOGRÁFICA
Ludymilla Borges
Marcella Santos

DIAGRAMAÇÃO
Guilherme Fagundes
Waldênia Alvarenga

CAPA
Diogo Droschi
(Retrato da Baronesa de Limeira. Óleo sobre tela de Ernest Paff, 1900; Quarta capa: Retrato de Afonso Pena. Óleo sobre tela de Rodolfo Amoedo, 1908/ Museu da República/ Wikimedia Commons)

Dados Internacionais de Catalogação na Publicação (CIP)
Câmara Brasileira do Livro, SP, Brasil

Priore, Mary Del
  Uma história da velhice no Brasil / Mary Del Priore. -- 2. ed.;
1. reimp. -- São Paulo : Vestígio, 2025.

  ISBN 978-65-6002-091-7

1. Brasil - História 2. Demografia 3. Envelhecimento 4. Idosos - Aspectos sociais 5. Mudanças sociais 6. Políticas públicas - Brasil I. Título.

25-254848   CDD-362.60981

Índices para catálogo sistemático:
  1. Brasil : Envelhecimento : Bem-estar social 362.60981
Eliane de Freitas Leite - Bibliotecária - CRB 8/8415

A **VESTÍGIO** É UMA EDITORA DO **GRUPO AUTÊNTICA**

São Paulo
Av. Paulista, 2.073 . Conjunto Nacional
Horsa I . Salas 404-406 . Bela Vista
01311-940 São Paulo . SP
Tel.: (55 11) 3034 4468

Belo Horizonte
Rua Carlos Turner, 420
Silveira . 31140-520
Belo Horizonte . MG
Tel.: (55 31) 3465 4500

www.editoravestigio.com.br
SAC: atendimentoleitor@grupoautentica.com.br

*...talvez seja apenas o corpo que envelhece,
encarcerando para sempre a juventude dentro desse
espectro impaciente a que chamamos "alma".*
Carlos Fuentes

Viver é se desfazer no tempo.
Rosa Montero

9   Introdução

13 PARTE I
Velhos até os tempos da Independência

15 Terra à vista, e velhos também...
20 Retrato dos primeiros patriarcas
28 A velha bruxa e a índia de seios caídos
30 Velhice & Feiura
34 Quando o relógio da vida acelerava
38 Doenças e remédios possíveis
43 Velhice = impotência e menopausa
49 Na jovem Colônia, os velhos
55 Casamento ajudava a viver mais e melhor?
58 Independência na velhice
62 Elas, viúvas
72 Velhos escravos e escravos velhos

87 PARTE II
Tempos novos para os velhos

95 A velhice, um país
98 Velhos, papel e tinta
106 O papel da memória e os patriarcas
113 O cotidiano do velho no Império
119 Dores de velhos
126 Matronas: alegria com rugas
140 Itinerário da solidão: as solteironas
149 Outros velhos: ex-escravos e mestiços pobres
159 Nova gente, novos velhos
174 Velhice e pobreza

195 **PARTE III**
Velhos numa República Velha

197 Outros novos tempos
202 Velhos na República Velha
209 Velhice, adiante, marche!
216 Brincando com as idades da vida
225 Velhice, um país
241 Quando o ticket perdia a validade
248 A viagem silenciosa
255 Geriatria: primeiros passos

259 **PARTE IV**
A troca do velho pelo idoso

267 Falando em "etarismo"...
273 Velhice no feminino
276 Vidas e fins possíveis...
279 Para passar o tempo ou vendo o tempo passar

287 ***Last, but not least***
[Por último, mas não menos importante]

293 **Bibliografia**
318 **Agradecimentos**

Introdução

Tudo começou com uma dor no joelho e a mãe centenária. Aí, o tema passou a me interessar, pois, afinal, sempre deixamos uma parte de nós mesmos na história que fazemos. Mas o contexto também foi favorável. O "velho" se tornou assunto novo por aqui. Sim, porque o Brasil é um país jovem de cabeças brancas. "Velho é lindo", como querem especialistas, revistas e a mídia? Na verdade, novo também não é lindo. Tudo pode ser bom ou ruim. Só que, na velhice, quando temos os limites bem definidos e começamos a falhar, nos damos conta do lugar de desamparo em que sempre estivemos. Com dor no joelho ou outros males, envelhecer pode ser difícil ou chato. Mas é a única maneira de continuar vivo.

A velhice, porém, é um tema que provoca arrepios. Palavra carregada de inquietação e angústia, ela também representa uma realidade difícil de capturar. Quando é que se fica velho? Aos 60, 70 ou 80 anos? Nada mais flutuante do que os contornos da velhice, vista como um complexo conjunto fisiológico-psicológico e social. Temos a idade de nossas artérias, de nosso coração, de nosso comportamento? Ou é no olhar dos outros que enxergamos nossa idade? Enfim, a única certeza é que desde que nascemos começamos a envelhecer. Mas o fazemos em velocidades diferentes. O modo de vida, o ambiente, a situação social acelera ou retarda nossa evolução, e entramos na velhice em idades muito diversas.

Digo tudo isso porque o Brasil está envelhecendo. Enquanto escrevo, o censo do IBGE informa que a população brasileira está mais envelhecida e feminina do que jamais esteve. Em 2022, a pesquisa mostra que o número de brasileiros com mais de 65 anos cresceu 57,4% desde 2010. Eles são 10,9% do total de habitantes no país – dos 203,1 milhões de brasileiros, 22,2 milhões estão nessa faixa etária. Também de acordo com o IBGE, a mudança no perfil da população brasileira é resultado do aumento da longevidade e da queda no número de filhos por mulher.

Outra boa razão para começarmos a nos aproximar do tema é a mudança na relação com nossos velhos. Antes à margem, hoje eles são a espécie mais comum de cidadãos. Cada vez mais o idoso e a idosa em boa forma estão presentes na publicidade: oferecem máquinas de lavar, passeios turísticos, seguros de vida, remédios para ereção, entre outros. A medicina se debruça sobre os problemas específicos dessa clientela, os economistas se inquietam frente ao aumento de aposentadorias, e os demógrafos se desolam com uma pirâmide invertida de idades – mais velhos, menos jovens – que aponta, a médio prazo, para um Brasil cheio de rugas. O Estado também vai tomando consciência da amplitude da situação e, com a lentidão habitual, começa a pensar nela.

Assim também os historiadores. Como tudo o que é construído por nossas culturas, a velhice tem história. Conforme os grupos sociais, a velhice chegava de maneira diferente. Ela podia ser cronológica e biológica. Havia diferenças entre os homens e as mulheres. Menopausa e impotência eram marcos para ambos os sexos. Não existia a tal da "meia-idade". Dos primeiros sinais à fragilidade total, percorria-se um longo percurso. E o modo como a velhice era percebida, representada, se transformava, era aceita ou recusada, dependia de subjetividades, tradições e costumes de cada cultura.

No passado, não se combatia a velhice. Vivia-se a velhice "como Deus quisesse ou mandasse". Ela chegava mansamente. Velhos não assustavam os jovens. Eles os inspiravam, se instalando em suas vidas e trabalhando junto suas existências. Tinham uma presença real, por vezes triste ou reconfortante, mas capaz de impregnar outras gerações, de guiar seus passos com seus saberes e memórias. Eles sabiam "ir acabando". Não se negava a velhice, nem ela era definida exclusivamente em termos de perdas. O problema maior era quando o desgaste orgânico se ligava às questões econômicas. Como hoje, a velhice ficava pior quando se tornava um fardo para a família. Assunto que, certamente, não aparece nos anúncios de velhinhos felizes que vendem viagens para Cancún!

A velhice tem História e histórias. Quem as contou primeiro foi a filósofa e escritora Simone de Beauvoir, num livro clássico: *A velhice*. E ela o escreveu não só porque envelhecia, mas porque quis quebrar a conspiração do silêncio sobre o tema. Segundo Beauvoir, os velhos não possuíam uma categoria própria, sendo incluídos na categoria dos adultos. As questões colocadas por Beauvoir sobre como eram vistos os velhos continuam a interpelar nossos dias, sobretudo quando o etarismo tomou conta das telas, das academias e da mídia falada e escrita. Com tantos especialistas debruçados sobre o tema, parecia haver poucos silêncios a quebrar.

Estou, porém, tentando romper um deles e me perguntando: como contar uma história da velhice? Se hoje os velhos estão em toda parte, driblando as artérias e o reumatismo, exibindo dentes e músculos de titânio, exercitando-se e sugerindo que são feras na cama, no passado eram quase invisíveis. Comecei buscando o que pudesse existir nos arquivos. No início, era como boiar num mar calmo onde nada acontecia. A palavra "velho" ou "velha", assim como "velhice", é quase invisível nos documentos até bem recentemente. É como se idosos não existissem e, talvez, nem fossem vistos. Fui ouvir os primeiros cronistas, entre eles os padres jesuítas. Deles, passei aos tagarelas viajantes que rodaram o Brasil do início ao fim do século XIX. Para o Império, me vali de memórias, correspondências, jornais, literatura, pinturas e fotografias que não fazem o retrato de toda a sociedade, só da elite. A partir do século XX, não faltam informações, pois velhos começaram a sair de casa, cruzar as ruas, fazer compras, visitar parentes, encher os hospitais e morrer mais tarde. Os documentos foram se multiplicando junto com eles. E insisti em usar as palavras "velho" e "velha", hoje consideradas obscenas. Afinal, é isso que todos nos tornamos com o passar dos anos, em qualquer tempo da História.

Uma história da velhice é assunto complexo, pouco estudado, rico de metamorfoses e varia de um tempo para outro. Sobretudo a partir dos anos 1970, quando a velhice começa a ser estudada, suas definições são inesgotáveis. Que não se busque aqui aspectos demográficos ou considerações teórico-conceptuais sobre o tema, pois eles não me interessaram. E como bem explicou o historiador Carlos de Almeida Prado Bacellar, especialista em demografia histórica, não há quase estudos sobre as populações de outrora. São poucas e centralizadas as pesquisas para São Paulo, Paraná, Rio de Janeiro e Minas Gerais. Qualquer proposta de tipologia seria barrada pela pouca representatividade dos estudos e pela concentração na segunda metade do século XVIII e primeira metade do XIX.

Por isso foquei na velhice do ponto de vista do usuário: como velhos se viam? Como contaram suas vidas? Quis ouvi-los através das paredes finas que separam o mundo de hoje do mundo de ontem. Quis fazê-los protagonistas das próprias histórias. Quis compreender a velhice como fato natural e social, historicamente construído através de imagens, representações e das vozes que emanam de memórias e autobiografias. Quis fazer, do velho de ontem, um narrador para o velho de hoje.

Apesar da falta de documentos, ficou claro que, no passado, a velhice não era um privilégio. Era uma fatalidade. Não era possível se projetar no futuro. Para muitos, a velhice foi vinculada à pobreza, à inatividade, à quietude. E velhos foram alvo de incontáveis doenças que varreram o Brasil. Os centros urbanos foram difusores de males: solidão, fim de correntes de solidariedade, endemias – como a covid-19. Mas foi graças ao aumento de médicos e à presença de hospitais que mais pessoas começaram a morrer mais velhas. Já nas áreas rurais, os documentos comprovam não apenas a presença de longevos, mas de velhos ativos nos seus diferentes grupos sociais. Eles surpreendem. Deixam longe o velhinho do anúncio de Viagra! Especialmente as mulheres. Como hoje, elas já duravam mais do que eles.

A gente aprende muito quando se debruça sobre um assunto inédito. O que aprendi sobre a velhice no passado, além de suas transformações ao longo da história, é que ela não traria consequências se apenas nos ensinasse como desaparecemos. Ou como "nos desfazemos". Mas ela nos ensina, sobretudo, a viver hoje, ainda que num mundo bem mais complexo. Aos que hoje dizem aos velhos "você foi", ele responde com obstinação: "eu sou". Aos que dizem "no seu tempo", eles retrucam: "meu tempo é hoje."

Parte I
Velhos até os tempos da Independência

Envelhecer não é para os fracos.
Betty Davis

Terra à vista, e velhos também...

Primeiras décadas do século XVI. O que era a Terra de Santa Cruz? No imaginário ocidental, uma terra de assombros, misto de paraíso e inferno. Por trás da franja de árvores, habitavam os moradores de um lugar desconhecido. Eles viram os europeus desembarcarem a galope, ganhar terreno e, em poucas décadas, se espalhar pelo cenário. Em março de 1549, Tomé de Sousa chegava à Bahia. Trazia com ele cerca de 1.000 pessoas – entre homens de armas, degredados, colonos pobres e fidalgos do Governo. Uma população chucra e rude. Ela rapidamente iria se tornar "gente derramada" entre os índios, na imagem de um padre jesuíta, Leonardo Nunes. "Derramada" propositalmente, pois era gente hábil em resolver problemas de adaptação e subsistência por meio de trocas, hábito experimentado no Mediterrâneo e no Norte da África. Aqueles que já haviam andado por aquelas plagas e já não eram crianças traziam a experiência para cá.

Pouco se sabe desses aventureiros que cruzaram o Atlântico e vieram viver em ambiente remoto, arranjando seus arremedos de povoação. Sabe-se, porém, que sua expectativa de vida era de 21 anos. Mas quem não morresse por acidente, violência ou envenenamento poderia viver quase tanto quanto os homens de hoje.

Os que sobreviviam saberiam contar dias, meses, anos? Abrigados em choças nas quais tentavam se manter vivos, viviam do escambo com nativos. Das feitorias, onde se traficava pau-brasil, às capitanias, onde se passou a plantar cana, os que aqui se instalavam, se não eram velhos, rapidamente envelheceriam. Abandonariam a juventude e a maturidade.

Sabiam que nenhuma potência celeste os protegeria. Veriam dias e noites se sucederem, moídos pela implacável máquina do tempo. A instabilidade e a precariedade do cotidiano se encarregariam de torcê-los, de triturá-los e de quebrá-los. O mundo era cruel, e a morte batia à porta, não deixando tempo para quase ninguém chegar a ter cabelos brancos. Quem partia nas entradas e bandeiras sabia de antemão que podia não voltar: "Eu Belchior Carneiro estando de caminho para fora e temendo-me da morte...". Doenças, flechas e os perigos da natureza levaram homens como Belchior, chefe da bandeira de Antônio Raposo, em 1608, a fazer testamento antes mesmo de sair de casa.

Mas houve quem resistisse, ainda que vivendo em sociedade muito diversa da europeia. Confrontados à fome, aos ataques do "gentio" e à indiferença das forças da natureza, sobreviveram. A imensidão do território lhes exigiu diferentes modos de convívio. Dos portos litorâneos aos sertões e seus vazios, se desenrolou o cotidiano de homens e mulheres que assistiram às transformações de seu tempo. Envelheciam à medida que a jovem Colônia desabrochava. Retratos dessas primeiras velhices? Raros.

Velhos podem não ter deixado rastros, mas sabiam bem o que era a velhice. No século XVI, a ideia da decrepitude do corpo provocada pela idade parecia dominante entre os portugueses. Se na Idade Média menosprezava-se o "farrapo humano" no qual a idade transformava o corpo, no Renascimento, enquanto se exaltava a beleza do jovem, piorava a opinião sobre o corpo antes gracioso, agora alquebrado. A feiura do velho parecia ainda mais odiosa.

Junto com a Igreja católica, além de gente, Portugal enviou para cá suas teses sobre as idades da vida. À época, autores que marcavam o pensamento cristão reafirmavam a solidariedade entre os elementos do universo e a vida individual. Todo evento ou fenômeno terrestre tinha uma significação espiritual. Logo, sendo um mal, a velhice era castigo divino, maldição que pesava sobre os homens em função de seus pecados. Como o sofrimento e a morte, ela era uma herança dolorosa deixada por Adão. Só no paraíso não se envelhecia ou morria. Era bom lembrar que o homem estava de passagem. A duração da vida na Terra não tinha nenhuma importância, e querer atingir a velhice era uma prova de extravagância. Para teólogos como Santo Agostinho, não era a idade que contava, mas a virtude. Ela é que prolongava a existência.

A velhice seria o resultado de uma vida sem manchas. O segredo? O temor a Deus. Tudo bem que havia velhos viciosos com boa saúde. Mas isso, segundo São Jerônimo, era porque o Diabo os sustentava.

Mas... quem eram os velhos? Quanto tempo era preciso viver para atingir tal condição? Sabemos que a idade não foi sempre um critério uniforme. As primeiras tentativas de definir as idades da vida remontam à Grécia Clássica. É no *Corpus Hippocraticum* que encontramos as primeiras referências, aparecendo aí uma idade definida como velhice: 50 anos. Esta se atingia com o decorrer do tempo, ou seja, com a "lentidão da idade". Mas para ser boa não podia "ter deficiências", explicava Aristóteles. Já na Idade Média, os textos tentavam ser mais "precisos", e, de acordo com diferentes autores, a velhice começava "entre os quarenta e cinco e os sessenta anos".

O médico e historiador Antônio Lourenço Marques lembra bem que, no caso das idades avançadas, teve influência o peso das imagens que em cada época dominaram a visão da velhice. Havia diferenças em como considerar alguém que esperava a morte ou alguém que ainda tinha atributos positivos e era seguro de si mesmo. Debruçado sobre a obra de Amato Lusitano, médico judeu e português, Marques encontrou personagens de velhos vigorosos, longe de uma imagem frágil, com existências ainda interessantes. Os dados que Amato registrou em suas *Centúrias medicinais*, publicadas em 1551, revelam corpos e espíritos nos limites da robustez, da jovialidade e da alegria. Vidas, segundo Marques, merecidamente vividas, mesmo quando a idade já era avançada. O oposto do que via padre Heitor Pinto, um grande moralista, que dizia ser a velhice "castigadora dos erros da mocidade".

Amato Lusitano considerava que a velhice chegava aos 60 anos. Mas ela não significava decrepitude ou degradação física. Ao examinar um doente com 62 anos, enquanto outro doutor atribuía sua fraqueza "à decomposição e dissipação da idade senil", responsável pela "malignidade da doença", Amato discordou: o doente, apesar da idade, apresentava "óptimo aspecto e robustez". O mal nada tinha a ver com a velhice. Os velhos examinados por Amato eram "fortes, robustos", "ativos", de "bom aspecto", "dotados de boa constituição física e disposição" e "preocupados com os negócios". Estes são qualificativos que se encontram várias vezes nos casos clínicos de septuagenários com "ótima saúde". Foi o exemplo do velho Abenaser, de 65 anos, "de bom aspecto", ou do reverendo Frei Jerónimo de Monte Policiano, com 72 anos de idade, "dotado de bom temperamento", a quem foi "restituída a saúde" depois de um ano doentinho. Um patrício de 80 anos, "muito respeitado", foi tratado por Amato, "e em breve disse que se sentia muito bem". Mesmo um frade "gasto de velhice", ao ser presenteado com "vinho em abundância", sentiu "logo melhoras e passados poucos dias, ficou bom de todo".

Os velhos descritos por Amato Lusitano raramente apresentam a imagem de uma velhice desoladora, explica Marques. Qualquer velho rijo reagia bem à doença e não trazia necessariamente o selo fatídico da degradação, como insistem os documentos literários. Ao contrário, provérbios populares confirmavam o valor de sua experiência: "Se queres bom conselho, pede-o ao homem". Velhos como os retratados no *Painel da Relíquia*, no Paço de São Vicente, pintura de Nuno Gonçalvez, no século XV: quantos anos teriam?

Enquanto Amato curava velhos de um lado do Atlântico, do outro, a América era terra jovem. Não se sabia onde começava ou acabava. Mas o que se imaginava sobre ela era antigo. Intuía-se que poderia ser parte do Paraíso na Terra. A ideia vicejava desde a Idade Média. Lendas das mais diversas alimentavam a ideia de que o Éden se localizava a Oriente. No Cáucaso. Como não foi encontrado, passou para o Ocidente. Colombo, por exemplo, partiu em busca dele. Em 1503, Américo Vespúcio, na carta dirigida a Francesco de Medici que ficou conhecida como *Mundus novus*, declarou que, se existisse, o paraíso terrestre não estaria longe das terras que viu. A ideia também está presente na carta de Pero Vaz de Caminha, com a descrição de sua chegada ao Brasil. Sim, o Paraíso era aqui. E, como Caminha, cronistas quinhentistas se revezaram contando dos ares puríssimos e perfumados, das terras fertilíssimas, das matas sempre verdes, do clima nem quente nem frio. Era o Éden, sem dúvida.

Décadas mais tarde, em 1730, o poeta e historiador Sebastião da Rocha Pita, que morreria aos 78 anos, continuava a repetir:

> Em nenhuma outra região se mostra o céu mais sereno, nem madruga mais bela a aurora; o sol em nenhum outro hemisfério tem raios tão dourados, nem os reflexos noturnos tão brilhantes;

as estrelas são mais benignas e se mostram sempre alegres; os horizontes, ou nasça o sol, ou se sepulte, estão sempre claros [...] é enfim o Brasil Terreal Paraíso descoberto, onde têm nascimento e curso os maiores rios; domina salutífero clima; influem benignos astros e respiram auras suavíssimas, que o fazem fértil e povoado de inumeráveis habitadores.

Sensibilidade poética à parte, viajantes acreditavam finalmente ter chegado ao Éden. A moldura dessa cosmovisão residia em textos que circulavam em toda a península ibérica, demonstrando que até a famosa Fonte da Juventude, que nascia aos pés da Árvore da Vida, também se encontrava nas Américas. Inicialmente localizada na ilha de Bimini, próxima da Flórida, depois passou a ser o Rio Jordão, onde Cristo foi batizado, ou encravado numa ponta da Ilha de Santa Helena, no Atlântico Sul. Pena não ter sido encontrado, pois bastava um mergulho em suas águas para curar a impotência. Quem sabe não estaria mais ao sul?

No Peru, com certeza. Não era a fonte da juventude, mas uma espécie de INSS que ali funcionava. Textos revelavam que, a partir da conquista do chefe Manco Capac, no século XII, uma nova organização foi estabelecida, oferecendo aos idosos toda a segurança. Recenseados a cada cinco anos, eles eram agrupados por idade: dos 50 aos 70, dos 70 aos 80 e mais, demonstrando que a longevidade era normal. Havia a classe dos que "andavam com facilidade", dos "desdentados" e dos que só queriam comer e dormir. Registros da igreja católica, em certos vilarejos, comprovam que existia uma forte proporção de centenários que fumavam, bebiam e tinham uma surpreendente atividade sexual.

Numa sociedade sem escrita, os idosos tinham o papel de arquivos vivos. Eram conselheiros de soberanos, e cada tribo enviava ao chefe inca um conselho informal, a fim de guiá-lo em suas decisões. As mulheres idosas tinham o papel de médicas, enfermeiras e parteiras. Eram também sacerdotisas no Templo do Sol, em Cuzco. Os idosos do povo eram assistidos pela comunidade. Os lavradores trabalhavam suas terras gratuitamente e lhes levavam alimentos. Recebiam também grãos dos armazéns do chefe inca. Um tributo especial, na forma de corveia, ou seja, de trabalho obrigatório, consistia em fabricar roupas e sapatos para os idosos. Que, aliás, estavam livres de pagar impostos a partir dos 50 anos. Uma sociedade assim foi apresentada como utópica aos europeus, tendo um efeito importante na imaginação de homens e mulheres entre os séculos XVI e XVIII. Nela, cada um tinha um papel que era exercido em benefício da comunidade. Não é à toa que os europeus acreditavam que a flor da juventude, aquela mesma que Deus teria plantado no Paraíso, se esconderia nas montanhas andinas. Exatamente entre o Peru e o Equador.

Retrato dos primeiros patriarcas

Pois foi a esse continente, no qual se acreditava viver quase eternamente, que em 1549 chegou a Salvador, na Bahia, Manuel da Nóbrega e um grupo de jesuítas. Missão? Catequizar os indígenas. Quatro anos depois, Nóbrega, Manoel de Paiva e José de Anchieta rumaram para o sul, e na vila de São Vicente ergueram um colégio. Mais tarde, no planalto, um núcleo de colonização. Nascia São Paulo de Piratininga.

Falar de aldeias indígenas ao longo do século XVI pode significar várias coisas: agrupamentos já existentes antes da colonização; agrupamentos com a presença de padres jesuítas; aldeias próximas às "casas construídas à maneira dos cristãos" ou a ranchos de piratas onde se fazia o escambo de pau-brasil. A maior parte dos primeiros imigrantes vivia junto ao mar, para se comunicar com o Reino e por medo dos selvagens. E foi aos poucos que os então considerados "inimigos pintados e emplumados" se tornaram amigos. Multiplicavam-se os "mamelucos". Colonização, mestiçagem e catequização marcaram os primeiros tempos do sonhado paraíso.

E os contatos entre jesuítas e indígenas foram a fonte de informações sobre os velhos e velhas que habitavam o idealizado jardim. Embora vivessem em harmonia com a maioria dos animais, como queria a tradição cristã, e andassem nus como Adão e Eva, no mais eram iguais aos recém-chegados. Escrevendo em 1556 para a Companhia de Jesus, Anchieta contou poucas e boas histórias sobre "alguns velhos" carijós que foram batizados e receberam o sacramento do casamento. Carismáticos e respeitados, eram eles que exortavam os indígenas a fazerem suas roças ou a participar de guerras. Os mais velhos tinham também outra tarefa. Na verdade, uma estratégia que deu certo no Espírito Santo, em 1595:

persuadir parentes e membros da tribo a se aproximar do litoral de onde tinham fugido dos brancos. Sabendo-os poderosos, os jesuítas se apressaram em lhes dar atribuições. A "vara de meirinho", equivalente a um oficial de justiça, por exemplo: "Depois de cristãos se dão as varas aos 'principais' para os honrar e se parecer com brancos".

Um dos primeiros retratos de velhos moradores da terra foi feito, em 1556, por um jovem seminarista francês, Jean de Léry. Ele decidiu acompanhar um grupo de ministros protestantes em uma viagem à recém-fundada França Antártica, estabelecida por Nicolas Durand de Villegagnon na baía de Guanabara. Dissidente, acabou expulso do grupo. Acolhido pelos tupinambás, redigiu um dos documentos mais importantes sobre nossos ameríndios, a *Viagem à Terra do Brasil*. O livro conta a partida, a viagem e a chegada ao Brasil. Tem treze capítulos, e o texto é extremamente detalhista sobre a vida dos indígenas, a fauna e a flora.

Léry via os velhos índios como seres superiores. Considerava-os

> mais fortes, mais robustos, mais entroncados, mais bem dispostos e menos sujeitos às doenças havendo muito poucos coxos, disformes, aleijados ou doentios. Apesar de chegarem muitos a 120 anos (sabem contar a idade pela lunação), poucos são os que na velhice têm os cabelos brancos ou grisalhos, o que demonstra não só o bom clima da terra, sem geadas nem frios excessivos que perturbem o verdejar permanente dos campos e da vegetação, mas ainda que pouco se preocupam com as coisas deste mundo.

O teólogo associava a longevidade ao desconhecimento do que, segundo ele, causava o envelhecimento nas cidades europeias: "a desconfiança, a avareza, os processos e intrigas, a inveja e a ambição". Sim, velhos bebiam, fumavam, eram antropófagos, porém tinham atividade física e sexual e formavam um conselho informal a fim de orientar o cacique ou morubixaba. Eram respeitados e obedecidos.

Em ambiente tão diverso, as regras de civilidade exercidas pelos mais velhos chamavam a atenção do europeu. Uma delas dizia respeito à recepção dos estrangeiros. Segundo Léry, os anciãos chamados de *mussucá* os recebiam "demonstrando por todos os modos sua amizade".

Começavam por afugentar as crianças curiosas para que eles pudessem comer em paz. Sentados no chão, os visitantes eram servidos de "caça, aves, peixes e outros manjares", regados a cauim. O espírito de acolhimento prosseguia com o "velho mandando armar uma bonita rede branca e embora não faça frio nesta terra, manda acender três ou quatro fogueiras em torno da rede, já por causa da umidade, já por ser a tradição". E a frase tranquilizadora: "Descansai bem".

Outro depoimento deixou o mercenário alemão Hans Staden, que, por duas vezes, esteve entre Pernambuco e São Vicente, quando, do lado dos portugueses, participou de combates contra invasores franceses e seus aliados indígenas. Staden passou nove meses como escravo dos tupinambás. De volta à Alemanha, escreveu *Duas viagens ao Brasil*, um grande sucesso à época. Ele também registrou o papel dos mais velhos na tribo: "Os selvagens não têm governo, nem direitos estabelecidos. Cada cabana tem um superior. Este é o principal. Todos os seus principais são de linhagem idêntica e têm direito igual de ordenar e reger [...] Fora disso nenhum privilégio observei entre eles, a não ser que os mais moços devem obediência aos mais velhos, como exige o costume".

Eles tinham regras diversas das dos brancos. Mas uma era fundamental: a obediência aos idosos. Fonte de experiência e sabedoria, nada se fazia sem ouvi-los, ainda que, quando muito idosos, fossem poupados do trabalho físico ou de embates guerreiros. Os brancos entenderam que não adiantava interferir na atuação dos caciques ou "principais", como os chamavam.

Guilherme Piso, que veio para cá como médico pessoal na comitiva do príncipe flamengo Maurício de Nassau, se impressionou com a longevidade dos nativos. Foi investigar as causas. Tudo graças à "água limpíssima, verdadeiro dom dos céus", ao clima ameno, aos ventos agradáveis, "ao mar tranquilo e límpido" que resultavam em ausência de epidemias, doenças ou anomalias. E Johan Nieuhof, também a serviço da Companhia das Índias Ocidentais, complementou: "Os aborígenes atingem a maturidade e atingem idades avançadas em perfeita saúde. Também raramente ficam grisalhos". Chegariam a 100, 120 anos por conta da qualidade da água e do ar. Não faltou quem fosse mais longe ainda na idade. Durante a invasão francesa no Maranhão, em 1612, o capuchinho Claude d'Abbeville contou ter batizado o pai do maior morubixaba do Maranhão: ele teria "cento e sessenta e tantos anos e já enxergava pouco por conta da velhice". Certamente não estava contente com a idade, pois perguntou se o padre não seria capaz de curá-lo. Resposta: "Sua moléstia, a velhice, e sendo essa incurável, que assim como fora jovem devia envelhecer e tornar-se caduco e débil como era natural; e morrer finalmente como ocorrera com seus predecessores".

O "rei Jandui", a quem Johan Nieuhof, outro holandês a serviço da Companhia das Índias Ocidentais, atribuiu 120 anos, tinha quarenta mulheres e mais de sessenta filhos. Quanto mais filhas, melhor, pois, pelo casamento delas, os caciques eram mais honrados pelos genros, que tinham que lhes demonstrar absoluta obediência. Caciques com muitas mulheres trocavam as velhas companheiras por novas, observou o padre Anchieta. Essas deviam obediência à mais antiga, que seguia dormindo numa rede ao lado do marido. Segundo Anchieta, a troca se fazia sem ressentimentos das que continuavam a ser bem tratadas e alimentadas e se ocupavam cuidando de filhos e netos.

As chefias eram mediadoras de discussões e debates que organizavam as aldeias e conduziam rituais. Caciques eram curiosos do que faziam os brancos em suas terras e mais: eram capazes de desmontar sua racionalidade mercantil e sua ganância. Que o diga a conversa exemplar de Léry com um velho tupinambá sobre o escambo de pau-brasil:

– Por que vindes vós, *maírs* e *perôs* (franceses e portugueses) buscar lenha tão longe para se aquecer? Não tendes madeira em vossa terra? Respondi que tínhamos muitas, mas não daquela qualidade [...] retrucou o velho imediatamente; – e porventura precisais de muita? – Sim, respondi-lhe, pois no nosso país existem negociantes que possuem mais panos, facas, tesouras, espelhos [...] e um só deles compra todo o pau-brasil com que muitos navios voltam carregados; – Ah! Retrucou o selvagem, tu me contas maravilhas [...], mas esse homem tão rico de que me falas não morre? – Sim, disse eu, morre como os outros [...] perguntou-me de novo: – E quando morrem para quem fica o que deixam? – Para seus filhos se os têm, respondi [...] na verdade, continuou o velho, que, como vereis, não era nenhum tolo, agora vejo que vós outros, *maírs*, sois grandes loucos, pois atravessais o mar e sofreis grandes incômodos, pois atravessais o mar para amontoar riquezas para os vossos filhos ou para aqueles que vos sobrevivem! Não será a terra que vos nutriu suficiente para alimentá-los também? Temos pais, mães e filhos a quem amamos; mas estamos certos de que depois de nossa morte a terra que nos nutriu também os nutrirá, por isso descansamos sem maiores cuidados!

Apesar da guerra contínua entre brancos e índios, caciques de tribos inimigas entre si recebiam dos governadores títulos de "capitães". O historiador Adriano Paiva estudou sua inserção nos cargos militares que ajudaram a conquista colonial. Eles também serviam como informantes na busca de ouro e prata. Velhos índios indicaram onde se encontraria a preciosa serra de Jacobina, ocupada por Belchior Dias. Não foi por acaso que caciques tiveram lugar até mesmo no dicionário ou *Vocabulário Português e Latino* do Padre Raphael Bluteau, no início do século XVIII: "*Casis* ou *cassis* que no arábico vale o mesmo que *cass* e significa velho, no latim sênior [...] a origem é Syrica porque *Cash* no dito idioma quer dizer envelhecer e *Caschischo* é velho ou sacerdote".

Não só os velhos eram ativos: as velhas também. Cronistas e viajantes, em diferentes épocas, registraram suas ocupações. Da confecção de utensílios à colheita de bagas e folhas tintoriais. Da coleta de conchas com que decoravam e riscavam os objetos e os corpos; do preparo de alimentos à manutenção de pequenos animais domésticos, aos cuidados com crianças, doentes e outros idosos. Nenhuma ficava sem fazer alguma coisa. Do senhor de engenho e cronista Gabriel Soares de Souza, em 1587, ao viajante americano Herbert Smith, em 1874, todos são unânimes: "São as mais velhas que disso se ocupam". Fazer renda e costurar, hábito aprendido com brancos, também vingou. Elas se ocupavam, e era atividade que exigia pouca mobilidade – registraram os austríacos Spix e Martius e o francês Jean-Baptiste Debret.

Certamente sem transporte adequado, os idosos da tribo não aguentavam durante muito tempo os terríveis deslocamentos e a mudança de papéis que exercem nas comunidades. Não se sabe quantos dos índios capturados pelos chamados "pombeiros negros", índios especializados em apresamento de índios, eram velhos. Para dar um exemplo, em 1615, dos carijós trazidos das aldeias guarani, em Guaíra, no Paraná, por Diogo de Quadros, 194 eram homens e 245, mulheres. Os mais velhos teriam ficado pelos caminhos? Teriam sido abandonados? O historiador John Manuel Monteiro, especialista na relação entre bandeirantes e índios em São Paulo, não nos deixou pistas.

Tampouco se conhece o destino dos velhos quando das guerras movidas contra os "bárbaros" que resistiam na região da Bahia. Em 1670, os paulistas foram chamados para combatê-los e acabaram por "extinguir" a ameaça, incendiando aldeias, matando e subjugando. Em São Paulo, de 1625 a 1690, epidemias levaram comunidades inteiras. À medida que se tornavam mão de obra nas plantações, morria com eles o passado indígena. Segundo Monteiro, o problema da longevidade foi determinante na viabilidade da escravidão indígena. A taxa de sobrevivência dos cativos era muito baixa. Depois de presos, mirravam, feneciam. O verbo "morrer" se conjugava no gerúndio: "iam morrendo", confessou o senhor de terras Domingos Leite de Carvalho.

A partir do século XVII, inseridos numa nova realidade, índios procuraram espaços próprios dentro da sociedade colonial. E os contatos mais estreitos os tinham aproximado de brancos e negros, com os quais se tinham misturado, como se verá nos relatos de viajantes estrangeiros. Os que ainda viviam em suas comunidades repetiriam gestos ancestrais, como a "velhota" que o naturalista Johan Baptist von Spix encontrou na aldeia dos Coroados, à margem do Rio Xipotó, socando milho "diligentemente no pilão feito no tronco cavado; outra tecia uma rede, metade por acabar, trabalhando com um pauzinho".

Em 1815, Maximilien, príncipe de Wied-Neuwid, os encontrou no litoral norte do Rio de Janeiro, perto de Cabo Frio. Um velho indígena aculturado já exercia a função de capitão-mor e encarnou o protetor da comunidade ao desconfiar que os alemães fossem "espiões ingleses", aliás, muito malquistos na localidade. Mais adiante, no caminho para Belmonte, Maximilien encontrou o "capitão June", chefe do grupo de botocudos, "velho de aspecto rude, forte e musculoso", botoques nos lábios e flechas na aljava, de quem comprou armas. Foi recebido com a maior cordialidade e ouviu, com os olhos cheios d'água, o velho botocudo cantar uma alegre canção. Ferozes na altura do Rio Doce, na região de Belmonte os botocudos já aceitavam até a companhia de estranhos em suas caçadas. Sua superioridade física, força muscular, pele endurecida que não temia espinhos, perícia com arcos e flechas impressionaram o viajante.

Em Vila Nova de Olivença, sede de antigo convento jesuíta, entre os cerca de mil habitantes quase todos indígenas, ele registrou: "Vi, entre eles, várias pessoas muito idosas cujo aspecto comprovava a salubridade do lugar, entre outras, um homem que se lembrava de ter visto fundar a cidade e construir a igreja, havia 107 anos. Os seus cabelos ainda eram de um negro azeviche, o que aliás é muito comum entre índios velhos". Eles cultivavam plantas necessárias para seu sustento e ganhavam a vida fazendo rosários com os caroços dos frutos da palmeira "piaçaba".

O entendimento sobre o prestígio dos velhos índios nunca foi deixado de lado. Quando, em maio de 1823, o cientista e político José Bonifácio de Andrada e Silva assumiu seu lugar como deputado na Assembleia Legislativa, ele propôs um projeto de lei sobre a "Civilização dos Índios Bravos do Brasil". O fato "dos matos estarem cheios de índios bárbaros" que tinham que ser "domesticados e catequisados para serem felizes", passava pela organização "em cada aldeia de um conselho composto de velhos mais respeitáveis". Além disso, não adiantava os missionários os "forçarem" para que abandonassem seus costumes. Ou seja, Bonifácio sabia que velhos índios não renunciavam a suas crenças. Eles eram seus guardiões, e a velhice, uma garantia de que elas seguissem sendo transmitidas.

Na mesma época, o viajante e naturalista francês Saint Hilaire, em visita aos guaranis nas ruínas de São Miguel, visitou plantações imensas feitas e mantidas por mulheres e "meia dúzia de velhos". A longevidade dos nossos povos originários foi reconhecida por outro naturalista, esse, alemão, Hermann Burmeister, que, em 1850, acusou o abandono em que viviam. Ele contou com pessimismo a transformação de suas vidas:

> Uma vida social e civilizada nunca encontrará terreno propício entre os índios, pois sua natureza individualista e não comunicativa repele-a. Eis o verdadeiro e mais profundo motivo do fracasso da civilização do índio americano. Ela lhe rouba a razão de ser e não é compatível com a sua concepção de vida. Os povos originários da América nunca serão verdadeiramente civilizados, mas perecerão forçosamente em consequência da civilização que os quer adaptar. Tais afirmações sobre seus costumes deixam supor

que os índios não atingem idade avançada, mas a verdade é que existem bastantes exemplos do contrário. Quase todos os viajantes fazem referências de encontros com elementos de idade bastante considerável. Eu mesmo, no Caminho para Aldeia das Pedras, vi uma anciã, quase cega, vestindo sobre o corpo ossudo apenas uma camisa. A carne pendia-lhe em mil rugas. Como andasse devagar, sem se importar com quem se aproximasse, parei e pude observar de perto os vestígios que a idade deixara naquele corpo. Quando ela chegou junto a mim, ofereci-lhe um níquel; fitou-me admirada, aceitou o dinheiro e continuou impassível o seu caminho. Sua idade devia ser de 80 a 100 anos.

A longevidade seguia impressionando. Em viagem à Amazônia, em 1859, o pintor viajante François-Auguste Biard, autor de *Dois anos no Brasil*, retratou João, "o velho chefe *munduruku*". Apesar de ter apoiado as tropas de D. Pedro II contra a Cabanagem, revolta que, em 1835, uniu negros e indígenas contra o Império, os *munduruku* não suportavam ser aprisionados. Eles nunca se submeteram à política de aldeamento, indo e vindo, entre a mata e os núcleos urbanos, quando bem queriam. Sem cabelos brancos, um meio-sorriso e olhar sereno, o retrato de João faz jus à crença de que os índios custavam a envelhecer.

Com ou sem Joões Munduruku, nossos povos originários devem ter enfrentado o dilema de tantos outros: a ambiguidade da velhice. Ela era ao mesmo tempo fonte de sabedoria e de fragilidade, de experiência e de doenças, de prestígio e de sofrimento. Lembra o historiador Michel Muchembled que, conforme as circunstâncias, velhos eram desprezados ou respeitados, honrados ou mortos. Em algumas culturas, eram detestados, mas suportados, pois, temiam-se seus espíritos vingativos ou suas almas penadas, que viriam cobrar os malfeitos. Em outras, eles eram sacrificados, pois sua sobrevida ameaçava a sobrevivência do grupo. Apesar de impotentes ou inúteis, eram os intercessores com o Além e os xamãs. Sua relação com o sagrado os tornava sobrenaturais. Daí sua proximidade com deuses ou demônios. Portadores do espírito divino, eram guias de seu povo e mais, tinham poder de justiça: decidiam o certo e o errado em suas comunidades. Além da admiração que os patriarcas suscitavam nos estrangeiros, só encontramos silêncio sobre seu fim.

A velha bruxa e a índia de seios caídos

Mas o que mais impressionou os primeiros cronistas foi a índia velha. Ora, se tudo parecia tão harmonioso, tão divino, onde estava a fonte da juventude que, segundo relatos, ficava no Jardim do Éden? Os indígenas a conheceriam? Afinal, era possível vê-los idosos e atarefados, ativos na vida familiar e nas atividades do grupo. Mas o tal banho milagroso seria só para os homens, pois o que mais impressionou os estrangeiros não foram eles, mas elas. Sim, porque, à época, surgiu uma das imagens mais presentes na ilustração dos livros de viagens: "a selvagem de seios caídos". O responsável pela difusão desse retrato foi o editor e gravador protestante Theodor de Bry, que, em 1588, passou a expor e vender em Londres suas gravuras sobre o Novo Mundo.

A veracidade das ilustrações é questionável, pois de Bry nunca atravessou o Atlântico; porém, as cenas de antropofagia, a nudez e a invenção de uma nova figura – a índia-bruxa – fizeram espetacular sucesso entre o público europeu. A velhice do corpo feminino servia para desqualificar as novas terras. Sua feiura não era um mal, mas O mal. Suas pelancas remetiam às descrições de feiticeiras que, na época, as fogueiras das Inquisições católica e protestante se encarregavam de queimar. A bruxa, tanto na descrição de teólogos, quanto nas pinturas, era sempre a mulher velha. Velha e invejosa da vitalidade e do frescor da juventude, comedora de recém-nascidos, cuja carne, acreditava, a remoçaria.

A América passava assim a ser Éden e inferno ao mesmo tempo. O horrendo, o nauseabundo, o desfigurado, o indecente, o sujo, o obsceno, o repelente eram o signo das velhas índias. Associadas aos textos que descreviam e nomeavam os povos originários como "selvagens", de Bry as ressignificou como diabólicas e feiticeiras. Mamas penduradas, caras enrugadas e disformes eram símbolos de feiura tanto moral – a heresia – quanto física – a velhice. Retratá-las a meio caminho entre realidade e ficção, por outro lado, revelava o preconceito que já existia na Europa: velhas eram consideradas bruxas.

Os textos só confirmavam a imagem: "As velhas acendem as fogueiras para assar os membros...". Untavam mãos, caras e bocas com gordura desprendida do assado. Tinham boa carniça com que se fartar: "sobretudo as velhas, que são mais gulosas de carne humana e anseiam pela morte dos prisioneiros, chegam com água fervendo, esfregam e escaldam o corpo a fim de arrancar-lhe a epiderme; e o tornam tão branco como na mão dos cozinheiros os leitões que vão para o forno". Seguem-se gritos de alegria e distribuição de pedaços. "[...] com rugas na testa e seios caídos, cabelos desalinhados e ralos, lambem os dedos sujos de gordura do morto", explicava o calvinista Jean de Léry.

Os padres endossavam: "Já não tinham dentes de tanto roer ossos humanos" explicaria o jesuíta Luis Figueira. Seu confrade Luiz de Azpicuelta contava ter visto, com os próprios olhos, índias velhas cozinhando braços, pernas e cabeças num grande caldeirão, dentro da choça. Seis ou sete delas dançavam em volta da panela. Tanto que mais pareciam demônios do inferno – horrorizava-se o religioso, que não escondia o nojo, o horror e a repulsa. Ao que Léry emendava: as velhas "gulosas" recolhiam a gordura que caía da grelha e, lambendo os dedos, comemoravam: "'Iguati', o que significa 'está muito bom'". Sem dúvida, um espetáculo monstruoso para católicos e protestantes. Um século mais tarde, Gaspar Barléus acrescentaria: quando se tratava de comer o marido ou um amigo, "comem as carnes e raspam os ossos não em sinal de inimizade, mas de afeto e fidelidade". Um consolo.

Não faltou a história, contada numa das cartas aos provinciais, do jesuíta que foi levar a extrema-unção a uma velha que, perguntada sobre o que mais desejaria naquela hora, em vez de responder "o paraíso", foi taxativa: uma mãozinha de criança bem moqueada!

Pior. Por mais que os jesuítas ensinassem os artigos da fé às velhas, elas "nada podiam aprender". Lógico: segundo a Igreja, eram inferiores aos homens desde que Eva conversou com a serpente e mordeu a maçã. Vez por outra, os padres anotavam um "bom exemplo": o da "velha manceba de um português por quarenta anos", mãe de muitos filhos "que, ferida de longa e incurável enfermidade", se tornou casta, comungava todos os dias e distribuía esmolas.

Aos olhos dos jesuítas, nativas eram malditas por serem velhas, mas, sobretudo por serem antropófagas, por andarem nuas e terem um passado de "luxúria". Eram elas que também preparavam as bebidas fermentadas responsáveis pela "bebedice". Velhas gostavam de "beber fumo" num canudo de cana cheio de erva santa. Sobretudo quando doentes, "gastando nisso dias e noites", contou Fernão Cardim, provincial dos jesuítas na

Bahia, em 1604, e crítico da preguiça que o fumo engendrava. Diante de seus pajés, que lhes prometiam juventude, pareciam "demoninhadas, deitando-se por terra e escumando pela boca", descreveu o Padre Nóbrega. E o Padre João de Azpicuelta relatou "festas de feiticeiros" nas quais se dançava à volta de uma cabaça adornada com penas, representando "seu santo", "Amabozaraí", que teria a virtude de fazer os velhos se tornarem moços. Pelo visto, ninguém gostava de ficar velho.

Nesse contexto, explica o historiador Ronald Raminelli, as imagens das velhas tupinambás canibais circularam de forma intensa na Europa. Mais do que uma imagem, ajudaram a introduzir novos elementos de identificação da bruxa: o caldeirão, a nudez e o sabá ou a dança em grupo. A feição agressiva, a velhice e a feiura aderiram à representação da feiticeira europeia. Ela era uma velha de alma viciosa, cuja vida fora dedicada ao pecado e a servir a Satã. Mais: os bichos usados na preparação de poções diabólicas pelas bruxas, ou seja, vermes, lagartixas, cobras, sapos ou ossos de defuntos, eram os mesmos que colonos enfeitiçados iriam expelir pela boca, pelo ânus, pela vagina ou através da pele nos rituais de curandeirismo praticados por feiticeiras índias, negras, brancas e mestiças. Índias velhas na América eram a mesma coisa que as bruxas europeias que cultuavam ídolos identificados ao demônio.

E não: nossas indígenas nunca teriam bebido da Fonte da Juventude. Porém, foram elas o elemento fundamental para a multiplicação de povoadores. Elas lhes ofereceram uma tábua de salvação: seu modo de vida. Fundadoras de famílias mestiças, ensinaram aos colonizadores a higiene do corpo, a fabricação de utensílios de cozinha e de redes de dormir, os remédios caseiros, os cuidados com a infância, a domesticação de animais, o consumo do milho, do inhame, do jerimum e do caju, o preparo do mingau, a *paçoka* e a *acanijic*, a colheita do abacaxi e a extração do mel, entre milhares de outras práticas que os ajudaram a sobreviver e, portanto, a envelhecer por aqui.

Velhice & Feiura

Em sua viagem para as Américas, cristãos trouxeram na bagagem conceitos de estética. Por exemplo, o de feiura e o de beleza. Esses eram tempos em que o ideal grego de perfeição física estava no coração e nas mentes. A repulsa aos sinais do envelhecimento se exprimia sem pudor. Mulheres eram particularmente visadas. O Renascimento assestou suas baterias contra elas. As duas Reformas, a católica e a protestante, lembravam que foi uma velha, no Jardim das Oliveiras, que mostrou aos soldados o lugar onde se encontrava Cristo. Maldita velha! O ideal renascentista de beleza, amor, prazeres terrestres representados em tantas Vênus pintadas por imensos artistas teria a sua antítese na velha. A mulher servia para ilustrar extremos: jovem e bela. Velha e feia.

No século XVII, o poeta baiano Gregório de Mattos não deixou de incluir, nas "Inconstâncias da vida", seu pesar pelo fim da beleza: "Nasce o Sol, e não dura mais que um dia/ Depois da Luz se segue a noite escura/ Em tristes sombras morre a formosura/ Em contínuas tristezas, a alegria". Já as velhas e feias ele chamava de "jabiracas"!

Pelancas, dobras, rugas, mau cheiro, calvície: o corpo feminino acusava o envelhecimento. E a mulher velha era automaticamente feia. A feiura atribuída às velhas era uma mancha no universo belo. Belo porque criado por Deus. Ele mesmo, depois de criar o Universo, achou "tudo bom". Até a feiura!, pois ela só existia para valorizar a beleza da obra divina. Segundo Santo Agostinho, a feiura tinha um sentido: fazer brilhar o seu contrário. Segundo ele, a juventude era signo de pureza e beleza; a velhice, de horror e pecado.

Mas a velhice da mulher não era apenas o avesso da harmonia. Ela se identificava à degenerescência, ao esgotamento, à decomposição e à putrefação. A figura da velha depravada era sempre retratada sem cabelos, olhos remelentos, peito de cigarra, pernas finas e desdentada. O véu era recomendado para cobrir o rosto desfigurado pelo tempo. Seus pecados rompiam a ordem das coisas criadas por Deus. E essa ordem só era restabelecida pelo castigo.

E ele vinha na forma de uma celebração tradicional. Em Portugal ou no Brasil, às vésperas da Quaresma, bandos de jovens "serravam a velha". Para a brincadeira, escolhia-se uma velha idosa, mas ainda coquete, como referência para uma figura recheada de palha. Passeava-se com a velha pelas ruas, aos gritos de "serra a velha, serra a velha". A boneca acabava em pedaços, sob o barulho de instrumentos, música e gritos dos foliões. Era costume a comédia ser representada na frente da residência de velhos. O costume vigorou até o final do século XIX, e era punido com multa o infrator que participasse do festejo. Mas quem era a velha? Uma representação da morte.

Com seu leque de fealdades, a velhice também era cantada em prosa e versos no teatro e na literatura jocosa da época. Nas "cantigas portuguesas de escárnio e maldizer", vários autores retrataram as velhas: Pero da Ponte, João Soares Coelho, entre outros estudados por Caroline de Souza Viana. Para eles, a velhice se confundia, como já visto, com pecado, perdição, doença, coisa ou pessoa ruim ou estragada. Diego Hurtado de Mendonça, por exemplo, não economiza imagens sobre certa "Senhora Aldonza": "um só dente, peitos de cigarra onde moram teias de aranha, perna de formiga, vista de coruja, fedor de peixe desandado e pele de frango depenado". Também não faltaram os que ridicularizavam as que escondiam a idade com cremes e preparados, caso de Francisco de Quevedo: "Que espetáculo uma velhusca pretender ressuscitar com uma ampola". Nada era dela; se lavasse o rosto seria irreconhecível, ele prevenia.

O cristianismo não demonstrou interesse pelos velhos. Seus teólogos viam na velhice um problema abstrato e simbólico – diz o historiador Michel Muchembled. Associavam a idade à sabedoria e ao poder, mas não tinham qualquer constrangimento em exagerar dados cronológicos sem qualquer ligação com a realidade. Adão teria vivido 930 anos e Matusalém, 969! Eles utilizaram a velhice como alegoria para o domínio da moral e dos bons costumes. A carne tinha que expressar uma realidade espiritual. Ela era "a veste da alma". Nas pinturas da época, os feios e velhos são os transgressores das leis da Igreja.

Daí que a decrepitude, com sua cadeia de horrores, servia para formar a imagem ideal do pecado. Quanto mais pecados, mais rápido se envelhecia. O homem velho era o pecador que tinha que se regenerar pela penitência. O jovem, ao contrário, era o homem novo salvo pelo Cristo. E os pregadores enchiam a literatura religiosa descrevendo as taras da senilidade. Santo Agostinho cravava: "Gostaríamos de poder unir a beleza com a velhice, mas tais desejos são contraditórios; se te tornas velho não esperes conservar a beleza, ela fugirá da aproximação da velhice e não podemos ver habitar numa mesma pessoa a força da beleza com as lamentações da velhice".

Como já foi dito, um velho que gozasse de boa saúde só poderia se explicar pela intervenção diabólica ou por um favor divino a um ser especialmente virtuoso, explicam as pesquisadoras Mari Paz Martínez Ortega, Maria Luz Polo Luque e Beatriz Carrasco Fernández. O prolongamento da vida não era desejável. Só trazia desgastes. Cansaços. A velhice saudável – como a dos moradores da América – não era vista apenas como uma condição biológica, mas como uma demonstração da soberba do homem em relação a Deus – logo, um símbolo da propensão humana para o pecado. Para combatê-lo, velhos tinham que ser sóbrios, honrados, castos, saudáveis na fé, no amor e na paciência. Os lúbricos, em busca de carne jovem, seriam condenados a ser eternamente doentes, chifrudos e chifrados.

A literatura moralista inspirada na Contrarreforma detestava a beleza física. Padres confessores perseguiam as velhas que quisessem se fazer "belas", que se exibissem nas janelas ou que tapassem a boca desdentada no momento de sorrir. O certo, diziam, era mostrar os buracos na gengiva. O oposto da fealdade do velho era o paraíso, lugar de eterna juventude. No Éden, a beleza física de Adão e Eva se opunha ao corpo vil do pecador. Ambos eram jovens e belos, pois despidos de desejo sexual. Mas isso só durou até cometerem o pecado original.

E o Diabo, como era ele? Velho, com certeza. O ditado popular explicava: o diabo é o diabo não porque é sábio, mas porque é velho: "Mais sabe o diabo por ser velho que por ser diabo". Velho, preto e cheirando a enxofre. Seu oposto, Deus, também era um velho de longas barbas brancas. Os teólogos, de Santo Agostinho a Alberto Magno e São Tomás de Aquino, estabeleciam a relação do branco com a pureza, a perfeição espiritual e a verdade. E do negro, com a perdição e a falsidade.

> A historiadora Laura de Mello e Souza explicou que o diabo foi recebendo alterações de acordo com o surgimento de novas culturas e etnias diante dos europeus: A iconografia europeia mostra que, com o descobrimento da América e, certamente, com a colonização, ganhou cocares de penas e tornou-se cada vez mais negro. Por outro lado, os textos destinados à pregação religiosa diziam que negra era a cor do diabo [...] Por isso mesmo, até pelo menos o século XIV, o senhor dos infernos era retratado como 'etíope negro', com cabelo encarapinhado, baixa estatura e corpo disforme, em que se misturavam traços humanos e anfíbios.

Quando o relógio da vida acelerava

Adoecer era o perigo mais comum e cotidiano. E morrer, considerado natural. As pessoas sabiam do que morriam? Provavelmente, não. Não existiam diagnósticos precisos. Mas elas conheciam o perigo das pestes que não escolhiam a idade de quem levariam para o túmulo. Portugal estava acostumado a conviver com moléstias consideradas contagiosas, como a peste bubônica, a tuberculose, a sarna, a erisipela, o antraz, o tracoma e a lepra. A maior parte dessas epidemias veio da África e do Oriente, resultado da abertura de Portugal para o mundo. Comparada a outras, a nova terra parecia não ter lugar para enfermidades. De onde as primeiras descrições aproximarem o Brasil de um paraíso com condições salutares ideais.

Se nossos antepassados desconheciam diagnósticos, eles sabiam, porém, distinguir a doença da saúde. Tratados de medicina analisados pelo historiador Jorge Prata de Souza, redigidos no final da Idade Média e recheados de informações baseadas em autores antigos como Aristóteles e Galeno, e na cultura árabe de Avicena e Averroés, revelam a crença de indícios, premonições e avisos divinos que antecediam a dor, a doença, a morte. Acreditava-se, por exemplo que manhãs chuvosas, o escurecimento súbito do dia, moscas no ar, cometas no céu, relâmpagos, trovoadas e ventos do meio-dia eram arautos de males. Acreditava-se que o que ocorria nos céus, nos "corpos celestes", corrompia os corpos terrestres: "A má disposição dos céus rapidamente envenenava os corpos", informava Avicena. E tudo era transmitido pelos ares, capazes de inocular podridão e chagas aos seres vivos. Se o ar estivesse corrompido pelos astros, "feriria o coração".

Segundo os diferentes textos médicos, escritos tanto por médicos com formação nas universidades europeias – especialmente a de Coimbra – como por cirurgiões e, em menor escala, por boticários, o papel do cosmos e da natureza sobre as enfermidades, era determinante. Aos finais do século XVII, o médico João Ferreira da Rosa atribuiu a peste que varreu Recife "à qualidade contagiosa dos astros, de eclipse do sol ou da lua, ou de diversos outros aspectos de estrelas ou planetas; o que ensinam Hipócrates e Galeno".

As pestes atacavam com facilidade corpos mais quentes e de poros mais dilatados. Sim, porque poros "fechados" pela sujeira protegiam da entrada de males. A regra era não se lavar. Os que gostavam de tomar "banhos" eram os mais libidinosos e os mais propensos à peste. Eram portadores de "humores e fumos" capazes de corromper o ar. Não é demais lembrar que a limpeza regular do corpo e os banhos eram desencorajados pela igreja, pois ensejavam a sensualidade. Importantíssimo também era evitar o coito, "Pecado ignominioso a Deus, fede como outras coisas que devem ser evitadas: as estrebarias, os corpos mortos e podres, as casas com águas sujas de esgoto". Salvo para fazer filhos.

A varíola, esse "açoite do Senhor", desembarcou em Pernambuco quando da instalação dos primeiros engenhos, em meados do século XVI, levando milhares de vidas, sobretudo as de escravos e indígenas. A culpa? Das prostitutas e concubinas. Vindas de fora, as epidemias não se cansavam de chegar: o sarampo, a tuberculose, a malária, as doenças venéreas e o escorbuto também matavam. Os tumbeiros, que começaram a descarregar escravos a partir de 1530, traziam afecções que se perpetuaram na população já mestiça.

A definição do termo, presente no dicionário de Raphael Bluteau, garantia: "doenças eram 'filhas do pecado, e mães da morte'". O moralista Nuno Marques Pereira afirmava: "a virtude da alma se aperfeiçoa com a enfermidade do corpo". Só Deus era o verdadeiro médico. Para o cristão, o bem-estar físico era secundário face à salvação espiritual. E a doença, se curada, virava graça divina. Por isso, a salvação tinha que ser vivida como um ato de humildade. Fernão Cardim, autor de *História da América Portuguesa* confirmava: os homens viviam com saúde no Brasil. Se alguns adoeciam, era por conta de suas "desordens".

Doenças não escolhiam suas vítimas, e muitos nem chegavam a envelhecer. Como evitá-las? Sendo um castigo, o remédio mais eficaz seria se confessar e fazer penitência, atitudes mais eficientes do que remédios caseiros, segundo a mentalidade da época. Lado a lado com a confissão e o arrependimento pelos pecados, tratados médicos sugeriam que o doente se mudasse de casa – daí a conhecida expressão "mudar de ares" –, buscando lugares novos e não infectados.

Mas quem cuidava da doença dos velhos? Em pequenas vilas e cidades do litoral, atuavam os boticários e sangradores. Esses últimos, muitos deles velhos africanos ou afrodescendentes, usavam escarificações e sangrias para restabelecer o equilíbrio dos humores corporais, expelir os humores corruptos que causavam reumatismo, os "enchimentos do estômago" ou as lombrigas. Entre indígenas, a sangria também era utilizada, segundo Guilherme Piso, "a qualquer hora do dia ou da noite, rápida, segura e prazerosamente". Como a enfermidade era entendida não só como estado espiritual ou "depressivo", mas como uma alteração de humores, a terapia residia em restaurar o equilíbrio pela exclusão do humor responsável pela doença. Enquanto a idade permitisse, o recomendável era uma sangria por mês. Sem hospitais, os atendimentos eram domésticos.

Já circulava a Triaga Brasílica, um antídoto contra tudo, à base de raízes e ervas medicinais, criado pelos jesuítas, que aprenderam com os indígenas o uso do butua e do cipó ipecacuanha. Os olhos dos europeus iam sendo treinados para localizar ervas e improvisar remédios: a avenca silvestre que dava na mata virgem, a erva-santa ou cidreira que dava em "paus gastos" à beira dos caminhos, a santa-maria, o mastruço e a hortelá que só se colhia em determinados meses do ano. O historiador Sérgio Buarque de Holanda sublinhou a importância do meio natural para o fornecimento de medicamentos: banha de animal para reumatismo; dentes de jacaré para limpar os ares; limões azedos para fraqueza vitamínica; angu para desfalecimentos; casca de jabuticaba para sangramentos; jacus e jacutingas para a dieta dos doentes. Para a confecção de mezinhas e xaropes, erva-santa, funcho, jurubeba e raízes como "mil homens", "orelha de onça" entre outros recursos dos reinos animal e mineral.

E, uma vez que não havia fiscalização, raizeiros, parteiras, feiticeiros, sangradores, charlatães, curandeiros, na sua maioria gente idosa, preencheu o vazio da medicina oficial. O segredo da arte de curar estava em suas mãos. E não adiantava as autoridades médicas, eclesiásticas ou inquisitoriais reclamarem, como mostrou a historiadora Márcia Moisés. Durante todo o período colonial, eles foram os principais agentes de cura que socorriam os variados estratos sociais. Rezadores e benzedeiras acrescentavam orações: "Sant'Ana pariu Maria, Santa Isabel pariu São João Batista. Assim como essas palavras são certas, assim tu, Fulano, sejas livre deste mal ou deste olhado por São Pedro e por São Paulo e por Jesus crucificado".

O pouco conhecimento científico em relação às doenças tropicais permitiu que algumas moléstias fossem vistas como feitiços. Alguns tratados demonstram que os procedimentos médicos, pelo menos até o século XVIII, eram análogos aos dos curandeiros. O sociólogo e historiador Gilberto Freyre menciona as observações doutrinárias do português Curvo Semedo, cujas receitas assemelhavam-se às dos africanos e indígenas. Como eles, os doutores usavam chá de percevejos e de excremento de ratos, moela de ema, urina de homem, bosta de boi com mel, pós de esterco de cão, pele, ossos e carne de sapo etc.

Acreditava-se que os milagres eram a vitória da Divindade sobre o mal que afligisse os fiéis. E todos os evangelistas, sobretudo São Lucas, reforçavam o ensinamento de Jesus: no corpo, Bem e Mal lutavam. Santuários e igrejas não dispensavam a sala de ex-votos, com os quais doentes curados pagavam suas promessas. Pernas, braços, cabeças esculpidos em cera ou madeira atestavam a cura. Sim, Deus atendia às orações de fiéis, sobretudo quando solicitadas através de enormes procissões que saíam às ruas, levando nos andores os santos que protegiam das doenças: São Brás, Santa Luzia, Nossa Senhora das Dores e outros. Por séculos, como atestou Thomas Ewbank, inglês em visita ao Rio de Janeiro em 1846, haveria quem tivesse fé: "Uma senhora idosa, há muito presa ao leito por dolorosa doença, insistiu em ser levada ao altar de Santa Prisciliana, convencida de que a crença na santa lhe poderia salvar. Foi atendida pelos seus".

Conta-nos Frei Vicente do Salvador que, quando as tradições de cura não davam certo ou a enfermidade era longa, velhos doentes eram deixados ao desamparo. Ele encontrou um "tolhido dos pés e mãos, à borda de uma estrada". O frei o acudiu com água, mas foi informado de que o doente não recebia alimentos pelos "seus, antes lhe diziam que morresse, pois já estava tísico e não servia mais do que para comer". O destino dos velhos era essencialmente tributário das relações familiares – sempre difíceis de medir. Assim que uma enfermidade os atacasse e que eles deixassem de ser úteis, corriam o risco de serem rejeitados, pois tornavam-se uma carga pesada. Podiam até ser detestados.

Na Europa Ocidental acontecia a mesma coisa. Ninguém era excessivamente duro ou insensível. Mas, dentro das circunstâncias de sobrevivência na época, homens de todos os horizontes, índios, brancos e negros viviam em função de suas necessidades imperativas. E a primeira delas era a quantidade disponível de alimentos. Entre os pobres, os idosos eram os mais sofridos.

Num Brasil de pequenos vilarejos e marcado pela vida rural, num mundo estranho e brutal, nada mais difícil do que prestar atenção à vida dos velhos pobres. Quando viviam com os filhos, estavam sujeitos à sua boa vontade, ainda que tivessem sido importantes patriarcas e matriarcas. Tudo dependia dos laços afetivos. Para cuidar da saúde ou para bem morrer, velhos precisavam dos cuidados e das orações dos familiares. Sem isso, haveria sempre a possibilidade de terem seus bens usurpados e de se verem abandonados.

Doenças e remédios possíveis

Mas, afora as epidemias que matavam indistintamente, do que sofriam os velhos? É raro ouvir suas queixas. Elas não ficaram registradas. Nos documentos, tropeçamos em raríssimos indícios. Por exemplo, em Minas Gerais, 1725, o negociante Francisco da Cruz, que para ali correra em busca de ouro, se queixava de estar "falto de alguma vista dos meus olhos principalmente do olho direito, o que tem me causado grande pena". Sofria, também, de uma dor "no estomago, duro como uma tábua e sempre azedo". Sete anos depois declarava-se cego, "sem vista alguma", e dolorosamente admitia: "minha doença não me dá mais lugar". No calor de uma rara confissão, a vida lhe era preciosa. Vida dura e precária, mas a sua.

No Rio de Janeiro, velhos sofriam de "frequentes inchações das pernas", causadas, segundo o médico Antônio Joaquim de Medeiros, por "exalações pútridas que numa cidade pouco ventilada provocavam ainda maiores danos à saúde". A "corrupção dos ares" podia atacá-los sem piedade. O remédio? Pós de substâncias aromáticas como incenso, baga de zimbro e resina de pinho queimados. Quando chegaram a São Paulo, Spix e Martius anotaram que ali grassavam o "reumatismo, estados inflamatórios, tuberculose dos pulmões e da laringe. As doenças gástricas são mais raras e aqui não existe a fraqueza geral do sistema digestivo, assim como cardialgias; as afecções do fígado não são muito raras, o que contribui para o temperamento melancólico ou colérico do paulista [...] aqui sofre-se menos da pele do que nas províncias do Norte [...] também as febres intermitentes são raras" – contaram os viajantes.

Fosse por conta de "milagres", dos "bons ares", dos "astros" ou do número elevado de pessoas morando em regiões rurais, no período colonial o Brasil teve taxa de crescimento em torno de 1% ao ano. E tinha a reputação de país com condições de saúde satisfatórias, explicam Maria Luíza Marcílio e Sérgio Nadalin, historiadores demógrafos.

Desde o século XVI, em quinze cidades brasileiras, os hospitais da Santa Casa da Misericórdia, quase todos modestos e em permanente estado de penúria, socorriam uma população de indigentes e moribundos. Tal modelo assistencial só se desenvolveu nas regiões litorâneas, tendo dificuldades de se estabelecer no interior da Colônia, o que só ocorreu a partir do século XVIII. Entre outros objetivos, as Santas Casas providenciavam a cura dos doentes, forneciam comida aos famintos, vestiam os necessitados, abrigavam viajantes e pobres, enterravam os mortos, mas, bem antes disso, também cuidavam dos velhos. Mais tarde, os quatro hospitais abertos no século XVIII pelas ordens terceiras de São Francisco e do Carmo dedicavam-se ao acolhimento exclusivo dos confrades. Para o resto da população começaram a pipocar Irmandades religiosas de brancos, mulatos, pardos ou pretos, livres ou escravos comprometidos com o cuidado com os velhos doentes, sobretudo quando se tratava de velhos escravos abandonados por seus senhores. Em todas elas, tirava-se dinheiro do cofre da congregação para cuidar deles. E se estivessem em risco de morte, chamavam um padre para a confissão final e o recebimento do Santíssimo Sacramento.

Havia também aqueles que, sadios, mas julgando-se na idade certa para parar de trabalhar, anunciassem isso, como fez Frei Vicente do Salvador no final de seu livro: "e darei fim a esta história, porque sou de sessenta e três anos e já é tempo de tratar só de minha vida e não das alheias".

Foi preciso aguardar a Independência de Portugal para que, em 1829, se fundasse uma Sociedade de Medicina do Rio de Janeiro e, em 1835, ela se transformasse em Academia Imperial de Medicina. Com a elevação, em 1832, da escola médico-cirúrgica do Rio de Janeiro a Faculdade de Medicina, a formação de profissionais e a criação de uma agenda sanitária se aceleraram.

Mas melhor do que lutar contra a doença era preservar a saúde. Os médicos prescreviam "conselhos para viver mais tempo", repetindo seculares precauções no cuidado de si: atenção aos alimentos, pureza dos humores, respeito à influência do clima e dos astros. Manuais de higiene publicados na França foram traduzidos para o castelhano e circulavam em Portugal. Em 1800, *A arte de conservar a saúde e prolongar a vida*, do francês Pressavin, foi um deles. Lá ou cá, a mensagem era sempre a mesma: era preciso preservar "a delicadíssima máquina equilibrando o ar, os alimentos, o prazer e as paixões, pois tudo concorre para sua conservação ou sua ruína. Do equilíbrio entre as partes depende o vigor e a vida do animal; sendo que a duração do homem, se acidentes ou mau regime não a abreviam, pode estender seu término a mais de um século".

O bom senso dos provérbios populares sublinhava: "A vida passada faz a velhice pesada", ou "Quem quiser ser muito tempo velho, comece-o a ser cedo", "Guarde moço, acharás velho". Os provérbios também alertavam para a higiene possível: "O corpo achacoso não é cheiroso". Ditos populares acautelavam contra males imaginários: "A mulher sara e adoece quando quer". Os benefícios da caminhada começam a ser descobertos – e aliás, ninguém caminhava mais e melhor do que nossos indígenas pelas trilhas que conduziam até o Peru.

E havia a crença de que o vinho era santo remédio, pois nem Jesus o recusou. Vinho consagrado era recomendado aos doentes, até por São Paulo. Afinal, era considerado a bebida bíblica. Fazia bem ao estômago, onde se transformava em sangue, além de combater a perda de memória. Em bochechos, limpava a boca e fortalecia os dentes. Misturado ao suco de couves, combatia a surdez. Se, por um lado, bebido em excesso gerava impotência, por outro, impotentes deviam banhar seus genitais com vinho para recuperar o vigor. Exercia funções terapêuticas como cauterizante ou veículo de qualquer droga ou planta medicinal. Teólogos argumentavam que a velhice resfriava os ossos, fazendo com que idosos bebessem cada vez mais para se aquecer. Porém, junto com a "bebedice", vinha a preguiça ou a cólera. Em excesso, o poder curativo do vinho virava vício. Surgiu então uma pequena indústria de fabrico de vinho vendido "às medidas e canadas", e quase todos os tratamentos médicos tinham uma dosagem de vinho, explicou o historiador Renato Venâncio. Um vinho detestável e caro, com cara de remédio mesmo.

Mas... e a comida? É sabido que a alimentação tinha – e tem – um impacto sobre a longevidade. Por conta de falta de alimentos, organismos mal alimentados e com deficiências físicas não aguentavam.

E não havia quem gostasse de jejuar. Se houvesse períodos de caça e pesca magras e de colheitas decepcionantes, as pessoas lembravam que a fome era considerada um dos castigos pelo pecado original. E a gula também era pecado. Mas não eram só pecados, pois vários outros fatores interferiam na mesa dos velhos.

A começar pela estrutura fundiária da Colônia, baseada na grande plantação capaz de sufocar a pequena agricultura e o abastecimento das cidades, como bem lembra o historiador Francisco Carlos Teixeira da Silva. Inexistiam transportes ou armazenamento de produtos e sobravam taxas e impostos sobre produtos alimentícios como a carne bovina ou o sal. Grandes comerciantes, majoritariamente reinóis, especulavam com os gêneros dos quais detinham o monopólio. O grande senhor de engenho, o plantador de cana e o roceiro acabavam por abandonar a produção de alimentos para se concentrar em produtos que eram vendidos em Portugal. Como se não bastasse, a destruição das matas deu lugar às capoeiras, e o desprezo pela agricultura indígena acentuou a destruição do meio-ambiente. A gangorra entre chuvas e seca fez o resto.

Com o auxílio de familiares, de poucos ou muitos escravos, milho, feijão, mandioca e arroz foram os alimentos plantados e consumidos em quase toda parte. Bananas eram utilizadas como fruto ou alimento principal. Quintais produtivos e a criação de animais melhoravam a alimentação, quando não havia excesso de insetos e lagartas para devorar o que se cultivava. A cana-de-açúcar permitia a produção da aguardente, da rapadura, além do açúcar. Os trigais coloriam algumas regiões de São Paulo e Minas Gerais. Aí, uma vez passada a instalação das primeiras vilas, a região teve produção estável e vigorosa de víveres, tornando-se uma escada de mobilidade social para livres e ex-escravos.

Entre 1690 e 1780, crises de fome sacudiram Rio de Janeiro e Bahia. Em 1703, as capitanias do Nordeste foram tão atingidas por um colapso de produtos alimentares que o governo de Lisboa exigiu o cumprimento de uma lei que obrigava o cultivo de 500 covas de mandioca por escravo. De estômago vazio, Gregório de Matos gemia em Salvador: "Tão fértil e tão fecunda, Deus a tornasse tão imunda /Falta saúde, e pão, Mas força é que tal mão / Peste e fome os confundam".

Essa foi a primeira e uma das únicas vezes em que a Coroa tomou medidas reguladoras da agricultura de mercado interno, explica Francisco Carlos Teixeira. As capitanias foram socorridas por Rio Grande de São Pedro, que lhes enviava grãos e charque. Faltava farinha, alimento básico, pois regateiros e vivandeiros se esquivavam de pagar os impostos exigidos pela Coroa e fugiam para vender seus produtos em outras plagas. No Rio, a Revolta do Sal, que se espraiou até o pé da serra e o norte fluminense, foi assunto entre as classes desfavorecidas, das quais os velhos eram parte.

Sempre houve otimistas, e o inglês Ewbank foi um deles. Achava que os brasileiros constituíam um

> povo de pessoas gordas e lustrosas e, apesar das influências enervantes do clima e da lassidão que o mesmo causa, impedindo-o de perder pelo trabalho a carne supérflua, como acontece a nossos agricultores e outros consumidores de carne de porco, sua saúde geral, e a avançada idade, a que chegam muitos, corroboram as opiniões dos médicos.

Na maior parte das vezes, representações sobre a saúde e a doença foram registradas por viajantes estrangeiros, muitos dos quais eram médicos ou confundidos com médicos. No Rio de Janeiro, em 1815, Spix e Martius teriam confundido a falta de alimentos com moderação do apetite?

> Além da simplicidade da cozinha brasileira, também é digna de elogio a sobriedade nas refeições, o que favorece a saúde do povo de país tão quente. O brasileiro não come muito dos seus poucos pratos e quase não bebe senão água e come de todas as coisas com a maior regularidade, seguindo assim a rigorosa ordem que se nota aqui entre os trópicos, em todos os fenômenos da natureza. À noite, ele não toma quase nada, prudentemente; quando muito bebe uma xícara de chá ou de café na falta do primeiro, e priva-se, sobretudo à noite, de frutas frescas. Somente esta dieta e a conformidade com as condições do clima o protegem contra muitas enfermidades que atacam o estrangeiro incauto [...] não

praticar atividades fora de casa nas horas mais quentes do dia e à noite menos ainda entregar-se ao amor físico.

É difícil imaginar velhos desnutridos lavrando a terra, derrubando matas com machados, aproveitando troncos para cercas, ateando fogo à área desmatada, rompendo com enxadões troncos e raízes, cavando para semear e limpando matos. Ou velhas indo buscar água no poço, lenha para o fogão, socando milho ou raspando mandioca. Mas, enquanto podiam, todos o faziam, pois dependiam da terra para viver. E, apesar das dificuldades, sobreviviam. Pareciam não sentir cansaço. Ao cruzar o Brasil de Norte a Sul, viajantes viram centenas de ranchinhos ou roças isoladas nas quais um casal de velhos vivia dessa maneira. E eram esses velhos que os acudiam com um punhado de farinha, um cesto de laranjas e a preciosa água potável. Ofereciam até cuidados. O naturalista Hermann Burmester, quando adoeceu viajando por Minas Gerais, foi acolhido por "Uma velha, em cuja casa estive durante minha convalescença; quis a todo o custo preparar-me uma sopinha, o que finalmente aceitei, pois era impossível declinar a oferta".

A doença, mais do que a idade, marcava o fim da vida ativa ou seu declínio. A fadiga anunciava o limite, designando um obstáculo largamente compartilhado: o interno, vindo da própria existência, e o externo, vindo do mundo, de seus constrangimentos. A maioria dos homens que sobrevivia eram sólidos. Pobres, trabalhavam até que as forças os abandonassem. Ricos, agarravam-se ao poder e à ação. A velhice era uma oportunidade, e foram numerosos os que não a tiveram. Mas ela era também uma maldição num mundo em que a força física era determinante. A imagem do velho sábio e digno muitas vezes camuflou uma realidade insuportável. Alguns velhos, em melhores condições, se retiravam para um mosteiro ou convento no final da existência, não para descansar, mas para preparar a passagem para o Outro Lado. Essa tradição vinha da Idade Média, cujos monastérios acolhiam velhos ricos para orar e tentar salvar a alma.

Velhice = impotência e menopausa

Numa época sem calendário e relógio, em que a maioria não sabia quantos anos tinha, o marcador da entrada na velhice, para os homens, era um só: a impotência. Historiadores revelam que, desde sempre, ela foi a maior fonte de ansiedade sobre a sexualidade masculina. O assunto não escapou à Igreja Católica. Nas Constituições Primeiras do Arcebispado da Bahia, um alerta: a impotência era causa de anulação matrimonial "por falta ou desproporção dos instrumentos da cópula ou a falta provenha da natureza, arte ou enfermidade, contanto seja perpétua". Essa obsessiva preocupação tinha a ver com a manutenção do poder patriarcal. A impotência corroía a expectativa do homem de ser senhor de si e de seu corpo. Ela também minava o poder de mando sobre seus dependentes, especialmente a esposa, cujo desejo imoderado lhe cabia domar. O risco era de ser traído, assunto de escárnio em conversas, peças de teatro e baladas.

Os médicos pré-modernos tendiam a tratar a impotência e a infertilidade como decorrentes da composição do sêmen. Sua consistência determinava não apenas a fertilidade do indivíduo, como também a capacidade de ereção. Daí o uso de tratamentos "quentes" e "frios" para a capacidade generativa masculina. A impotência também era determinada pela dificuldade para ejacular ou para ejacular sêmen suficiente. Se um casal não tinha filhos, mas o marido tinha ereções, a culpa da infertilidade era sempre da mulher. Virilidade e fecundidade eram o teste fundamental quanto à capacidade de homens e mulheres interpretarem seu próprio papel na cena da sexualidade. Afinal, "o crescei e multiplicai-vos" era obrigatório.

Curas de impotência passavam pela prescrição de afrodisíacos. Aumentar o calor do corpo melhorava a qualidade do sêmen, promovendo tanto a atividade sexual quanto a capacidade de gerar filhos. Anotações sobre remédios para impotência foram inúmeras. Para o desejo sexual adormecido, Guilherme Piso recomendava: "a bacopa quanto a banana são consideradas plantas que excitam o venéreo adormecido". Sobre o amendoim, registrou: "os portugueses vendem diariamente o ano todo, afirmando que podem tornar o homem mais forte e mais capaz para os deveres conjugais".

Obras publicadas na Europa sobre plantas vindas dos Novos Mundos destacavam a hortelã, o alho-poró e a urtiga para combater a flacidez do pênis. Outras, ainda, apareciam sob rubricas como "jogos de amor" ou "para fortificação da semente" – leia-se do sêmen. Entre as substâncias vegetais encontravam-se a jaca, as orquídeas e os pinhões. As unções com fezes de corvo ou de cão, os untos de "pardal e enxúndia de cegonha" e os banhos íntimos com açafrão, noz-moscada, carne de vitela, leite e vinho eram recomendados.

Inspirado em Garcia de Orta, médico judeu português que estudou os resultados da assa-fétida ou asa de morcego "para levantar o membro", seu conterrâneo João Curvo Semedo recomendava um óleo em que "tivessem infundido cinquenta formigas que têm asas". Desaconselhados eram os "maus mantimentos" e a melancolia. Entre os "casados frios e velhos", havia esperança para os que untassem "levemente o membro, e principalmente a fava, com uma migalha de algália [...] porque acodem tantos espíritos a ela e a engrossam de sorte que alguma vez não pode sair do vaso (feminino)". A algália era medicamento extraído de excremento animal.

Alceu Maynard Araújo lembra bem que o contato com os índios levou ao emprego da pirótica, ou seja, o uso do fogo, nos procedimentos de cura. Homens cuja impotência lhes causava dissabores e vergonha untavam o escroto e a região púbica com sebo de bode, "sentando-se sobre brasas vivas", isto é, aproximando-se, o mais possível, de um "caco", vasilha de barro em forma de alguidar cheia de brasas. Foi provavelmente de tal prática, informa-nos o mesmo autor, que nasceu a expressão "estar sentado em brasas". Garrafadas à base de catuaba, largamente utilizadas até os dias de hoje, também decorrem dos empréstimos aos conhecimentos fitoterápicos dos tupis-guaranis.

Os saberes africanos, organicamente incorporados ao cotidiano com sua presença entre nós, ofereciam, eles também, recursos considerados eficientes. Processos de africanos e seus descendentes denunciados à Inquisição do Santo Ofício demonstram que seu sistema religioso estava conectado ao cristianismo e que, para interferir nos "ligados", ou seja, impotentes, não faltavam preparos como os feitos por certa escrava Domingas Fernandes, em 1612. Ela aprontava unguentos à base de urina, mel e três escarros da pessoa ligada, dizendo, em oração: "tu que estás ligado, eu te desato com Deus Pai e a Virgem Maria sua madre, e como Santíssimo Sacramento que é a verdadeira vontade". Nas velhas fazendas do vale do Paraíba, no Rio de Janeiro, o escritor Agrippino Grieco recolheu a tradição de senhores de 70, 80 anos que, estimulados por afrodisíacos preparados por feiticeiros e macumbeiros, experimentavam entre jovens escravas as últimas sensações de virilidade.

Afrodisíacos à base de decocções eram largamente usados na África Ocidental. A crença na existência de "ladrões que roubassem o sexo masculino" grassava e grassa até hoje. E não se trata de uma piada folclórica. Explica o antropólogo Julien Bonhomme que, na África Subsaariana, a feitiçaria foca tradicionalmente sobre a sexualidade, seja a virilidade masculina ou a fecundidade feminina. O sexo representava e representa o símbolo metonímico da potência vital. Seu "roubo", ou melhor, encolhimento, ameaça a potencialidade da vítima e também da comunidade. E a potência sexual, por sua vez, estaria ligada ao sucesso social, sendo o pênis o suporte, tanto literal quanto figurado, dos sonhos de riqueza ou de pesadelos de fracasso. E a tradição veio da África junto com os cativos. O médico Jean Maria Imbert, no seu *Guia médico das mães de família*, publicado em 1843, registrou que nas fazendas era comum amedrontar meninos mijões ou masturbadores com a imagem do Quibungo, ou negro velho, que viria lhes cortar o pênis.

Todo cuidado era pouco. O médico Luís Gomes Ferreira, português morador de Minas Gerais, autor do livro *Erário Mineral*, de 1735, fazia recomendações expressas: "O demasiado uso de venéreo – [ou seja, do sexo] – atrasa os anos da vida e faz faltar a vista". Depois de ter "ajuntamento com a mulher" pela manhã, homens casados que se levantavam "sem camisa ou ceroulas [...] mau costume no Brasil", se expondo ao vento, morriam. Se estivessem suados e bebessem água fria, morte certa, também. As observações do médico ecoavam as preocupações da Igreja, vindas desde São Paulo: os velhos tinham a oportunidade de não mais fazer sexo. Em vez disso, deveriam purificar a alma, elevar-se acima das paixões da carne redobrando esforços na busca da salvação. E que fossem punidos com mais rigor os que se comportassem como jovens.

Outro sintoma de idade era a queda de cabelo e a calvície. Para combatê-los, era sugerido o cozimento das raízes de paco-caatinga ou periná. Ou, como prescrevia o mesmo Luiz Gomes Ferreira, "rapada a cabeça à navalha [...] untá-la com sebo de homem esquartejado ou com seu óleo por tempo de um mês faz nascer cabelo". O sebo, no caso, era o "suor", símbolo de energia vital. Era colhido de mortos ou agonizantes. O crânio era considerado lugar de fluidos vitais poderosíssimos, logo, capazes de curar males. Além da calvície, se misturado ao vinho, o pó raspado de crânios curava "paralisias súbitas", registrou o jesuíta Affonso da Costa. Quanto aos cabelos brancos, tudo indica que não eram combatidos como o serão mais tarde.

Ao entrar na menopausa, as mulheres também não escapavam. Tornavam-se automaticamente velhas. Enquanto pudessem gerar filhos, elas seriam poderosas. Porém, privadas do extraordinário poder de reprodução, viravam terra estéril. Podiam ser humilhadas pelos companheiros e pela comunidade. Ao deixar de procriar, deixavam também de ser mulheres, pois não encarnavam mais as virtudes sociais da maternidade. Até as uniões que tinham por finalidade a criação de famílias se tornavam supérfluas, levando companheiros a buscar outras parceiras. O climatério indicava a entrada num outro ciclo da natureza, no qual mulheres pareciam ter o corpo entupido, fechado e prisioneiro de forças estranhas. Só lhes restava cuidar de seus meios de sobrevivência e cultivar as virtudes domésticas. Era a morte do útero, órgão feminino agora sem função.

E que função! O sangue menstrual era respeitado e temido. Protegidas pelas "regras", as mulheres podiam se isolar dos homens. Antes parte de feitiços amorosos, usado para intoxicar amantes infiéis, matar maridos quando misturado a vidro moído, suspeito de enferrujar metais ou estragar alimentos, o sangue menstrual era considerado peçonha pura. Retido, engendrava humores malignos. E espalhado pelo corpo, se tornava veneno capaz de matar uma criança no berço por meio de um simples olhar. Ninguém duvidava disso.

Em 1819, quando os austríacos Spix e Martius passaram pela localidade de Rio Verde, em Minas Gerais, conheceram a urutu, cobra das mais venenosas encontradas aqui. E sobre sua mordida ficaram sabendo que curandeiras de origem africana ou indígenas "eram ouvidas em primeiro lugar [...], mas só são aptas para isso na idade de cinquenta anos, porque, antes, elas próprias são venenosas".

Nas cidades e vilas, ao envelhecer depois de muitos filhos, as mulheres se enclausuravam. Não eram mais vistas a não ser pelo padre da paróquia que frequentavam. Muitas, para escândalo dos fiéis, entravam na igreja dentro de suas cadeirinhas carregadas por escravos. Foi preciso que os bispos proibissem tal insolência. Insolência ou pudor? Afinal, a menopausa as enfeava. Elas engordavam, perdiam dentes, ganhavam papada, cobriam-se de pelos. Os pintores de época não escondiam os buços espessos que vemos nos quadros nos vários institutos históricos e geográficos espalhados pelo Brasil. Elas murchavam. Viajantes estrangeiros atribuíam a decadência física à suposta vida ociosa, alimentada pela escravidão e os casamentos precoces, aos doze ou treze anos. Segundo um deles, elas "andavam como se tivessem cadeias nas pernas". Tal como as frutas tropicais, amadureciam e apodreciam com rapidez. Em Salvador e dentro de casa, a inglesa Maria Graham viu donas de casa desgrenhadas, vestindo camisolões sem espartilho, chinelos sem meias. Ficou escandalizada com sua "falta de higiene".

Mas devia haver as que reagiam à condenação da menopausa e apelassem para as receitas de médicos portugueses, como as de João Curvo Semedo: "a madre devia despertar pela ação de piolhos e percevejos metidos no orifício do cano, para que com mordeduras e movimentos que fazem excitem a faculdade repelente adormecida". Ou seja: sem os sangramentos provocados pela menopausa, o útero parecia estar paralisado. Daí terem que ativá-lo pela inserção de insetos na vagina.

Como no caso da impotência masculina, menopausas precoces podiam ser atribuídas à feitiçaria. O pavor de "achaques diabólicos contra a lei divina" recomendava às mulheres pendurar "artemísias à entrada da porta" de casa. O demônio que obstaculizava a procriação tinha que ser rechaçado com defumações "das partes vergonhosas com os dentes de uma caveira". A crença de que Satã podia entrar no corpo da mulher, causando-lhe toda sorte de males, inclusive a infertilidade, era corrente. Tanto mais quanto, desde que Eva conversara com a serpente no paraíso, a mulher era considerada uma sua mediadora, como demonstrou o historiador francês Jean Delumeau.

Velhos se amavam? Sabe-se que Gregório de Olivares, mestre escola da Sé da Guarda, em 1707 escreveu um livro, *Cupido prostrado e amor profano desvanecido*, no qual cravou: "Muitos disseram que o amor nunca chegava ao estado de velho ou porque dessa idade prudente é imprópria a loucura, ou porque a inconstância do objeto não permite tanta extensão ao amor". Ou seja, não era recomendável porque levava "às desordens da luxúria, dos libidinosos excessos e dos apetites sensitivos", matando um dos amantes, como alertou o médico Gomes Ferreira. O antigo provérbio confirmava: "Velho com amor, morte em redor".

Na jovem Colônia, os velhos

De maneira geral, a Colônia se desenvolveu graças a núcleos populacionais, vilas e povoações fundadas pelos primeiros povoadores. Eram poucas e pouco habitadas. À sua volta, canas cresciam, engenhos moíam, e o açúcar era levado para a Europa. O processo de ocupação das terras se intensificou no século XVII, quando se descobriram as sonhadas Minas de ouro. Ao mesmo tempo, os currais de boi avançaram pelo sertão, esmagando a vegetação do cerrado, e os caminho dos tapuias-kariri e dos tupi-guarani. Milhares de cascos confundiram as picadas que, desde a noite dos tempos, levavam tribos de Norte a Sul. Esmagavam junto a cultura dos povos originários.

Houve considerável imigração de reinóis para o Brasil como consequência do empobrecimento do comércio de Portugal com a Ásia, mas, sobretudo, da atração que representou a descoberta do ouro. Aumentou também a chegada de africanos. No Sul, nasciam Curitiba, o Porto de Patos em Santa Catarina e as primeiras casas do povoado de Santo Antônio dos Anjos da Laguna. Os que adentraram os sertões do Rio São Francisco chegaram aos campos do Piauí, estabelecendo-se como criadores de gado e vaqueiros. Minas, Goiás e Mato Grosso passaram a receber gente de toda parte. Era a "terra da promissão ou o Paraíso encoberto em que Deus pôs nossos primeiros pais", dizia o cronista Barbosa de Sá, recuperando o mito do Brasil como paraíso na Terra. A fome de escravos seguiu junto com a verdadeira fome. Para corrigi-la, a fundação de núcleos estáveis na zona do ouro levou a plantar roças de abastecimento, sítios de criação, rancharias e toda a rede de povoamento disperso que mais tarde deu origem a povoações.

Nasciam cidades, mas... que cidades? "Pequenas, faltas de gente e sem nenhum modo de ganhar a vida, os campos incultos, tudo coberto de mata brava" – gemia D. Luis Antônio de Souza ao assumir o governo, em 1766, sobre a capitania de São Paulo. A dispersão populacional era a regra. Não havia a sociabilidade que a vida nas cidades mais tarde criaria. A mestiçagem de escravos, negros forros, brancos pobres e índios já era evidente, pois o brasiliano já era mestiço. A maioria vivia embrenhada pelos sertões, onde, como disse o médico Luiz Gomes Ferreira, referindo-se às Minas, "tudo era feroz e contrário à penetração humana em terras misteriosas e sinistras".

Nesse quadro, imagina-se que velhos morressem cedo, trespassados por flechas, atacados por animais peçonhentos ou por flagelos, ou vítimas de confrontos pela ocupação das terras. Não se esperava que velhos sobrevivessem a vida tão dura e instável. Porém, mesmo não havendo informações sobre banhos na tal Fonte da Juventude, eles resistiam e sobreviviam. Nas raras pesquisas de historiadores demógrafos para o Brasil colonial, os homens e mulheres com mais de 50 e até mais de 80 anos estão sempre presentes.

Podemos imaginar como viviam, então? O historiador Batista Pereira recriou retratos, feitos sobre os finais do século XVI, quando chega a Piratininga o primeiro governador das capitanias do Sul. Ele descreveu a viúva D. Violante de Souza, senhora de muitos criados, mas que, segundo ele, "ficaria enferrujada se descansasse. Passava os dias na cozinha salgando carnes e enrolando pamonhas". Dona Suzana Rodrigues, viúva de Damião Simões, protetora dos tocadores de viola e guitarra. Ou "Chica Homem, virago que matara dois índios à porta da igreja, fumava cachimbo e tratava feridos com receitas maravilhosas de cipó chumbo para tiros de bala, alho pisado para contusões e infusão de burra leiteira para hemorragias". Ele menciona José Adorno, falecido aos 100 anos, natural de Gênova. Ele e sua mulher, Catarina Monteiro, mulher "muito nobre e de muita fazenda", fundaram a Capela de Nossa Senhora das Graças, que doaram a religiosos do Carmo, e a Capela de Santo Amaro, na ilha de Guaimbê. Adorno foi considerado predestinado, pois, no dia de seu velório, a cera das velas não queimou, embora elas se mantivessem acesas todo o tempo.

Na Colônia, quem eram os demais moradores das áreas agrícolas? A grande maioria era "pequeno agricultor ou lavrador". Gente que trabalhava na roça, de sol a sol, enxada às costas. Que percorria sua plantação pequena ou grande cuidando de pragas e insetos. Que vigiava o céu, esperando as chuvas ou a seca. Nos engenhos, podiam ser "mestres de açúcar", marceneiros, caldeireiros, pedreiros. Quando pobres e sem escravos, compartiam com os filhos a tarefa de cultivar a roça, manter os instrumentos de trabalho em ordem ou perseguir insetos daninhos. Acordavam com a primeira luz da manhã, o canto de pássaros ou, quem os tivesse, dos galos. Estavam sempre em movimento. No interior das moradias, um fogo feito no chão, bancos, arcas. Comia-se no mesmo alguidar. Nas cidades, eram homens de negócio, funcionários da Coroa, mercadores atrás de suas tendas, ou donos de ofícios rentáveis.

E, no início do século XVII, já se via até certa mobilidade social, que iria beneficiar os velhos. Foi, por exemplo, o caso de certo Antônio Álvares Couceiro, juiz do ofício de seleiro na vila de São Paulo. Ele foi à Câmara para declarar que "porquanto ele era um homem velho e tinha bens bastante para sustentar-se sem usar do dito ofício, para gozar as honras e liberdades dos homens nobres, desistia do dito ofício e do cargo". Dele não queria usar nunca mais, arrematou. Subiu na vida.

Em 1630, no Nordeste, velhos lutaram e foram feitos prisioneiros nas guerras contra os invasores flamengos. Com um deles, um "velho português", o jovem Ambrósio Richshoffer, soldado da Companhia das Índias Ocidentais, se entreteve: "Com ele conversei muitas vezes, graças ao pouco de latim que aprendi, na cela do bom convento que me servia de alojamento. Contei-lhe da minha pátria, e especialmente da cidade de Estrasburgo e do seu belo templo famoso em todo o mundo, admirando-se ele muito – como um velho religioso quase infantil que era – de que eu tão jovem, me houvesse aventurado até estas terras". O Convento em questão era o dos Jesuítas.

O caso de Miguel de Souza de Andrade, identificado como "de nação Congo", é emblemático. Ele percorreu um longo caminho para reconstruir sua vida após chegar ao Brasil. Lançando mão de uma série de estratégias, convivendo e estabelecendo relações cotidianas com africanos escravos e forros de diferentes procedências, chegou à velhice, com seus "80 anos, pouco mais ou menos", tendo alcançado o honroso título de "capitão-comandante das companhias de homens pretos". Os africanos, no entanto, não foram os únicos agentes sociais com quem construiu relações. Ao longo dos anos, Souza de Andrade manteve-se próximo de negociantes e de homens agraciados com patentes militares. Como símbolo de ascensão e de negação da antiga condição social, tornou-se proprietário de escravos, sendo "senhor e possuidor" de crioulos, pardos e africanos.

Para o mesmo período tomemos o exemplo de Salvador de Sá e Benevides, três vezes governador da capitania do Rio de Janeiro entre 1637 e 1642, um dos personagens mais notáveis do século XVII. Pois além de fundador de cidades, administrador e político, foi quem convenceu os paulistas a ficarem do lado dos brasileiros e portugueses na hora da separação da Espanha, em 1640. Era personagem querido de ambos os reis ibéricos. Nos últimos anos de sua longa vida, Salvador sofria de uma enfermidade que não se conseguia identificar. Aos 79 anos, ainda frequentava o Conselho Ultramarino, órgão que cuidava da administração colonial. Houve então uma revolta no enclave português de Zanzibar, na costa da África Oriental e ele se ofereceu para comandar a expedição punitiva. Dizia que gostaria de morrer ouvindo tiros de canhão. Os amigos custaram a demovê-lo da temeridade. Finalmente, faleceu em Lisboa a 1 de janeiro de 1682, com 80 anos. Esteve lúcido até a morte, "sem sofrer as fraquezas da decrepitude" – conta-nos o historiador Francisco Adolfo de Varnhagen.

Outro ativo foi Padre Antônio Vieira. Longe estava a época em que dava lições de catecismo a indígenas e negros ou negociava com um dos homens mais poderosos do Ocidente, o cardeal Mazzarino, o casamento do herdeiro do trono de Portugal D. Teodósio com a "Grande Demoiselle", filha do duque de Montpensier. Tentou entregar o Nordeste aos holandeses, como bem explicado por Evaldo Cabral de Melo. Orador apaixonante, era frio nos escritos políticos. Enfim, depois de mil peripécias diplomáticas, aos 53 anos foi chamado a Lisboa para reassumir seus deveres como orador na Capela Real. Rapidamente, conseguiu irritar a Inquisição e foi exilado no Porto, onde passou o tempo revisando seus sermões para publicação. Aproveitando a falta de apoio político, a Inquisição meteu Vieira no calabouço de 1665 a 1667. A rainha viúva Luísa de Gusmão apiedou-se dele e enviou-o para Roma, onde o jesuíta esperava anular o processo que lhe fora movido.

Em 1675, fez sucesso em Roma pregando diante de 19 cardeais. Lá, encantou a rainha da Suécia, Cristina, que recém renunciara ao trono, entregando-se ao catolicismo. Em pouco tempo, Vieira se tornou pregador oficial de Cristina e emocionava os convidados dela com seus sermões. Isento da jurisdição do Tribunal do Santo Ofício português, viveu com fausto em Roma por mais seis anos. Pouco tempo despois, voltou a Salvador. Aos 85 anos caiu de uma escada, machucando-se seriamente. Faleceu em 1697, depois de revisar todos os seus sermões para publicação.

Na passagem do século XVIII para o XIX, cresceram cidades. Os portos recebiam e exportavam mercadorias: açúcar, tabaco, arroz, algodão e, mais tarde, café, além do ouro descoberto desde o século anterior. Abriram-se caminhos e estradas e agilizaram-se as comunicações; as tropas de mulas levavam produtos agrícolas e traziam secos e molhados. A corrente de imigrantes, tanto portugueses quanto escravizados vindos para as lavras de ouro, engrossou o número de habitantes, que se mestiçou mais. O som dos sinos marcava as horas, anunciava nascimentos e mortes, avisava sobre incêndios ou sobre o início das festas religiosas. E mais velhos brilharam na constelação da gente brasileira.

Um deles foi o baiano José Teófilo de Jesus, pardo e forro, nascido em Salvador e falecido na mesma cidade em 1847, aos 90 anos. Artesão de molduras para o conhecido pintor José Joaquim da Rocha, foi por ele premiado com uma viagem a Portugal para aperfeiçoar suas habilidades artísticas. Um empréstimo de 150 mil réis contraído junto à Santa Casa bancou sua estadia. Ele permaneceu em Lisboa, onde cursou a Escola de Belas Artes. Em 1801, de volta ao Brasil, passou a trabalhar para as Ordens Terceiras, além de se dedicar a douramentos de talhas e altares. Fez inúmeros tetos ilusionísticos e também quadros de cavalete. Casou-se, em 1808, com Vicência Rosa de Jesus, forra natural da Costa da Mina. É considerado o maior pintor a trabalhar na Bahia na primeira metade do século XIX.

Entre os negociantes, vale a pena conhecer Pedro Rodrigues Bandeira, traficante de escravos e membro da elite baiana, que conseguiu ao longo da vida amealhar uma fortuna. Morreu solteiro. Era considerado um dos homens mais ricos e influentes do Brasil no início do século XIX, quando Salvador era a grande metrópole. Foi um dos maiores exportadores de fumo e aguardente, na sua condição de traficante de escravos. Também possuía embarcações que faziam o comércio para Europa e Ásia. Foi proprietário de diversos prédios em Salvador, de seis engenhos de açúcar nas vilas de Cachoeira e Santo Amaro, no

Recôncavo Baiano, e de fazendas de criação de gado no sertão. Devido à sua vultosa fortuna, foi um dos homens mais respeitados de seu tempo, sendo grande provedor da Fazenda Real e de diversas instituições de caridade na Bahia. Exerceu o cargo de tesoureiro na Fazenda Real, de diretor da casa da Moeda, foi membro do Conselho Geral da Província da Bahia entre 1824 e 1828 e provedor da Santa Casa de Misericórdia em 1828. Faleceu em Salvador, aos 68 anos de idade, solteiro e sem filhos, deixando uma herança calculada em 15 mil contos de réis.

Bem mais tarde, em 1882, J. A. Leite Moraes publicou sua viagem de Goiás a Belém do Pará, e descreveu seu encontro com o "capitão Gomes", conhecido por ter "um mundo de terras" e por ter "botado" o primeiro barco a vapor no rio Araguaia. Ele contou: "subimos até o Itacaiu Grande, onde mora o velho paulista de velha têmpera capitão Gomes, natural da cidade de Faxina, a quem desejávamos conhecer pessoalmente pela tradição heroica de suas façanhas como sertanejo, o mais audaz e destemido que se conhece nos sertões de Goiás e Mato Grosso, que demoram entre as águas do Prata e do Amazonas". Quem era o capitão? "Maior de sessenta anos, alto, moreno, mais forte e robusto como se contasse vinte anos apenas. A sua fala, o seu gesto, o seu andar, os seus costumes revelam o paulista dos velhos tempos. Com uma boiada, Gomes enfiou sua caravana pelo sertão, subiu e desceu serras, atravessou rios, sofreu, por dias, o ataque de indígenas e" – segue Leite Moraes – "após meses de trabalho insano, gigantesco, desesperado e horrorosamente pesado, chegou na sua fazenda, levantou o estaleiro, e com o maquinista que o acompanhava, armou o vapor e o atirou nas águas do Araguaia! Eis um admirável e grande feito!".

Nem sempre os velhos estavam em boa forma como o capitão Gomes, mas o trabalho era um aliado que os permitia continuar a viver. Em meados do século XIX, em viagem pelo Espírito Santo, Auguste François Biard, no seu livro *Dois anos no Brasil*, contou de sua amizade com "um velho negro que não era escravo", a quem chamava de "meu amigo negro". Tornaram-se amigos, e foi no casebre desse ancião que o francês morou. Foi ele que consertou sua espingarda, "embora demoradamente", afora exercer outras profissões: "além de serralheiro, era sacristão e sapateiro remendão". "Sendo livre", observou o viajante, "podia usar sapatos e nunca vi outros do tamanho dos dele, aliás, em conformidade com seus enormes pés". E se mostrou surpreso com a disposição: "Meu amigo negro, além de todas essas acumulações, ainda encontrava tempo para criar perus".

Ora, os viajantes teriam imagem idealizada dos velhos, vendo-os fortes, criativos e bonachões? Talvez. Ewbank, delirando ou não, chegou a mencionar gente com 108 e até 114 anos! Mas que tivemos um contingente expressivo de ancestrais que souberam avançar no tempo, não há dúvida. O que o historiador não pode responder é sobre a idade em que as pessoas entravam na velhice. Os documentos são esparsos, e não se tinha uma imagem ideal da velhice como temos hoje. Havia quem fosse tão velho quanto pedras ou tartarugas. Mas o que chamava a atenção era sua capacidade de se manter de pé, ativo, sobrevivendo pelos próprios meios.

Casamento ajudava a viver mais e melhor?

Como hoje, tudo indica que sim, desde que os parceiros fossem bem escolhidos. A indissolubilidade do casamento, pela doutrina da Igreja Católica, era usada como argumento para uma escolha bem pensada. O cônjuge era examinado, avaliado e só então escolhido. O princípio que norteava tal escolha era o princípio da igualdade, enunciado quer nos adágios e provérbios, quer nos textos dos moralistas. A coletânea de adágios de Antônio Delicado, publicada no século XVII, anunciava: "Se queres bem se casar, casa com teu igual" ou "Casar e comprar, cada um com seu igual". O padre Manuel Bernardes, em seu *Nova Floresta* complementava: "O matrimônio é jugo; para levarem suavemente o jugo buscam-se bois parelhos [...] Casem primeiro as idades, as condições, a saúde, as qualidades e então casarão bem as pessoas".

Autor de um *Guia de Casados*, o nobre Francisco Manuel de Melo também martelava a questão da desigualdade etária e física dos noivos. Segundo ele, havia apenas três classes de casamentos: o primeiro, o casamento do Diabo, isto é, do moço com a velha; o segundo, o casamento de Deus, quando ambos eram jovens; e por fim, o casamento da Morte, ou seja, do velho com a moça. Sua explicação? "Os casados moços podem viver com alegria. As velhas casadas com os moços vivem em perpétua discórdia. Os velhos casados com as moças apressam a morte, ora pelas desconfianças, ora pelas demasias".

A sabedoria popular confirmava que a igualdade etária era sempre desejada, mas havia exceções: "Mais quero velho que me honre, que moço que me assombre". Ou "antes velha com dinheiro do que moça com cabelo". Funcionava? Difícil afirmar. Em São Paulo quando do recenseamento de 1765, apenas seis casais tinham a mesma idade. Em 141 casais, o marido era mais velho que a mulher e, dentre eles, 78 tinham uma diferença de dez anos, mais ou menos, num horizonte de 89,24% dos moradores. Tudo indica que homens mais velhos tinham situação melhor, tornando-se, por isso, atrativos. Casais com mulheres mais velhas eram 6,96%. Os de idades iguais, 3,8%.

Gregório de Matos não ficava atrás e ria do "homem velho e achacoso que se casou com uma mulher moça e formosa". Ele com nariz de tromba, boca cheia de baba, olhos com remela, um saco de ossos. Pois o "burro velho que escolhesse capim novo" corria o risco observado por John Luccock: "Aqui e ali um marido velho e ciumento vigia sua esposa nova e vivaz; e ela acha mais prudente conter sua alegria".

Já as mulheres que se uniam com homens mais jovens eram motivo de repulsa. O sexo com uma velha horrorizava. A única vantagem, além do dinheiro, era que o marido não corria o risco de ser enganado. Vigorava a ideia de que as carnes flácidas e a sujeira eram as guardiãs da castidade da esposa.

As brigas ficavam mais evidentes quando havia diferença de idade. O naturalista escocês George Gardner presenciou uma delas. Em busca de um tropeiro para acompanhá-lo a Minas Gerais, encontrou certo rapaz:

> Mandei chamá-lo e achei-o disposto a entrar a meu serviço; mas quando estávamos concluindo o ajuste, chegou sua esposa e insultou-me violentamente por aliciar o marido para deixá-la. Ela era uma mulata grande, velha e feia, e o que mais me surpreendeu, escrava, ao passo que que ele, mulato também, era livre e mais moço. Pouco haviam feito senão brigar nos seis anos de casados e o marido parecia agora decidido a livrar-se dela, dizendo-lhe que, embora ela o tivesse governado por muito tempo, não o faria mais.

Final da história: o homem seguiu com Gardner e, apesar da promessa de voltar, fugiu da mulher.

O poder do velho chefe de família se fazia presente na hora de escolher parceiros para os filhos. A exigência de ser alguém da "igualha" prevalecia. Certo Tomás de Aquino fez uma petição ao governador para que seu filho, Gabriel, fosse preso. A razão? Evitar que o filho contraísse um matrimonio desigual. No caso, a noiva era parda "em grau remoto". A historiadora Alzira Campos, estudiosa de famílias na América Portuguesa, mostrou que a relação entre pais e filhos era marcada pela etiqueta do interdito, pela ritualização do respeito ao se pedir a bênção, pelo distanciamento e ausência de afeto. Um trato verticalizado, sem tato, no qual os anseios e dilemas da adolescência e juventude eram minimizados e seus questionamentos, raramente respondidos. O velho chefe era um pai-patrão.

Provérbios também recomendavam que o homem poupasse para assegurar uma velhice tranquila para o casal: "Quem não trabalha, não mantém casa farta"; "Quem quiser ser muito tempo velho, comece-o a ser [velho] cedo"; "Guarde moço, acharás velho".

Muitos casais recorriam a Igreja para casar-se só no final da vida, pois tinham medo de ir para o inferno. Aí chamavam um sacerdote, pediam a extrema-unção e confessavam seus pecados, inclusive o de ter vivido com alguém "fora do sagrado matrimônio". Foi, por exemplo, o caso do escravo pardo Manuel Gonçalves de Aguiar, que em São Paulo, em 1798, pediu licença ao seu senhor para se casar aos 82 anos, depois de ter vivido quase 50 deles com Florência, que tinha 68. Quando trocou alianças, o casal já tinha netos.

Por vezes descumprida, a partilha de tarefas para a sobrevivência era obrigatória e desejada. Precária e instável era a situação material dessas famílias. Mas a estima, o respeito e a solidariedade tiveram seu espaço no passado, incentivando a construção de famílias plurais. Plurais e "grandes famílias", como nas Áfricas: com tios, irmãos, pais, mães e malungos. Punição? Pouca. Depois de denunciado ao bispo por vizinhos, o casal ficava proibido de receber os sacramentos ou assistir à missa. Porém, raramente eram expulsos da comunidade Como tantos casais que encontramos ontem ou hoje, na realidade ou na documentação histórica, o importante era haver consenso e cooperação entre os companheiros.

Independência na velhice

Lazer específico para idosos? Diversão era jogar dados ou cartas: "Começam pela manhã, das dez ou mesmo antes, ao meio-dia fazem um pequeno intervalo após o qual continuam noite adentro", contou Burmeister. Tavernas eram "quartéis-generais" de jogadores. Jogava-se a dois ou a cinco. Eram vistos sentados no chão, enrolando o fumo, tragando-o, saboreando-o, o cachimbo sempre por perto. Contavam fábulas ou recordavam fatos da juventude, pois tinham testemunhado histórias boas ou más e alegrias ou tristezas do passado. Gostavam de assistir às touradas, às Folias do Espírito Santo e de ver passar procissões com relíquias. Angariavam donativos para festas de irmandades e fugiam, sem entusiasmo, dos banhos de laranjinhas d'água por ocasião do Entrudo. Temiam adoecer.

Não que todo velho fosse um erudito como Padre Vieira, mas todos se tornavam conhecedores de algo. Detinham saberes. Suas mãos conheciam artes e guardavam o poder de transformação das coisas. Exprimiam a idade nas palavras, no olhar. Suas camadas de memórias não eram nada desprezíveis. Velhos eram arquivos vivos. Seus saberes não eram ruínas cobertas de vegetação, mas lembranças pessoais do que tinham vivido e aprendido ao longo do tempo. Poucos sabiam a idade que tinham, e a maioria só a identificava no agravamento de certas doenças ou na perda de mobilidade. De maneira geral, velhos viviam vidas minúsculas, longe de extremos. Eram o retrato da mediania, do banal, do ordinário em que consistia seu cotidiano.

Até mesmo quando foram figuras eminentes da política. Veja-se o exemplo de José Bonifácio de Andrada e Silva. Morador da ilha de Paquetá, quando cruzava as ruas da capital, apoiado no braço do sobrinho, Capitão Gabizo, via bem que o ambiente político não era mais o seu. Os anos tinham passado. Ele tinha amarelado, diminuído de estatura, seu rosto parecia um entrelaçado de raízes. Estava diante de um mundo que o apartava de novos costumes e dos amigos que tinham partido. Um mundo no qual ele acabou por adquirir certa transparência. Ninguém mais o reconhecia. Em março de 1838, ficou acamado. No começo, foi só a falta de apetite. Seguiram-se a sensação de empanzinamento e as dores de estômago após a sofrida ingestão de alimentos. Por fim, sangramentos e vômitos. Foi tratado com sanguessugas atrás das orelhas e em torno do ânus. Tomou clisteres para induzir a evacuação e sulfato de quinina. Na época, receitas generalizadas procuravam tratar diagnósticos imprecisos. A triste carne, desmanchando-se em tumores, adiantava o trabalho do túmulo. Os últimos dias foram passados em Niterói, onde os cuidados eram considerados melhores. Na Rua do Ingá, pernoitou doze noites, e na tarde de 5 de abril de 1838, às três horas, fechou os olhos. Falou-se em congestão cerebral e paralisia, mas há a hipótese de que teria morrido de câncer gástrico.

Hoje, as imagens de indivíduos em diferentes fases da velhice estão em todas as telas, em todos os palcos, em toda parte. De preferência, retratos de gente saudável e bonita! Bonitas, à época, só havia as imagens de Deus ou de santos como São José. Eram raras e, em geral, eram gravuras vindas da Europa que se pregavam às paredes ou pinturas nas naves das igrejas. Não há, portanto, como acompanhar as mudanças nos rostos que se enchiam de rugas.

Tampouco tenho registros sobre suas dores. Falava-se delas quando estavam juntos? Dor nas costas? Dor nas pernas? Dor de "vento"? Conseguiriam levantar pesos, carregar fardos, andar sem apoio? Não há registros de bengalas ou andadores nos inventários e testamentos da época. Conseguiriam caçar bichos grandes como pacas, capivaras, veados, ou se limitavam a fazer armadilhas para animais pequenos? Pescavam em alto mar ou mariscavam na beira das praias? Havia pudor em falar de seus males. Afinal, se tudo era vontade de Deus, aceitava-se a doença e aonde ela levasse.

Sabemos, porém, que, quando viviam isolados, sem médicos, livros de autoajuda ou conselhos na Internet, os velhos encontravam a força em si mesmos e no trabalho. Confrontados às duras realidades, acordavam com os pássaros e dormiam com eles. Não havia o sino das igrejas para marcar a passagem do tempo. Era um dia após o outro, após o outro, após [...] Sem calendário. Casas rústicas, comidas simples, tinham um modo de vida "espartano", como o descreveu o médico alemão Robert Avé-Lallement, de passagem pelo Brasil nos anos 1850. Impressão que Saint Hilaire, em viagem a Minas Gerais bem antes, em 1817, já tinha confirmado:

[...] entrei em matas e, subindo sempre, cheguei enfim a uma fazenda situada ao pé da serra da Piedade, chamada fazenda Antônio Lopes. Esse Lopes era um pobre velho que me acolheu do melhor modo possível. Meu criado caiu doente em sua casa; vi-me obrigado a ficar aí uma semana e, durante esse tempo, a bondade e a alegria de Antônio Lopes não se desmentiram. Meus camaradas cozinhavam; mas o excelente velho fez questão de que eu compartilhasse suas refeições. Quase sempre me servia um caruru de chicória e uma canjica que por sua cor mostrava a sujeira da vasilha onde tinha sido cozida. Mas isso era tudo o que Antônio Lopes dispunha e oferecia-o de bom grado.

Além da simplicidade no viver, as tradições de cortesia e caridade vêm de longe e eram respeitadas. Embora morando sozinhos, qualquer forma de sociabilidade raramente era ignorada. As relações entre vizinhos de roças eram afáveis; eles bebiam a mesma água do mesmo riacho ou poço; trabalhavam na mesma mata; campeavam nos mesmos campos; navegavam ou pescavam nas mesmas praias e beiras de rio. Mesmo distantes ou escondidas em regiões vastas e desertas, existiam os "vizinhos de terreiro", que trocavam cumprimentos quando cruzavam; trocavam notícias por intermédio de viandantes e viajantes; presenteavam-se em dia de caça ou pescaria farta; nos domingos ou dias santos, visitavam-se; nas festas religiosas, dispunham-se a auxiliar os "festeiros". Oferecer água e fogo era comum. Velhos foram mencionados por vários viajantes como "consertando arreios e ensinando e aplicando remédios". Nos serviços, a vizinhança ainda era mais importante: na derrubada das roças, no tempo das colheitas ou de moagem da cana, no fabrico de rapaduras ou quando se tratava de perseguir uma onça que matasse as criações – explicou o sociólogo Pe. Aldrin. E mais: "essas demonstrações eram revestidas de afeição, estima e dignidade [...]. Nunca trivialidade".

Trabalhar também era requisito para as classes dominantes. Supervisionar colonos e escravos, obrigatório. Mesmo os mais abonados, como os barões de Piraí, falecido aos 83 anos, o barão de Vassouras, aos 84, ou o poderoso Joaquim José de Souza Breves, aos 85, nenhum deles deixou de trabalhar de sol a sol. A imagem do aristocrata vestindo botas inglesas em cima do cavalo puro sangue não dá conta da vida frugal e operosa que levaram até o fim.

A socióloga Maria Sylvia de Carvalho Franco, numa obra clássica, *Homens livres na ordem escravocrata*, descreveu o "conforto comedido, ambiente severo e simplicidade escorreita, combinavam com a prosperidade que chegou com a expansão do café" – diz ela. "A vida trabalhosa dos rudes anos" harmonizava com o lustre de cristal. E sobre o barão de Vassouras: era ativo e organizado. Ou Joaquim Breves que, ao lado do plantel fixo de escravos, comandava um contingente nômade de trabalhadores, chegava para jantar com as botas enlameadas e as calças sujas. Apesar da fortuna, vinha da roça. Sobre o barão do Campo Belo, morto aos 71 anos, disse o jornalista francês Charles Ribeyrolles que sua granja moderna – a famosa fazenda Secretário – era resultado de "vinte anos de trabalho...Trabalhador infatigável, mourejando desde o romper da alvorada, há 40 anos ele está, com seus negros, jungido ao cativeiro". Ganhar e produzir era a preocupação de velhos poderosos até o fim de suas vidas. Mas eles não previram que o mundo que construíram iria ruir. E seus netos acabariam desclassificados pelo descenso social.

Quando, a partir do início do século XIX, as cidades litorâneas prosperaram, os velhos encontravam forças na relação com os outros. Sim, na qualidade das relações sociais, como bem determinou a historiadora Kátia Queiróz Mattoso em estudos sobre a Bahia que podem ser replicados por toda parte. Pelas ruas, nas fontes de água e beiras de rios, nas igrejas, mas praças, nas reuniões das irmandades rolavam informações, notícias, rumores. A vida pública se misturava à privada. E, nelas, redes de apoio mútuo amenizavam o peso das responsabilidades e da possível solidão. "Na alegria e na tristeza, os laços de amizade se estreitavam, as solidariedades se consolidavam, parentes e clientes estavam sempre presentes, por humildes que fossem eles próprios ou a família que ria ou chorava". Kátia sublinha que a mestiçagem e a assimilação, já bastante avançadas, ajudavam a contornar segregações e preconceitos. O trabalho comum nas lavouras ou oficinas rústicas mais unia do que separava. Em todas as fases da velhice? Não se sabe ainda. O pouco que emerge dos documentos conta a história de vidas silenciosas. Eu apenas as toquei com o dedo.

Elas, viúvas

Vidas eram e são marcadas por momentos de transição mais ou menos institucionalizados, prováveis ou antecipáveis. Entre eles, o da morte do companheiro, que atingia mais mulheres do que homens. No passado, a viuvez era enquadrada por rituais que canalizavam as emoções e definiam um período de luto. E tudo indica que ontem (ou hoje), elas tinham mais dificuldade de superar a situação. Viúvos não tinham que portar luto obrigatório e voltavam mais rápido para o mercado matrimonial. Quanto a elas, o tratamento que lhes era dado podia ir da exclusão à indiferença total. Elas carregavam também o peso moral do comportamento que assumissem, dos gestos que fizessem e da indumentária que tinham que usar. Tudo isso acusava sua imediata mudança de situação. E a morte do marido não quebrava o contrato de casamento que os unia. Era preciso que o defunto tivesse pensado numa partilha dos bens que protegesse sua cara-metade. Mas muitas foram horrivelmente maltratadas e abandonadas.

Como as viúvas se organizavam depois que se viam sozinhas? Se tinham bens e se casaram levando dotes, elas se tornavam imediatamente um "bom negócio". Se eram representantes do valor da família antes do casamento, tornavam-se vitrines do prestígio do finado depois da viuvez. Mas essa era a realidade de poucas. A grande maioria via seus maridos ou companheiros partirem – em busca de ouro, de melhores condições de vida ou recrutados pelas autoridades para lutar contra a ameaça espanhola na região Cisplatina – sem lhes deixar nada. Sem dar notícias. Sem voltar.

O resultado eram as cidades de mulheres. Em São Paulo, no final do s. XVIII, como demonstrou a historiadora Maria Luiza Marcílio, os lares matrifocais perfaziam 45% da população, e destes, 83% nunca se casaram perante a Igreja. E 6% da população da cidade tinham mais de sessenta anos. Como hoje, morriam mais homens que mulheres.

Historiadores que se debruçaram sobre as famílias no período colonial sabem que as uniões raramente eram sacramentadas por um padre. O historiador Igor Santos inventariou diferentes tipos de concubinato que eram praticados e que deram origem às nossas famílias mestiças. E tais ligações consensuais, ou outros arranjos mais diversos, eram desfeitos quando morria um dos cônjuges. Mas as viúvas raramente ficavam inteiramente sós. Havia, à volta delas, uma rede de filhos e netos. Eles eram o maior bem que lhes sobrava.

Existiam filhos ilegítimos do cônjuge que, no leito de morte, pedia ajuda à futura viúva. E elas aceitavam e podiam até proteger os bens das crianças, como fez, entre outras, em 1631, certa Joana de Castilho, quando, em testamento, firmou que a órfã, um rebento ilegítimo, tinha nove escravos que lhe ficaram de seu pai, "os quais estavam em poder dela testadora e mandava às Justiças de Sua Majestade não lhes tirassem e entregassem – à menina – para seu casamento". Outras possuíam filhos adotados e, sem esperar pela hora da morte, faziam doações aos seus "filhos de criação". Caso, em 1782, de certa viúva, moradora no bairro de São Miguel, São Paulo, que decidiu doar um escravo a uma adotada, "por tê-la criado como sua filha e ter-lhe muito amor". Ou, em Porto Alegre, uma viúva sem filhos que doou umas casas na vila onde morava, na rua da Graça, a dois meninos "pelo muito amor que lhes tem [...] e dos quais é madrinha de batismo e por isto os ama e estima como seus próprios filhos". Foram mães que não deram leite, mas mel.

Sempre boazinhas? Não. Viúvas interferiam no matrimônio dos filhos. Não faltavam conflitos, e eles foram tantos, que a legislação permitia que os filhos recorressem ao ouvidor ou ao desembargador do Paço para escolher com quem se casar sem interferência da mamãe. A razão normalmente invocada pela viúva era a desigualdade de condições: cor, idade, situação social. E, mais importante, de fortuna. O resultado? Filhos fugiam para casar-se.

Confusões também surgiam entre a mãe viúva e os filhos porque ela não procedia imediatamente à partilha de bens entre os maiores de idade. Quando havia filhos menores, ela era obrigada a fazê-lo pelo Juiz de órfãos. Se ela passava a segundas núpcias, os filhos podiam temer que a herança desaparecesse. No Direito sucessório português, os filhos eram herdeiros forçados e entre eles havia igualdade de partilha, e só através da terça parte da herança, de que o testador podia dispor livremente, pais e mães podiam revelar suas preferências por um filho. Ou através de doações antecipadas, como estudou a historiadora Maria Beatriz Nizza da Silva.

Muitas viúvas eram alvo de escândalos, como Anna Ferreira Maciel, poderosa viúva e mulher de alta classe pernambucana, que queria impedir a filha Isabel Maria dos Reis de casar-se com um rapaz "caixeiro, lojista de retalhos, bisneto de carpinteiro". Mas o problema não era a origem do pretendente e, sim, o fato de o inventário do falecido pai estar em andamento. A mãe temia a divisão do patrimônio e as perdas que teria caso não controlasse a partilha. Isabel não teve dúvida: fugiu para a casa do Juiz de órfãos, onde aguardou o melhor momento para ajustar casamento com o bem-amado. Ou no Rio de Janeiro, em 1817, o caso da viúva Rosa Angélica da Silva Velha, que encaminhou a D. João VI um pedido de degredo do filho para a Índia. Ela achava que assim corrigiria sua conduta indecente e suas noitadas em prostíbulos. Não queria deixar-lhe a herança.

Mas havia aquelas que dependiam do filho único para sobreviver, caso de certa Francisca do Rosário, que, em agosto de 1838, se autodeclarou pobre e de avançada idade. Dependente do único filho, o viu recrutado pelo Comando de Armas em Cuiabá. Ela imediatamente escreveu ao comandante pedindo a isenção do recrutamento, pois ele era seu único arrimo. Pobres ou ricas, viúvas agiam como qualquer mulher na luta pela sobrevivência.

Não faltaram solteiras como a preta Maria da Saúde, em 1814, que decidiam beneficiar outras mulheres em testamento, em geral escravas e libertas. Em Salvador, ela, que por "sua agência e trabalho" juntou vários bens, distribuiu de dinheiro a móveis para uma vasta lista de beneficiadas: Maria José forra, uma velha chamada Rosa, Maria Francisca e outras. Todas elas parte do círculo de relações de Maria da Saúde.

Lares matrifocais com a presença e o comando de velhas existiram desde sempre. A solidão dessas mulheres variava de acordo com o isolamento da residência, a idade, a autonomia de solteiras ou viúvas dentro da família e uma série de papéis em relação ao grupo familiar e à comunidade. Era esta última que avaliava o que era admissível, tolerável e mesmo suportável quanto ao seu comportamento. Vizinhos avaliavam se eram respeitáveis, se cuidavam ou não da manutenção dos dependentes, da educação dos filhos e netos. A viúva tinha que ser irrepreensível. Eram tempos em que a vida pública era mais importante que a vida privada. A solidão não era obrigatória, pois o cobertor de solidariedades estava presente. Era só puxar.

A historiadora Maria Odila Silva Dias, em estudo sobre o cotidiano das mulheres em São Paulo, descreveu o poder das velhas sobre as moças. Controladoras da vida e da moral social, reuniam-se na hora da lavagem de roupa, nos finais de tarde à janela, durante as missas, ou depois delas, para fofocar. Mas sublinhou também que eram as mulheres mais velhas, com liderança econômica e moral frente à parentela e à vizinhança, que preservavam os valores diante da desordem, da pobreza e da violência inerente à época. Segundo a mesma autora, nos bairros centrais de São Paulo, elas predominavam. Aliás, na Bahia da mesma época, Kátia Mattoso encontrou o mesmo quadro, ou seja, a chefia feminina de lares era "situação aceita sem grande dificuldade pela sociedade".

Se estivesse firme, a viúva seguia trabalhando para o próprio sustento. Se doente, era levada para a casa de um parente, onde faria o possível para ajudar: na cozinha, na costura, na tecelagem, no cuidado de crianças. Retribuir era prática comum nas relações sociais.

Nos sertões, o desaparecimento repentino do pai podia ser fato irreparável entre famílias numerosas e pobres. Sepultado o chefe da família, parentes, compadres, simples vizinhos repartiam entre si tarefas e filhos, a fim de aliviar, pelo menos por um tempo, a situação da viúva. Corriam os filhos criados e a parentela, que nunca morava muito longe. Caso de certa Ana Maria, parda, de 54 anos, que foi acolhida pelo filho, o ex-escravo Joaquim Barbosa Neves, alfaiate, dono de loja de fazendas, alferes reformado, cuja carreira e mobilidade social o fizeram passar de pardo a branco. Joaquim possuía quarenta e um escravos, ingressou na atividade açucareira, possuía sítio e terras e fortuna expressiva em Porto Feliz, como estudou o historiador Roberto Guedes. E acolheu e cuidou da mãe.

Nas áreas rurais ou em torno das cidades, velhas viviam do produto de suas roças e sítios. A produção de legumes, ovos, galinhas e frutas sustentava a família. Em São Paulo, o viajante Saint-Hilaire encantou-se com o que chamou de um dos "maiores pomares do Brasil". de onde saíam caixas e caixas de marmelada e goiabada em direção a Minas Gerais ou ao Rio de Janeiro. Tudo fabricado por mulheres. Muitas, tão velhas quanto os tachos que usavam. Havia também quem herdasse um pequeno comércio, uma venda ou uma tasca por conta da partida do companheiro. Muitas tocavam seus negócios, prosperavam e chegavam a se separar dos companheiros que não queriam "fazer pecúlio para a velhice". Caso, por exemplo, do casal Maria Angola, dona de uma banca do Largo do Paço na capital, e o marido João Moçambique, marinheiro. Ela o queria fora de casa, pois era um gastador inveterado e preguiçoso.

A sociedade se dividia em vários tipos de viúvas. Havia as ricas, donas de sesmarias no Maranhão, por exemplo. Elas solicitavam diretamente ao governador a concessão de datas para explorar a criação de gado, pois foram seus cascos que avançaram pelos caminhos e rios, expulsando índios. Em cartas recolhidas pela historiadora Marize Helena de Campos, até 1822, muitas delas pediram a confirmação das terras de seus falecidos maridos ou alegaram ter escravos para trabalhar nas lavouras como justificativa para regularizar seus bens. Outras se instalaram nos caminhos que se abriam para o interior da Colônia. Chegavam acompanhadas, mas, ao perder companheiros, seguiam lavrando a terra com poucos ou muitos escravos, agregados e parentes.

Ao estudar várias protagonistas de nossa história, inclusive a famosa viúva Chica da Silva, a historiadora Júnia Furtado sublinhou que, em Minas Gerais, as viúvas de elite tinham autonomia restrita, mas não impossível. Elas não abdicaram de controlar a vida dos filhos, e muitas mostraram sagacidade na administração do espólio da casa, pois já estavam acostumadas a tomar conta de casas e fazendas. A moderação era uma regra não só a ser exibida ao testamenteiro como à comunidade. Causar boa impressão e louvar a memória do falecido era regra. Mas Júnia lembra que a autonomia não era privilégio das viúvas brancas. Muitas negras forras, livres ou escravas estavam envolvidas com a atividade do comércio, e sua mobilidade social e seu enriquecimento já foram largamente reconhecidos por vários historiadores. Ao morrer, legavam bens, propriedades, escravos e joias, desnudando a ascensão, se não social, econômica de tantas empreendedoras pretas. Tiveram velhice confortável, cuidando e educando filhos e netos.

E houve muitas viúvas que trabalhavam como homens! Em 1828, o viajante Robert Walsh, em viagem para o interior do país, cruzou com uma mulher que "apeava como homem, diante de nós [...] bebeu um copo de cachaça na venda para se fortificar [...] examinou as pistolas para ver que estava tudo certo". Era uma viúva que viera à capital comprar escravos. "As mulheres dos fazendeiros quando ficam viúvas, administram sozinhas as fazendas e os escravos assumindo integralmente as responsabilidades dos maridos", confirmou o estrangeiro. Ou dona Catarina Cabral, em Pernambuco, senhora do engenho de Apipucos, audaciosa a ponto de penhorar os rendimentos futuros dele, a fim de ampliar terras e bens.

Quando muitas ricas, preferiam não se casar novamente para manter o patrimônio. Ewbank as conheceu: uma delas, cujo marido era comerciante de panos, recebeu de herança "seiscentos mil dólares em dinheiro". Outra, "corpulenta e imponente", moradora de Mata-Cavalos, "era uma Semíramis em sua família", ou seja, uma deusa a quem a família obedecia.

Entre as pobres, nas vilas e cidades, a fiação e a costura foram meios de sobrevivência. Mas, num Brasil que, depois de 1815, recebia e hospedava mais e mais estrangeiros, lavar e passar roupas virou uma verdadeira indústria. Conta Jean-Baptiste Debret que, na capital, era o ganha-pão de viúvas de classe média: "a do funcionário da Coroa com vários filhos, a mulata viúva de um artífice e que não pode manter seu estabelecimento com funcionários pouco habilidosos; a solteirona...". Segundo o francês, elas alugavam uma chácara ou casa perto de um rio e viviam do ganho de suas escravas lavadeiras.

Quem ficasse sem recursos depois de enviuvar também podia ganhar a vida com aulas de piano, francês ou desenho. Outras viviam da pensão do governo, caso de certa Dona Joaquina Rosa de Lacé, cujo marido foi oficial militar e que somava, à sua renda, o trabalho de rendeiras de três filhas. Enquanto a velha se entretinha com o rosário, as jovens, sentadas no chão, passavam o dia fiando, entre bilros e almofadas. Durante o século XVIII, não foi incomum viúvas pedirem ajuda ao rei, D. João V, como mostrou a historiadora Suely Cordeiro de Almeida. Entre outros, foi o caso de Dona Antônia de Figueiredo, viúva de um sargento-mor cujos bens tinham sido sequestrados. Ela não teve dúvidas: solicitou uma esmola mesmo.

Viúvas velhas e pobres se alugavam para "cozinhar para viandantes que se vem aposentar algum tempo na terra". Outras alugavam cômodos, como "uma mulher preta viúva, [...] gentilmente, oferecendo-nos, na própria venda, um quarto limpo e asseado para pernoitarmos", contou o viajante Burmeiester, de passagem por Juiz de Fora. Em Nova Friburgo, ele foi acolhido por "Maria Magdalena Schott", cuja hospedaria "era ponto de atração por conta do bom vinho e da cerveja e da outrora beleza da dona da casa, agora uma senhora de idade". E esteve sob os cuidados de "Uma velha, em cuja casa estive durante minha convalescença" que lhe preparava "sopinhas". Segundo ele, "era impossível declinar a oferta". Com o trabalho, mais ou menos bem realizado, as viúvas curavam as feridas da guerra da vida.

Ao estudar os moradores de Sorocaba, entre 1772 e 1801, o historiador Carlos Almeida Prado Bacellar encontrou um número elevado de viúvas. Além de numericamente majoritárias, elas perfaziam, em ambas as datas, o quíntuplo do contingente de homens na mesma situação. A diferença etária entre cônjuges, segundo a qual o marido era sempre mais velho, a longevidade teoricamente mais elevada e, principalmente a dificuldade que tinham de conseguir um novo casamento faziam avolumar-se o conjunto de domicílios chefiados por viúvas. Uma parcela mínima dessas mulheres dispunha de bens para garantir uma velhice confortável, sem contar, claro, as que herdavam do marido posses suficientes. Das 255 viúvas à frente de seus domicílios, em 1810, 196 (76,9%) não dispunham sequer de um escravo. Somente onze, ex-esposas de negociantes ou proprietários abastados, possuíam mais de dez escravos. Elas sempre possuíam patrimônio menor do que haviam possuído em vida do marido pois herdavam somente a metade (meação) do patrimônio. A outra metade ia para os filhos.

Em trabalho pioneiro sobre mendicância na Bahia do século XIX, o historiador Walter Fraga Filho demonstrou que ficar sem nada levou muitas mulheres a pedirem, mão estendida, pelas ruas de Salvador. Na faixa acima de sessenta anos, elas ultrapassavam os homens num percentual de 20%. E não as atingia apenas a pobreza. O abandono também. Dona Maria Rosa, ama de leite e enfermeira da Santa Casa de Misericórdia, quando colhida pela miséria na velhice escreveu uma petição ao provedor da instituição. Contou que dormia debaixo dos arcos da Casa da Câmara e pedia, "pelo amor de Deus", um canto para "se abrigar do tempo". Teve o pedido concedido. Muitas outras mendigas foram hospitalizadas por motivo de doença. Na manhã de 16 de novembro de 1868, a africana Marcelina, 70 anos, foi encontrada morta na portaria do convento de São Francisco. Não teve tempo de ser atendida.

Era bom ficar viúva? Sobre a falta do antigo companheiro, há um depoimento da Baronesa Langsdorff, de passagem pelo Rio de Janeiro em 1843. Ele mais revelou sobre a qualidade dos casamentos arranjados, do que explicou o sentimento de luto da viúva. Em conversa com certa Sra. Macedo, ela contou "sua vida, alegrias, tristezas e sentimentos". Na verdade, confessou o medo de ficar só. Vamos ouvir a baronesa:

"Certamente em suas palavras havia mais pesar pela viuvez, do que saudades do marido. Falava do Sr. Macedo com facilidade e elogiava com sinceridade suas boas qualidades para que houvesse um sentimento. Contou que, ao morrer, o marido dissera olhando para ela: "minha pobre mulher, que será dela que não pode viver só!" [...] Insensivelmente o tema da viúva que torna a casar surgiu entre nós [...] ao pronunciá-lo ela voltou a chorar; depois falou até de viúvas que se casam com pessoas mais jovens."

A baronesa logo entendeu que, apesar do choro, a Sra. Macedo queria ser consolada por alguém que a distraísse e divertisse. Tinha necessidade de ser amada e de agradar. Thomas Ewbank também ouviu histórias no mesmo tom irônico:

> Quando o cadáver do esposo é amortalhado, o uso exige que sua companheira sobrevivente apareça aos amigos que a vem consolar, com vestido de cauda e touca de lã preta, véu de crepe, um leque em uma das mãos e um lenço na outra. A velha senhora P. que deve conhecer bem as coisas, diz que o "mouchoir" muitas vezes esconde tanto sorrisos quanto lágrimas. Salientou também que algumas viúvas não têm motivo para chorar, pois sua perda não constitui perda alguma. As viúvas que choram mais alto, segundo observou, são as que se conformam mais depressa. Mencionou o caso de uma senhora que no quarto dia ouvindo dizer o quanto sua beleza e sua saúde estavam sendo prejudicadas, ergueu os olhos e disse: "Se é assim, vou parar!". E foi o que fez.

Encerradas em casa por sete dias, viúvas passavam doze meses vestidas de preto. As pobres se desfaziam do que tinham para seguir a tradição. Elas nunca tiraram o luto até se casar novamente. Nunca eram vistas dançando, o que seria considerado escandaloso, mesmo que tivessem perdido o marido há anos. Dizia o ditado: "Viúvas devem sempre chorar o primeiro amor e nunca aceitar o segundo". Muitas usavam anéis e, no pescoço, relicários com os cabelos do finado marido. Leques? Apenas os de cetim preto. Nenhuma demonstração de vaidade era admitida.

Quando falecia o cônjuge, o sobrevivente lutava para conseguir um novo parceiro. Muito mais fácil para homens do que para mulheres, afirmam demógrafos historiadores como Maria Luiza Marcílio. Viúvos se casavam mais rápido do que viúvas, e havia regularmente uma grande diferença de idade entre a primeira e a segunda esposa. Katia Mattoso observou que esses novos casamentos não visavam filhos, mas a construção de uma vida em comum. Sabia-se que famílias podiam ser sufocantes, mas sempre representavam um amparo. Elas mudavam, mas seguiam como suportes para a luta diária pela sobrevivência.

Nas ruas, viúvas e solteironas eram vistas "rebuçadas", ou seja, cobertas com metros de baeta preta, espécies de burcas, que deixavam apenas seus olhos de fora. Iam à igreja, onde se reuniam para festas religiosas e novenas. Mais ou menos velhas, sentavam-se pelo chão, em esteiras ou tapetes, pois não existiam assentos, que só surgiriam no século XIX. Os viajantes estrangeiros registraram seus corpos curvados, ajoelhados, pedindo a intercessão dos santos. Mas também foram vistas conversando e chupando laranjas, entre os ofícios muito longos. Ou rezando as Ave-Marias ao cair da tarde e catando piolhos da cabeça dos familiares. Tinham que ser "mulher honrada", da qual "não se dizia mal". Recolhidas em casa, elas faziam bonito como "vergonhosas". Seu pudor funcionava como sinônimo de prudência.

Também eram vistas com cachimbos na boca, pitando. Assim o cônsul inglês Richard Burton encontrou a Marquesa de Santos, sentada no chão da cozinha de sua casa. Engataram boa conversa, que ele fez questão de registrar. A vida lá fora, nas ruas, as viúvas viam através das rótulas das janelas: negras vendedoras com suas bandejas de doces, legumes ou ovos, mascates oferecendo fitas e quinquilharias, a passagem da cavalgada de um fazendeiro rico seguido da família na liteira, carros de boi e escravos, o cortejo das procissões religiosas. No Natal, adoravam o presépio, vestiam e rezavam ao Menino Deus. Nas lojas de fazenda seca, onde se comprava sal, toucinho, fumo, cereais, não eram vistas. Mandavam crianças ou, se os tinham, escravos para buscar o necessário. Outras diversões possíveis: acompanhar velórios de pobres ou ricos. Ou ser confidentes de jovens apaixonados, sobretudo a partir do século XIX. Eram "paus de cabeleira", vigiando de perto encontros, definindo sua prosperidade ou seu fim. Podiam ser cúmplices ou espiãs, lembra Kátia Mattoso.

O período colonial se encerraria com a chegada da família real ao Brasil, fugindo de Napoleão Bonaparte. Ele nos trouxe a mais famosa viúva que conhecemos: a Rainha do Brasil e de Portugal, D. Maria I. Em 10 de março de 1808, ela desembarcou num Rio de Janeiro engalanado. Poucos sabem, mas ela foi adorada na metrópole e na colônia. D. Maria abandonou o que fazia sentido em sua vida: seus mortos, suas igrejas de devoção, suas casas, sua gente. Entrincheirada no convento do Carmo, com vista para o mar, cercada de um pequeno grupo de aristocratas e criados, levava vida discreta. Quase todos os dias, era colocada em sua carruagem na praça principal da cidade para um passeio. Vestia-se invariavelmente de seda preta, num infindável luto pelo marido, há muito falecido, mas que ela adorou. Foram muito felizes. Segundo o comerciante inglês John Luccock, "a Rainha Mãe estava bastante velha para que as vicissitudes não lhe trouxessem senão impressões ligeiras, contanto que o conforto habitual de sua pessoa não se perdesse [...] Sua pessoa estava no Rio, mas, sua imaginação, diziam, apresentava-lhe, geralmente, cenários de Lisboa".

Não se sabe se, como tantos velhos naquela época, a rainha estaria degradada, curvada, se teria perdido os dentes, se cheiraria mal, se teria adquirido um pigarro encatarrado. Teria se esquecido dos entes queridos que já haviam partido, de seus rostos, de sua voz? Viveria em atropeladas recordações de fatos e pessoas mortas – como querem alguns biógrafos? Sua longevidade tinha, portanto, o gosto do heroísmo.

Os médicos, sem poder fazer dissecações em Portugal, acreditavam que o coração dos velhos diminuía de volume com a idade, até desaparecer. O que provocava a morte. A regra para a velhice dos grandes, segundo o *Relógio dos príncipes*, obra de Frei Francisco de Guevara, cronista real da Corte de Carlos V, era simples: ser virtuoso e se calar. D. Maria I seguiu a receita à risca.

Em meados de 1815, a saúde de D. Maria começou a oscilar: "há dias incomodada, sem comer, nem descansar, com grande febre e outros sintomas que muito nos assustaram; mas felizmente se restabeleceu com todo o cuidado e hoje temos o gosto de a ver bem-disposta, no exercício de seus passeios". Em fevereiro de 1816 circulavam novos rumores. Sua doença se agravava, "principiando por disenteria, febre, fastio e daqui tem prosseguido a uma insensibilidade notável da cintura para baixo, inchação de pés e mãos e olhos quase sempre fechados [...] nada até agora nos tem dado motivos de alguma esperança de sua perfeita cura", registrava o bibliotecário da família real, Joaquim dos Santos Marrocos.

Ainda assim, era levada a passear de cadeirinha dentro do Paço. Queriam transportá-la a Mata-Porcos, sítio considerado de melhores ares. Mas havia poucas esperanças de recuperação. D. Maria se tornara um ente encarquilhado, débil, que a cada gemido parecia render a alma. O dia 20 de março amanheceu ao som do dobre de sinos de finados. Veludos negros foram exibidos nas varandas. Coches carregados de crepes cruzavam a cidade. Morreu a rainha. Os canhões de fortalezas e navios no porto disparavam lúgubres, de dez em dez minutos. Nas ruas, gritos entrecortados de vassalos. A cidade chorou. Maria tinha 81 anos, três meses e três dias. Ela se apagou docemente e sem revolta. Deixou o mundo como quem deixa um salão animado, sem nada interromper. E como a rainha, com discrição e sem alarde, outros tantos milhares de velhas anônimas partiam.

Velhos escravos e escravos velhos

Certa vez, Ewbank visitou uma propriedade pertencente a portugueses em Laranjeiras. Tratava-se de uma casa de fazenda de onde se tinha a vista da baía. Contou que a mãe do proprietário, "venerável senhora de 90 anos recentemente falecida", instruíra seus escravos no catolicismo. "Toda noite, o sino do portão, que os acordava pela manhã e chamava para o serviço, convocava-os também para as orações que eram lidas pela velha senhora [...] Às vezes, a idosa senhora fazia todos, brancos e negros, levantarem-se às duas horas da madrugada para as matinas. Um velho negro aborrecia-se extraordinariamente. "Trabalhar, trabalhar, trabalhar durante todo o dia", dizia ele, "e rezar, rezar durante toda a noite. Nenhum negro resiste a isso".

Estava certíssimo o *kukurukai* ou *kukurukê*, "ancião", tratamento para preto velho na linguagem religiosa. Se ele estivesse caduco, decrépito ou adoentado pela idade avançada, seria um "cururu" ou "babaquara". Se contador de histórias, seria um *akalô*. A velhice era *kunugbo*. Quem fizesse velhacaria, um "muambeiro". Já mulher podia ser uma "coroca" ou "cocoroca", sobretudo se fosse feia. Solteirona, velha e feia era a *kukurukaji* ou *makuka*, que no Nordeste vai dar a Cuca, bruxa noturna. Se estivesse doente, *kukata*. *Gangana* era expressão afetuosa para designar a idosa. E *rungá*, os mais velhos. Quem ensina os falares africanos no Brasil é a genial filóloga Yeda Pessoa de Castro. Já o "preto velho" é uma entidade cultuada como escravo ancestral no Brasil, muito popular na umbanda, que lhe consagra o dia 13 de maio, da Abolição. Pretos velhos também são os vovôs e vovós em linguagem religiosa: vovó Conga ou vovô Oxalá.

Desde a década de 1530, o Brasil começou a receber escravos africanos. Ao final do mesmo século, a miscigenação da população branca com pretos e indígenas já estava em curso. Embora combatida pelos jesuítas, que perseguiam os constantes concubinatos, ela era tolerada pela sociedade quinhentista e deu origem a numerosos mamelucos e crioulos – nome que se dava aos pretos nascidos no Brasil. Ao final do século XVI, como demonstrou Maria Beatriz Nizza da Silva, a documentação inquisitorial já revelava a presença de mestiços forros e, sobretudo, livres, trabalhando por conta própria.

A maior parte dos quatro milhões de escravizados que cruzaram o Atlântico era composta por homens. Tinham entre 15 e 40 anos ao chegar. Tiveram que adaptar valores, crenças e práticas sociais e econômicas para sobreviver. Inimigos tribais foram obrigados a conviver, assim como foram obrigados a conviver com mulheres não necessariamente africanas. Mas a vida seguia, e assim, muitos envelheceram juntos no campo ou na cidade.

Com eles, veio também uma maneira de viver e ver a velhice. Ser velho, como explicou o antropólogo Louis-Vincent Thomas, era um dom dos deuses. Entendia-se que a pessoa devia sua longevidade ao fato de ter vivido de acordo com a lei de seus ancestrais. Eis porque homens e mulheres, quando perguntados sobre sua idade, até se "envelhecessem", aumentando-a. Ao ocupar um lugar de grande importância em suas sociedades, idosos ganhavam em dignidade. Quanto mais velhos na escala de idade, mais honrados. A valorização lhes oferecia a oportunidade de aprimoramento crescente ao longo da última etapa da vida. Na praça de qualquer vilarejo, lugar onde as decisões fundamentais eram tomadas, havia dois tipos de assentos: para os chefes e para os velhos.

As velhas também ganhavam importância. Aquelas que tiveram grande progenitura – logo, que eram responsáveis por "ressuscitar ancestrais" através dos filhos –, ganhavam prerrogativas inegáveis: direito de interferir nas discussões ou nas questões da comunidade. Seu poder decorria de sua semelhança física com os homens, uma vez que, depois da menopausa, elas perdiam as principais características de feminilidade. Se em sociedades poligâmicas as várias esposas tinham pouca representatividade, na velhice se tornavam figuras importantes, pois "viravam homens".

Nas Áfricas – como costumava dizer o historiador Alberto da Costa e Silva – "o velho" ou "a velha" nunca foram termos pejorativos, mas de respeito. Eles eram "os grandes", "as grandes pessoas", "o ancião ou a anciã", "aquele ou aquela que tem a visão", "a cabeça branca", "o Pai ou a Mãe", ou seja, o responsável por todo um grupo. Tais expressões de reverência davam aos velhos um lugar e uma função na vida cotidiana. Razão pela qual sua senilidade era minimizada, pois não eram excluídos do circuito de produção. Eles não faziam trabalhos penosos no campo, na caça ou na pesca. Por outro lado, sabiam ser úteis em tarefas como a cestaria, a tecelagem, a cordoaria, a olaria, a tinturaria e a vigilância do fogo. Conhecedores dos segredos das plantas e de suas virtudes curativas, eles também eram farmacêuticos ou curandeiros. Também exerciam os papéis de juiz, de chefes religiosos, de sacerdotes encarregados de sacrifícios, de decifradores de mensagens, de intérpretes de sonhos e de poetas. O *Vocabulário pernambucano*, de Pereira da Costa, organizado no século XIX, confirmaria: este seria o "tratamento de respeito dado aos pretos velhos, e em outros tempos mesmo, indistintamente, a livres e escravos: Pai João, Pai Antônio etc". As velhas monopolizavam tudo o que dissesse respeito aos partos e à fecundidade.

Vincent-Thomas informa que as relações entre avós e netos eram sólidas. A função educativa dos avós era fundamental, e eles tinham tempo para se ocupar dos pequenos. Encontravam, nesses momentos, oportunidade para transmitir conhecimentos dos quais eram considerados guardiães. Seus momentos de cochilo ou sonolência eram respeitados, pois vistos como uma meditação sobre questões profundas. Sua virtude e exemplo eram a garantia da estabilidade social.

Nas Áfricas, velhos detinham as tradições da tribo e eram responsáveis por sua continuidade. Os muito velhos já eram considerados "os ancestrais" que em breve se reuniriam no Além. Sua sabedoria, discernimento, abnegação e paciência faziam deles árbitros por excelência. O patriarca interferia nos debates difíceis, quando os interesses da comunidade estavam em jogo. Suas decisões eram tidas por infalíveis; suas palavras, nunca colocadas em dúvida, pois tudo o que dissesse seria fruto maduro de vivências.

Guardiães de uma cultura comum que uniu várias culturas, da Costa do Marfim ao Congo, Angola e Moçambique, anciãos detinham valores ligados aos conceitos de "ventura-desventura" e à ideia de que o universo, em estado normal, é caracterizado pela harmonia, o bem-estar e a saúde. A saudação dos antigos nagôs, na Bahia, traduzia esse voto: "Abá", a esperança de paz espiritual e dias melhores. Consideravam que o desequilíbrio, o infortúnio e a doença seriam causados pela ação malévola de pessoas e espíritos através da feitiçaria. A manutenção de um estado de pureza ritual estava centrada em preparações medicinais que ajudariam na relação entre homens e espíritos, explica Vincent-Thomas.

O antropólogo Artur Ramos lembra que o folclore dos engenhos, das plantações, das minas, foi definido em torno do personagem Pai João. Ele era o negro velho dos engenhos, muito velho, a avaliar pelo cabelo pixaim que começava a branquejar. "Negro velho quando pinta/ três vezes trinta", diz o provérbio. Pai João era quase, ou mesmo, centenário. Sua voz tremida modulava cantos arrastados, cantigas da escravidão. A opressão que originou a epopeia dos quilombos também criou o folclore negro.

Pai João é a antítese do quilombola revoltado, segundo Ramos. E, da mesma maneira que nas Áfricas, Pai João era um símbolo no qual se condensavam vários personagens: o *akpalo* das selvas africanas, guardador e transmissor de tradições; o velho escravo conhecedor das crônicas de família; o bardo, cantador de melopeias nostálgicas; o mestre de cerimônias dos jogos e autos populares negros; o rei ou príncipe destronado de monarquias lendárias, como Chico Rei ou príncipe Obá. Ainda nos anos 1920, Gilberto Freyre os encontrou no engenho Raíz, em Pernambuco, cuja senzala ainda estava de pé e se tornara um "verdadeiro asilo da velhice desamparada". Lá registrou as conversas com Luis Mulatinho, um centenário com "memória de anjo".

Haveria espaço para o velho preto nas senzalas ou ele estava condenado a morrer jovem? Nunca é demais repetir o que especialistas vêm incansavelmente demonstrando: senzalas não eram o lugar de caos sexual, com "sinhozinho branco estuprando jovens pretas", como repetem os desinformados. Longe disso, a família escrava foi um fato histórico indiscutível, embora tenha havido as que foram agredidas, separadas ou usadas sexualmente pelos donos. Um dos maiores especialistas no assunto, A.J.R Russel-Wood, cravou: nas famílias escravas, os filhos cresciam em famílias grandes com duas cabeças: pai e mãe. O patriarca tinha papel ativo na vida familiar. A independência e identidade de culturas afro-americanas eram intocadas por proprietários ou feitores. Os laços de parentesco familiar e ou consanguíneo, dentro da mesma ou de outras gerações, erigia sólidos padrões de comportamento doméstico, transmitidos de geração em geração. Predominavam as famílias formadas por casais com ou sem filhos e aquelas às quais se juntavam avós, filhos e netos, comprovando a estabilidade dentro da senzala. Sanções sociais contra a promiscuidade ou adultério fortaleciam os laços familiares. E a resposta: sim, o velho patriarca africano tinha lugar na família.

Para quem ainda não sabe, o Brasil foi o país que mais alforriou escravos nas Américas. O que permitiu a muitos, apesar do cativeiro, envelhecer com a mesma dignidade que lhes era concedida nas Áfricas. Antônio Luís Soares foi um deles. Nascido na "Costa da Mina de nação Cobu", sobreviveu a vários senhores, comprou sua liberdade e morreu bem velho no ano de 1775. Seu testamento demonstra ter sido ele um dos preto-mina mais ricos do seu tempo. Foi sepultado na igreja de São Domingos, em Salvador, embora sua devoção fosse a Santa Ifigênia. Outro exemplo foi Ignácio Monte, escravo africano traficado do Benin para o Rio de Janeiro, neto de "bem conhecido rei" e figura de destaque na Irmandade de Santo Elesbão e Santa Ifigênia: ao final da vida, acamado em consequência da "moléstia que o matou", reunia a sua volta o grupo de congregados para discutir negócios da Irmandade a sua sucessão, conta a historiadora Marisa Soares.

Mas não faltava quem tivesse menos sorte ou menos Axé. Thomas Ewbank cruzou com eles no Rio de Janeiro: "descendo ao Catete [...] um velho magro, encostado a uma porta, deseja saber se algum habitante deseja assegurar a amizade de Antônio dos Pobres, colocando alguns níqueis em sua bandeja". Outra cena: "Voltando, passeio pela mesma rua. Lá vi uma mulherzinha frágil e velha caminhando pela calçada com um barril de água na cabeça. Um colar de ferro passava-lhe pelo pescoço enrugado e dele pendia uma cadeia presa ao cabo de uma vasilha por um cadeado – uma das coisas mais cruéis que já jamais vi". Ou ainda:

> Na Rua Direita e igreja do Rosário, antigo templo metropolitano, agora igreja de negros... quando uma mulher extremamente velha e doente entrou, vacilantes e descalça. Com o auxílio de uma bengala. Era quase cega, tinha perdido todos os dentes e era a escrava mais velha que jamais vi. Parou um momento para tirar de sua saia um rosário de contas de feijão. Tinha algumas moedas na mão. Revirou os olhos, arfou e resmungou seus agradecimentos, aproximou-se do altar e ajoelhou-se junto ao padroeiro de sua raça (São Benedito). Deixamo-la comunicando-se com ele, provavelmente era este o último consolo que lhe restava.

Eram as cenas de rua nas cidades coloniais e do Oitocentos, quando a velhice era também uma questão de poder. A longevidade só ficava visível nas camadas abastadas. Quantos cativos não foram abandonados por seus senhores, tratados como "velhos pobres", eles também ignorados pelos familiares.

Certamente preocupado com esse estado de coisas, José Bonifácio, numa Representação à Assembleia Constituinte, em 1823, fez questão de incluir um artigo: "Todo senhor que forrar escravo velho ou doente incurável será obrigado a sustentá-lo, vesti-lo e tratá-lo durante sua vida, se o forro não tiver outro modo de existência e no caso de o não fazer, será o forro recolhido ao hospital ou casa de trabalho à custa do senhor".

Nas fazendas e no campo, o envelhecimento era tratado de outro jeito. Os historiadores Manolo Florentino e José Roberto Góes comprovaram que, no norte fluminense, três ou quatro gerações se multiplicavam dentro das fazendas. E mesmo quando havia partilha dos cativos por herança de seus senhores, a tendência era manter as famílias unidas. Sete entre dez crianças conviviam com seus pais e, possivelmente, com um dos avós. Florentino e Góes também observaram agudas diferenças de idade entre os cônjuges. Os homens mais velhos, prestigiados na tradição africana, casavam-se com as moças mais jovens, férteis – como, aliás, se fazia no Golfo do Benim. Quando aumentava a importação de africanos, os crioulos nascidos no Brasil se fechavam entre si. E, entre idosos africanos e crioulos nascidos no Brasil, a competição era ganha pelos segundos.

Estudando as áreas rurais do Rio de Janeiro, Florentino e Góes observaram que dentro das senzalas, quanto mais velho o cativo, maior a diferença etária entre ele e sua esposa. O mais velho interessava por ser "melhor partido", pois tinha laços de amizade e respeito já formados, talvez uma ocupação diferenciada, algum pecúlio e poder de poupança maior. Era uma promessa de liberdade para suas esposas e constituía um poder que ordenava a vida dos demais escravos nas senzalas.

Já mulheres idosas (45 anos) se uniam a homens muito mais jovens (15 a 25). Os cativos jovens eram excluídos do acesso a jovens mulheres. A função das mais velhas era "cuidar dos recém-chegados" às fazendas enquanto regulavam o mercado matrimonial. O depoimento de um ex-escravo, reproduzido pelos autores, explicava: "Os próprios velhos não queriam que os jovenzinhos conhecessem mulher. Eles diziam que só aos vinte e cinco anos é que os homens tinham experiência. Para ter uma, a gente tinha que ter vinte e cinco anos e agarrá-la no campo".

A preeminência dos mais velhos, homens ou mulheres – com altos e baixos – representava a cristalização de um forte poder pacificador entre os escravos. Sua ausência elevava os níveis de tensão na senzala. Seu relacionamento com o proprietário costumava ser mais íntimo, tornando-os porta-vozes do grupo. Velhos escravos que tivessem família eram muito valorizados. Parentes idosos, portanto, eram uma garantia de paz para todos.

Por ocasião de conflitos ou levantes, senhores chamavam os escravos mais velhos para acalmar a situação. Um exemplo: na freguesia de Paquequer do Sumidouro, no município de Nova Friburgo, em fevereiro de 1873, escravizados se levantaram contra os herdeiros de seu senhor, recém-falecido. Ele lhes havia prometido a liberdade em caso de seu falecimento. Os escravos se consideraram forros e não queriam saber se havia dívidas a serem pagas pelos herdeiros através de seu trabalho. Um dos herdeiros que se encontrava na fazenda contou: "chamamos alguns dos pretos mais velhos e lhes fizemos ver que estavam mal-informados e lhes demos bons conselhos para eles apaziguarem os parceiros". No caso, de nada adiantou, e o embate acabou com mortos e feridos.

O historiador Carlos Engelman lembra ainda que o princípio da ancestralidade tornava o velho um ser respeitável e até venerável na sua comunidade. Fora dela, ele corria o risco de se tornar um inútil. Não só porque se partiam os vínculos socioafetivos como, também, por conta de sua reduzida capacidade de trabalho. O resultado? Eles eram abandonados nas cidades. Envelhecer e morrer na mesma senzala em que cresceu valia ao cativo um estatuto diferenciado: o de portador de tradições e de informações práticas a serem observadas no cotidiano de trabalho.

Velhos também reforçavam a família concebida como linhagem, ou seja, um grupo de parentesco que tinha sua origem num ancestral comum. Não importava o lugar onde estivessem, mas, sim, o grupo de parentesco e os ancestrais que levavam consigo. Havia um amplo reconhecimento dos laços consanguíneos, inclusive pelos escravos ou livres que não faziam parte da parentela. Aliás, em *kimbundo*, senzala quer dizer povoado. Em cada senzala ou "povoado", um patriarca gerindo sua família.

O historiador João Fragoso demonstrou que existia uma elite das senzalas. Ela consistia em grupos que se reproduziam dentro da mesma casa, sob a mesma família, com quem se construíam laços pessoais. Por exemplo, os cativos eram favorecidos no momento do matrimonio ou do batizado dos seus filhos, cujos padrinhos eram da Casa Grande. Tais regras não formais permitiram a muito escravo receber cuidados na velhice: trabalhar menos, passar da enxada do eito para cuidados com a horta, a olaria, a cozinha, a farmácia, a costura e as atividades da casa do senhor, onde faria menos esforço ou receberia medicação adequada em caso de doença. No casarão da fazenda Mainarte, em Pinheiro, Burmeister viu um deles: "A noite caiu e quem apareceu foi um preto velho para colocar sobre a mesa uma lâmpada brasileira de cobre".

Mas nada de ilusões: aproximações entre senhores e escravos não significavam relações entre iguais, alertam historiadores. Só que tratá-los como desiguais não significava relações baseadas apenas em violência. Pequenos produtores rurais e comerciantes conjugavam a desigualdade e a dominação com o patriarcalismo e a atitude senhorial. Sabemos que a família de escravos não traduzia a bondade do proprietário, mas um espaço para criar famílias, manter tradições e vida no cativeiro.

A fuga foi uma forma de resistência à escravidão. Desde sempre se fugia da senzala, no campo, ou do sobrado, nas cidades. Quilombo ou mocambo era o nome dado pelas autoridades aos grupos de cativos fugidos. Eles podiam tanto viver em grupos pequenos e isolados, movendo-se nas matas de um esconderijo a outro, como podiam constituir estruturas com centenas de pessoas, vivendo de lavouras e criação, fixas numa região. Eram comunidades mestiças, como a do quilombo do Piolho, em Mato Grosso, onde foram capturadas 54 pessoas, entre brancos pobres, caboclos e cativos fugidos em 1795. E também nos quilombos havia velhos patriarcas: "[...] seis negros muito velhos, que eram os patriarcas deste escondido povo, oito índios, 19 índias e 21 caburés nascidos no quilombo [...] os pretos velhos depois da primeira destruição voltaram ao lugar do quilombo [...] construíram famílias de quem tiveram filhos".

Décadas mais tarde, na província do Maranhão, foi a vez do diretor da expedição Manoel Caldas adentrar o famoso quilombo do Limoeiro, onde se valeu do "preto velho" Joaquim Cassange para contatar o chefe quilombola Estevão. Através de métodos dissuasórios, ele queria convencê-lo a se entregar, junto com seu povo, às autoridades. Mandou cercar as casas, mas só "encontrou velhos, uns doentes de anasarca e outros impossibilitados de andar". Alertados, os demais quilombolas tinham fugido.

Poucos sabem, mas, houve alforrias concedidas e até mesmo solicitadas "por velhice" ao rei de Portugal. Veja-se o caso ocorrido em 1728: D. João V recebeu uma petição de André de Souza, negro da Guiné, que reclamava ter sido escravo por trinta anos da Fazenda Real de Santa Cruz, transportando por terra e por água a madeira necessária para alimentar os fornos no fabrico da cal. Velho e decrépito, André pedia ao rei que lhe concedesse alforria.

Na Fábrica de Ipanema, pedidos de alforria motivados por idade avançada e doenças também aconteceram:

> Diz Eva mulher de Emídio, escravos da Imperial Fazenda de Ferro de São João de Ipanema que ela é aleijada do braço direito a nove anos mais ou menos, e já tem avançada idade de maneira que não

pode trabalhar para utilizar a fábrica antes de alguma sorte se as de inutilizar a mesma gastando {ilegível} que servem para outro escravo são, quer a suplicante por caridade que V. Exa. atendendo a sua aleijão e escravidão lhe mande dar a sua liberdade para a suplicante poder tirar esmolas para a sua subsistência.

Ou ainda um pedido de alforria por doença: "certifico que Saturnino, homem pardo, escravo del-Rei Nosso Senhor [...] em consequência de sucessivas oftalmias em ambos os olhos que ameaçam completa cegueira se for empregado em serviços violentos ao sol, na presença de ventos ou intempéries chuvosas...".

Velhos escravos aproveitavam a morte dos senhores para comprar sua liberdade. Em 1848, dos cinco escravos de Mariana Joaquina dos Santos, um homem e quatro mulheres, uma delas, Rita, africana de 50 anos possuía o valor necessário para se alforriar: 200$000. Quatro escravos do barão de Guaribú, também. Dois já eram idosos; um crioulo com 63 anos e uma africana de 79. O primeiro dispunha de 100$000 e a segunda, de 50$000. Eles juntavam pecúlio havia tempos. Nenhuma alforria custou muito caro, embora representasse o trabalho de décadas. Alguns, depois de livres, trabalhavam para o mesmo senhor, caso de certo Marcolino Pires, "preto" de 66 anos que trabalhava no engenho Botelho, no Recôncavo como "jornaleiro". Outros eram cortadores de cana, caso de Felipe Bulcão, preto de 73 anos, trabalhador na lavoura de cana da Usina São Carlos, em Santo Amaro. Alguns, como o africano Samuel ou outro africano, Vidal, ambos sexagenários, fizeram poupança, e o pecúlio reunido foi encaminhado aos seus senhores para que aplicassem na "Caixa Econômica ou Coletoria desta cidade", "vencendo o juro de 6% ao ano". O mais comum era que ex-escravos, bastante gastos pela escravidão, vivessem sua liberdade modesta e pobremente nas cidades ou no campo.

De 1858 a 1867, os chamados escravos de nação da fazenda de Santa Cruz foram cuidadosamente estudados pela historiadora Ilana Peliciari Rocha. E ela encontrou velhos entre crianças, homens e mulheres em idade produtiva. Num total de 860 indivíduos, os velhos somavam 160; em 1859 eram 15,4% do plantel. Em 1860, a média aumentou: 15,5%. Em 1862, morreram alguns, e a média caiu para

12,8%. Em 1863, 11,9%. Em 1864, ligeira queda: 11,4%. Em 1867, o número de velhos se estabilizou: 12,0%. Uma das funções dos velhos era ministrar aulas de catecismo para as crianças, em dias alternados, pelo tempo de uma hora até soarem as Ave-Marias, ou seja, às 18 horas. Eles também participavam das festas religiosas e das chamadas Festas dos Mortos.

O que faziam os velhos pretos? Nas senzalas ou nos mocambos, avôs ensinavam aos netos como se embrenhar no mato e preparar armadilhas para bichos, davam conselhos sobre pescar camarões no rio ou armar laços e arapucas para pássaros, ensinavam práticas de enxertia de plantas, coleta de plantas e criação de animais. Contavam histórias vindas das Áfricas sobre a tartaruga, o coelho e a aranha, a luta entre o bem e o mal e a vitória da esperteza, da inteligência e da rapidez. À noite, ao som do pio da coruja, invocavam os seres invisíveis da mata, como o Quibungo, "o bicho Carraputu" ou o Sapo Saramuqueca. Da beira dos rios, vinha o sapo-cururu. De dia, ensinavam a jogar o aió, jogo popular nas casas ou mercados. Pitavam cachimbo e gostavam de adivinhações, as "jinogonongo", recolhidas por Arthur Ramos. Faziam música com instrumentos construídos por suas mãos e colecionavam provérbios africanos: "dar não é desperdiçar, andar não é perder-se". Alguns eram excelentes dançarinos. Entravam em transe e faziam previsões. E procuravam ter uma função: trabalhavam e ajudavam no que era possível. Na fazenda do barão Salgado da Rocha, no Paraná – quem conta é a ex-escrava Chatinha –, havia "dois escravos velhos que ficavam na senzala, tio Joaquim e tio Zacarias prá cozinhar aipim para os porcos e as crianças". A Tia Teresa era a mucama de dentro, cuidava de todos, "tratava a gente bem" e dava ordens. Ela administrava as demais cativas.

Em Minas Gerais, as cantigas de trabalho, os vissungos, eram ensinadas pelos mais velhos, sendo que algumas tinham caráter místico. Outras contavam histórias de animais em fuga, pediam por chuva ou para acelerar a tarefa. Outras, ainda, eram cantadas para lembrar o pai e a mãe – "E! mia pai!/ ereê mia mãe/ O Tijuco combaro quiombô maiauê/ ê lê lê, mia pai, ê" – figuras que representavam a ancestralidade.

E as avós? Cabia-lhes o preparo das refeições, os cuidados com preceitos alimentares, os métodos de condimentar a comida, o preparo de ingredientes que sustentavam a alma da pessoa, o manuseio de ervas como o alecrim de cheiro, usado em banhos e defumações, o *alelicum*, arbusto da família das pimentas como defumador, a alfavaca em amuletos para atrair boa sorte, a alfazema para limpar espiritualmente ou a raiz da jurema para transes. Tornavam-se perigosas quando usavam seus poderes mágicos a seu favor e não em benefício de outrem. Foram elas que, desde o século XVI, trouxeram para cá o "pão dos pobres" ou *"funji"*, um pirão com farinha de mandioca, óleo de palma, sal e peixe, que vendiam pelas ruas. O antropólogo Manoel Querino, em seu *A arte culinária da Bahia*, conta as receitas e histórias de *efun-oguedês*, *iptês*, *abarás*, e muitos outros pratos cujos segredos as matriarcas afro-brasileiras detinham.

Em suas sociedades de origem, ser mãe e avó era "um meio de adquirir prestígio, laços de parentesco e filhos". Era com elas que se perpetuava a memória geracional, por meio das relações de "parentesco matrilineares". Parentesco que, em visita à Luanda, o etnógrafo Luís da Câmara Cascudo encontrou entre angolas, cabinda e congos, reconhecendo nos "tios" a força da matrilinearidade. A cadeia de tios maternos reforçava o papel das mulheres, e eles eram personagens visíveis em contos e bailados.

O escritor José Lins do Rego, em seu *Menino de engenho*, menciona as velhas que apareciam pelos banguês da Paraíba. Contavam histórias e iam embora. Viviam disso. Gilberto Freyre lembra que velhas amas pretas amoleceram palavras para colocá-las na boca das crianças: *cacá, pipi, tentén, papato, bambanho, bimbinha*, entre outras. Na Casa Grande, eram encarregadas de dormir na camarinha com as meninas e moças, vigiando-lhes o comportamento. Tinham enorme prestígio na vida sentimental de suas jovens senhoras, cujas almas conheciam. Foram mediadoras de novas relações com o meio, com a vida.

E quanto ao afeto nas relações familiares, Saint-Hilaire que o diga depois de ter conhecido em São Xavier, no Rio Grande do Sul uma dessas matronas: "A negra do administrador falou-me da maneira mais tocante de seu amor filial. 'Meus filhos, disse-me, não precisam mais de mim, mas não há um dia em que não sinta saudades de minha mãe por isso chorando. Meu patrão diz algumas vezes que deixará esta região e seguirá para o lugar onde ela está. Tenho mandado rezar diversas missas a Nossa Senhora Aparecida para que ele realize essas boas intenções". Ou na carta da escrava Teodora para o filho Inocêncio: "me manda contar como vai de saúde e no mais, boto minha benção. Deus te abençoe por muito tempo, te dê saúde [...] sou tua mãe que te adora". O documento, datado de 21 de agosto de 1866, foi descoberta da historiadora Marialva Barbosa.

※

Sobraram dificuldades para encontrar velhos no longo período que vai do início da Colônia até aonde a observação de viajantes estrangeiros me levou. Entre os povos originários, não havia palavras para designar o calendário e eles não pareciam interessados na idade dos brancos ou nos seus dias de aniversário. Mesmo nas listas nominativas, uma espécie de censo populacional da época, não é possível distinguir, das fornecidas pelos donos das casas ou pelas pessoas que nelas residiam, as idades imputadas pelos recenseadores. As autoridades da Coroa portuguesa recomendavam explicitamente aos seus funcionários em documento de 1781: "Declarar as idades de cada unidade, e a não se poderem dizer as certas (como as dos pretos da Costa e Angola) sempre se ponham segundo mostrarem provavelmente ter, de sorte que por estas idades se possam cá distinguir as determinadas classes de infantes, meninos, moços, adultos e velhos de ambos os sexos". Porém, quase ninguém sabia exatamente quando nasceu e quanto anos tinha.

Até a própria autoridade, ou seja, a Secretaria-Geral dos Governadores-Generais foi literalmente mudando a velhice de lugar. No ano de 1774, os grupos etários eram assim nomeados: "Todos os homens desde quinze até sessenta anos" e "Todos os velhos de sessenta anos para cima, com distinção particular dos que passaram dos noventa anos". "Todas as velhas da mesma idade e com a mesma distinção". Em 1797, houve mudança para as mulheres. Foram recenseadas "adultas e velhas de quarenta anos ou mais". E por quê? Porque as autoridades controlavam a fecundidade. Como a menopausa chegaria por volta dos 40 anos, afastando-as de seu papel – reproduzir gente –, elas caíam no grupo das "velhas".

Época de modos de vida com pouca variação, nela os velhos viravam ruínas que desmoronavam devagar. Eles não precisavam se renovar, pois viviam num mundo quase imutável. Continuamos sem saber como atravessaram décadas e que lições e lembranças teriam a transmitir. Eles desapareceram sem registro. E, diferente de hoje, quando buscamos apólices de seguro multirrisco e desejamos viver sob a proteção do Estado-Previdência e da Seguridade Social, nossos ancestrais dependiam da vontade de Deus para proteger suas casas e plantações, distanciar-se de epidemias e tempestades, proteger-se da violência. Suas armas contra o sentimento de insegurança? Orações, terços, indulgências e procissões.

A vinda da família real portuguesa para o Brasil deu início à lenta separação de Portugal. Mas também às lentas mudanças na vida dos que aqui viviam. O tempo no interior, na roça, nos sertões seria diferente daquele que se acelerava nas cidades. Nelas, sobretudo nas cidades litorâneas, os sobrados ganharam altura, sem ganhar esgotos. As epidemias chegavam com regularidade, levando milhares de vidas. As ruas se encheram de estrangeiros, vindos ou da Europa ou das Áfricas, que introduziram novas formas de trabalho, comportamentos e hábitos. A mestiçagem se acelerou. O comércio e a vida de Corte criaram um consumo de produtos e de ideias que os "brasilianos" desconheciam. Os cafezais se multiplicavam, multiplicando escravos e senzalas. Nasceu a imprensa e surgiram os primeiros jornais. Assistiu-se à gradativa ocupação do Centro e do Norte do país.

Os documentos históricos do período colonial comprovam a presença de longevos ativos nos mais diferentes grupos sociais. Eles me surpreenderam. Resistiam, estavam lá, não guerreavam contra o tempo e sabiam a arte de acomodar os restos. Chamaram a atenção de viajantes estrangeiros, os melhores repórteres da época. E deixaram longe o velhinho do anúncio de Viagra! Especialmente as mulheres. Como hoje, elas já duravam mais do que eles. Vejamos agora como foram levados pelas mudanças do Oitocentos...

Parte II
Tempos novos para os velhos

Uma única idade: a vivida.
Laure Adler

O primeiro dicionário em língua "brasileira", publicado em Ouro Preto em 1832, definia "velho" como "o que vai declinando na idade"; "velhada", "um ajuntamento de velhos"; "velhaco", "que engana com dolo", e "velhaquesco", "que contém equívocos impudicos e lascivos". "Velhacaria" continua com sentido pejorativo. Um dos muitos impressos políticos que circulavam na capital às vésperas da Independência definia "política" como: "sistema de enganar e refinada velhacaria". Os adjetivos revelariam uma transformação no comportamento dos velhos ou na forma como eram vistos? Difícil dizer. O que se percebe na documentação é que, junto com as palavras, eles mesmos se tornavam mais visíveis. Nas coleções de provérbios, por exemplo, aumentavam os ditos sobre "velhice": "Uma velhice feliz é o fruto da mocidade virtuosa", ou, "A velhice respeita-se e não se ama". "A velhice anuncia o fim do banquete da vida".

Nos tratados de medicina e higiene, sem se preocupar em definir faixas etárias, 40, 50 ou 80 anos, havia, sim, uma necessidade de visualizar a passagem da idade madura para a velhice. Não era só o número de rugas que identificava o velho, mas o lento enfraquecimento das forças, a perda de memória e a falta de elasticidade. E havia um consenso: "Se a velhice se prolonga, todo o corpo fica mirrado não tendo mais do que pele e ossos". "Mais idoso, mais velho…". Portanto, era a aparência que definia o velho, e não as faixas etárias.

Além dos dicionários e dos tratados de medicina, alguns velhos veriam nascer espaços exclusivos para eles. Os pesquisadores Tamires

Carolina Fabrício, Joseana Saraiva e Emanuel Feitosa lembram que o primeiro asilo para idosos foi fundado no Rio de Janeiro, no ano de 1782, pela Ordem 3ª da Imaculada Conceição. Em 1794, no centro da mesma cidade, o Vice-Rei, conde de Resende, defendeu a ideia de uma instituição que acolhesse apenas soldados com idade avançada, vindos de Portugal. Afinal, estiveram a serviço da pátria e não tinham onde descansar os ossos. Inspirou-se em Luís XIV, que havia erguido em Paris o *Hôtel des Invalides*, destinado aos heróis das campanhas francesas. Em 1808, com a vinda da corte para o Rio de Janeiro, D. João determinou que a instituição se tornasse a moradia de seu médico particular, sendo os inválidos transferidos para a Santa Casa de Misericórdia.

Eram poucos os espaços de acolhimento de velhos, pois o Brasil era visto por médicos, como o francês Xavier Sigaud, autor de *O clima e as doenças do Brasil*, como um país que, junto com a Itália, teria o melhor clima do mundo. E um clima responsável pela longevidade de seus habitantes. O fato já teria sido constatado por outros franceses, de Léry a Saint-Hilaire, que tinham encontrado índios cuja vida ao ar livre e a falta de preocupações garantiam muitos centenários. Saint-Hilaire chegou a registrar que cruzou com moradores idosos capazes de percorrer as florestas com a rapidez de atletas.

Sigaud confirmava: até as religiosas do convento de Santa Teresa tinham mais de 80 ou 90 anos, e, nas cidades do interior e do litoral, velhos com mais de 80 anos conservavam a agilidade e o entendimento. E, segundo o doutor francês, tinha energia para todo mundo: ricos e pobres, "civilizados" ou "silvícolas". Além de ter se encontrado pessoalmente com personagens octogenários e ativos, Sigaud citava o testemunho do *Correio Oficial* e o depoimento de Monsenhor Fernandes da Silveira que conheceu em Sergipe dois velhos: José Ceca, com 115 anos, e Maria Quitéria, com 123. Recentemente, falecera certo Cristóvão de Mendonça com 128 anos. O clima e os bons ventos eram os responsáveis por tanta saúde, explicava Sigaud: "Os exemplos de longevidade são consignados nos Anais do país com bastante exatidão, malgrado a negligência habitual e os frequentes esquecimentos que os registros das paróquias trazem". Isso porque, no Brasil, o batismo não era obrigatório no dia seguinte ao nascimento, como ocorria na França. Ele dependia da disposição de padrinhos e pais. E ele temperava: "Essa circunstância, todavia, não nega a condição de uma velhice avançada; ela só é difícil de estabelecer sobre negros quando envelhecem. Eles datam sua idade a partir da data de chegada ao Brasil ou de um fato histórico. Os índios fazem o cálculo exato a partir das luas e se enganam menos do que os negros". E insistia: "Ao examinar cada cidade se observa a conservação das faculdades mentais conjuntamente com a integridade mais ou menos completa das faculdades físicas". Segundo ele, "a força da inteligência e uso sem excessos do físico, entretinha os brasileiros por muitos anos".

Se até o início do império a velhice era algo percebido apenas pelos cronistas e viajantes estrangeiros, tudo ia mudar. Nos inventários e testamentos, na literatura, nos processos judiciários, nos diários, na imprensa e, mais tarde, nas fotografias, pipocam velhos. Sim, eles existiam no xadrez social. O que se vê nos documentos é que laços podiam estremecer quando quebrados pela dependência. Mas a maioria dos momentos difíceis de doença ou morte era gerida dentro dos grupos e, muitas vezes, junto com escravos. Párias? Alguns, por circunstâncias variadas, desligados da família e do grupo, vivendo numa solidão aterradora. Num doloroso isolamento. Mas a grande maioria era gentilmente suportada pelas famílias.

Ninguém os impedia de trabalhar, pois, ainda que idoso, ser útil era um valor, uma virtude. Ficava-se muito velho quando não se podia mais desempenhar atividades cotidianas ou estar em contato com as pessoas. Ninguém, tampouco, achava que a velhice era uma época maravilhosa. Afinal, quando por força da experiência se sabia o que fazer, já era tarde para aplicar o que se aprendeu com a vida. Vivia-se uma velhice aparentemente serena, sem cobranças, sem modelos. O que se almejava não era permanecer jovem. Ou parecer jovem, mas estar com boa saúde.

O processo de Independência e a capital do Império transferiram do Nordeste para o Sudeste o centro nevrálgico do país. Ele desceu do Norte do açúcar para o sul do café, atraindo talentos de todo o Império. Se é verdade que a cultura cafeeira não propiciou o surgimento daquela mesma sociedade de fundo patriarcal que Gilberto Freire estudou, não é menos verdade que, no Sul, as atividades da cultura cafeeira, mais vinculadas à vida na cidade, ensejou o surgimento de uma sociedade urbana. Além disso, o espírito de Corte, que começou a se tornar visível desde que esta veio para o Brasil, fez do Rio de Janeiro – a única grande cidade que o país possuiu em todo o século XIX – um elemento polarizador e ao mesmo tempo aglutinador de vida social, de grupos socioeconômicos e políticos que tinham a responsabilidade do poder.

Na parte velha da capital, ruas estreitas abrigavam igrejas e o casario baixo. No alto dos morros sobressaíam as muralhas dos mosteiros. A visão das florestas percebidas no horizonte e a baía pontilhada de ilhas abraçavam o panorama. Nos bairros novos, vias mais largas, praças e um casario melhor. Ao longo da Glória, chácaras. O calor não fazia parar o movimento, e a contínua chegada de navios mantinha a circulação nas ruas e no comércio. Um resto de funcionários portugueses que tinha vindo com a família Real misturava-se com a variedade infinita de tons na multidão, que ia "desde o mais escuro negrume até o amarelo acobreado", diria o botânico Francis de Castelnau, de passagem por aqui. Barões do café e senhores de grosso trato traficavam cativos, embora fosse um comércio proibido "para inglês ver". Enquanto isso, surgiam novos personagens. Eram jovens bacharéis baianos, pernambucanos, paulistas, cearenses e outros que vinham exercer seus ofícios na Corte. Mas, por trás das mudanças, as formas de vida se repetem. A escravidão, de alto a baixo da sociedade – pois ex-escravos e escravos tinham escravos –, dava unidade ao país, como bem mostrou o historiador Luís Felipe de Alencastro.

Ao redor do jovem D. Pedro I, considerado insensato e despreparado para governar, não faltou a presença dos mais velhos. Das imagens que ainda temos, José Bonifácio, seu secretário de Negócios Estrangeiros, então cinquentenário, já trazia a cabeça branca. Monsenhor Francisco Muniz Tavares, clérigo liberal, tinha cavanhaque e cabeleira alva e usava óculos de vidros espessos. Cândido José de Araújo Viana, marquês de Sapucaí, óculos e cabeça grisalha. Antônio Pereira Rebouças, cabeça grisalha e quase cego. Pedro de Araújo Lima, marquês de Olinda, cabeça e barba brancas. Cipriano Barata, um dos mais ativos combatentes pela Independência, cabeleira longa, *à la* Luís XIV, embranquecida pelos anos em que passou na prisão por ser inimigo de D. Pedro I.

E havia velhos absolutistas que lutaram nas Cortes de Lisboa contra a independência do Brasil. O deputado Vilela Barbosa foi um deles. Dizia ter vergonha de ter nascido no Brasil e que era tanta a sua raiva contra o projeto separatista que, mesmo velho, atravessaria o oceano a nado com a espada na boca para obrigar os brasileiros à reunião com

Portugal. Em ambos os casos, eram a imagem de velhos fortes, cujas vozes insinuavam energia e irradiavam poder. Não por acaso, eleito aos 20 anos deputado por Alagoas, Aureliano Tavares Bastos se referia a eles como "os homens do passado, os velhos, os sábios, os donatários de terra", a quem acusava de despotismo. Eram temidos.

Para igualá-los, se ainda não eram velhos, os jovens tinham que parecer velhos. A rotatividade dos governos e seu cortejo de demissões e substituições de empregados públicos foi a marca da época. E depois do período chamado de menoridade de D. Pedro II, como explicou Sérgio Buarque de Holanda, a alternância de gabinetes de ministros com orientações antagônicas mantinha os políticos ocupados. Entre eles, a idade era sinônimo de prestígio. Seus rostos se cobriam de pilosidades, sinal de honra. Jurava-se pelo "fio de barba". Até jovens iam ao santuário de Bom Jesus de Congonhas, em Minas Gerais, pagar promessa por botar barba. Já dizia o ditado: quem não tivesse honra não tinha vergonha "na cara" – a barba branca sendo a mais honrada. Saldanha Marinho usava a sua longa e quadrada. O próspero fazendeiro e banqueiro preto, Francisco Paulo de Almeida, barão de Guaraciaba, usava a sua junto com bigode, ambos totalmente brancos. E, mais tarde, D. Pedro II, mantinha uma barba de "Papai Noel" – figura que na época ainda não existia na imaginação dos brasileiros. Em visita ao Brasil, em 1865, a naturalista americana Elizabeth Agassiz achou sua "fisionomia preocupada e um pouco envelhecida". Ele só tinha 40 anos e já parecia idoso.

Títulos também davam respeitabilidade equivalente a uma cabeça branca. Não havia fazendeiro que não aspirasse ao de comendador. Os tratamentos também nobilitavam: de "Vossa Mercê" se passava a "Vossa Senhoria" e dos "tu", à categoria de "Vossa "Mercê". Candidatos aos títulos incluíam negociantes, letrados e mestiços ricos, como os conheceu Luís dos Santos Vilhena, na Bahia, pois ninguém parecia muito preocupado em ir longe na investigação sobre sua origem social.

Caso do extraordinário mestiço Francisco Gomes Brandão, ou Francisco Gê de Acaiaba Montezuma, futuro Visconde de Jequitinhonha, amigo pessoal de D. Pedro I e de José Bonifácio e um dos mais relevantes políticos do Império. Machado de Assis, o descreveu no outono da vida: "Um dia vi ali aparecer um homem alto, suíças e bigodes brancos cumpridos [...] um tipo de velhice robusta". Idoso, ele não se queria esquecido e por isso amava estar sob holofotes e na mira de comentários. Quando era um pouco deslembrado, escrevia ele mesmo artigos anônimos em que fazia acusações contra sua própria pessoa para no dia seguinte, como visconde de Jequitinhonha, poder responder. Convalescente de uma doença, fez um amigo mandar rezar um *Te-Deum* com grande pompa na igreja de São Francisco de Paula pelo seu restabelecimento. D. Pedro II o tinha como um de seus mais notáveis conselheiros, como atestam as anotações feitas pelo imperador no decorrer das sessões do Conselho de Estado.

Foi jornalista, diplomata, senador, abolicionista e fundador do embrião da OAB: o Instituto dos Advogados do Brasil. Sempre ativo, em 1865, Montezuma apresentou vários projetos para a extinção da escravidão. Trabalhava incansavelmente em sua seleta biblioteca de 4.250 volumes, só saindo dela para tomar o cupê ou a vitória para ir ao Senado ou visitar um amigo. Às vezes fugia para sua casa de veraneio, no Alto da Boa Vista, onde se isolava totalmente, "mas gozando um bom clima, tomando meus banhos de Capacival, deitando-me cedo, e somente saindo deste retiro e pacífico modo de vida para satisfazer meus deveres de conselheiro de Estado" – gostava de dizer. Montezuma se nutria para continuar vivo e presente. A 15 de fevereiro de 1870, às 5h30 da manhã, poucos dias antes de terminar a Guerra do Paraguai e depois de alforriar duas escravas, Helena e Maria Lucrécia, Francisco Montezuma descansou. Tinha 76 anos.

Quando muito enfraquecidos, velhos políticos tinham a dignidade de se afastar, como o fez o velho liberal Antônio Limpo de Abreu, visconde de Abaeté, dono de espantosas costeletas e cabeleira branca. Tendo participado da primeira Assembleia Constituinte brasileira, governou três gabinetes, lutou nos grupos dos que apoiavam a maioridade de D. Pedro II, presidiu o Senado por doze anos, mas, no governo de D. Pedro II, não era mais o homem do momento. Sem forças aos 60 anos, Abaeté não passava, como dizia Joaquim Nabuco, de "um sobrevivente do primeiro Reinado e da Regência [...] a política que o havia fascinado na mocidade era agora para ele um objeto de estudo [...] um teatro onde ele ainda consentia em figurar [...], mas, não sentia mais o prazer, o encanto". Quando, em 1880, foi chamado à presidência do conselho recusou alegando: "1º – que a sua idade e sofrimento o impediam de tomar parte ativa nos negócios políticos; 2º – que não se reputava próprio para guiar homens novos que não conhecia; 3º – que se pedisse às Câmaras os meios de fazer o bem do país, duvidava que elas o deixassem". O homem que acompanhou a vida nacional desde a proclamação da Independência fechou os olhos aos 85 outonos.

A velhice, um país

Velhos vestidos em sobrecasacas escuras, muitos ainda usando chapéu de palha, como D. Pedro I, a caixa de rapé no bolso, batiam nos escravos e nos filhos com bengalas vindas da Índia. Bengalas com castão de prata, cabeças de leão ou de dragão. Gradativamente, elas foram substituídas pelos guarda-chuvas, chamados de "chapéus de sol", insígnia de autoridade mais burguesa do que aristocrática. É provável que, quando quisessem sair, solicitassem o tal chapéu de sol. E, irônica, a mulher viesse com a bengala. Charutos e rapé eram comprados no Bazar dos Fumantes ou na casa do Grão Turco. Para distinguir as horas que no passado eram marcadas pelos sinos, usavam relógios reluzentes, os patacões, adquiridos na Rua dos Ourives.

E as dentaduras? Quem as introduziu foi um dentista americano, Dr. Whittemore, mas o Dr. Luiz R. Ebert as oferecia "com preços moderados". A propaganda nos jornais as indicava para mastigação e digestão. Era quase um remédio, nunca uma questão estética. O risco era acabarem no esôfago, como acontecia e era noticiado nos jornais. Eram as "vítimas da dentadura"! Perdiam-se os dentes nas areias da praia, na mesa dos hotéis ou, como se via em anúncios na imprensa: "perdeu-se dentadura, chapa de ouro", da casa de fulano, na rua tal, à casa de cicrano, na rua tal..." E... eram encontradas!

O *Jornal do Commercio* publicava, em 17 de abril de 1885: "Acha-se, no escritório desta Folha, uma dentadura em perfeito estado encontrada nas imediações do Mercado que será restituída ao respectivo dono, mediante gratificação à pessoa que a encontrou e o pagamento deste anúncio". Ou revendidas: "vende-se uma dentadura velha. Tratar com Suzana". Padre Lopes Gama, redator de *O Carapuceiro*, ironizava: "depois da dentadura, o homem anoitece velho e amanhece com boca de oveiro de galinha"!

Para a "formosura da face", das 9 às 14 horas, na Rua dos Andradas n. 43, o Dr. Torres cuidava da calvície e da perda de pelos. Em toda parte, viam-se anúncios de tintura para barbas, que de brancas passavam a negras ou louras. Em casa, recomendava-se uma tintura feita com sebo de carneiro, verniz e cinzas de salgueiro. Nas sobrancelhas, bastava passar semente de sabugueiro. Elas escureciam na hora. O monóculo e um *pince-nez* eram insígnias de nobreza intelectual. Se premidos por próstatas inchadas, urinavam ao pé de árvores e pontes, como atestam os protestos dos leitores aos jornais. Se as botinas inglesas apertassem, pois usavam chinelos e tamancos em casa, calistas e pedicuros estavam à disposição. Para dores nas juntas e nas costas, ingeriam o *King of pain*, o rei da dor – "maravilhoso óleo elétrico", confeccionado com "óleo de Cundurango"! E havia a manchete que anunciava: "Nos Estados Unidos, acabam de inventar umas faces postiças que fazem desaparecer os sinais da velhice. Esta invenção acabará com os velhos que ficarão moços"!

O consumo entrava na vida dos velhos. Desde 1818, quando da Abertura dos Portos, a máquina do comércio internacional se pôs em marcha, e as cidades ganharam comerciantes, lojas e produtos vindos da França, Itália e Inglaterra. A circulação de bens se acentuou com a criação de vias férreas na segunda metade do século. Graças ao trem, os produtos chegavam longe, como se pode acompanhar nos anúncios dos *Almanaques* do Rio de Janeiro. Eles respondiam, também, ao desejo dos consumidores mais diversos de individualizar-se ou distinguir-se, independentemente da idade.

Se andassem com dificuldade, os idosos não deviam percorrer a festiva Rua do Ouvidor, ocupada por lojas francesas, ou a Rua Direita, ambas "abominavelmente calçadas" com pedras irregulares, segundo viajantes. Coches ou seges nem entravam. Mas se passasse um cortejo em que o padre levasse a extrema-unção a um moribundo, a regra era acompanhar. Os mais íntimos ou curiosos entravam na casa para se misturar a parentes e criados. Era a praxe. Para conversar, templos religiosos onde houvesse música eram os abrigos preferidos. O teatro São Pedro de Alcântara, que exibia óperas, bailados e peças portuguesas, e o *Theatro francez*, miseravelmente iluminado por velas, que representava sobretudo *vaudevilles*, também. O Passeio Público, com seu terraço, pavilhões e vista para a baía convidava ao descanso. Idosos deviam ser atraídos pelas inúmeras "casas de loteria", em cujas portas moleques berravam aos passantes: "Amanhã anda a roda da sorte! Quinhentos contos na loteria de Pernambuco! O Senhor vai tirar a sorte grande!".

Certamente assistiam aos festejos pelo dia da "Independência" e colocavam nas lapelas folhas verdes e amarelas, as "folhas da Independência". Se fossem surdos, como ficou Joaquim Nabuco, não ouviriam as bombinhas que crianças estouravam pelas ruas. Fossem letrados, havia outros espaços onde podiam ser vistos: os saraus no Catete, as missas na capela imperial e as sessões no Instituto Histórico e Geográfico, onde pontificavam o Visconde de São Leopoldo e o Cônego Januário da Cunha Barbosa. Outro programa para os idosos era assistir às conferências do geólogo Francis de Castelnau sobre magnetismo terrestre, na casa que lhe ofereceu a baronesa de Sorocaba, irmã de Marquesa de Santos, na Glória, Ele chegou ao Rio em junho de 1834.

Os que conseguiam e podiam cavalgar eram vistos a cavalo, símbolo do poder econômico e do mando. Um exemplo foi o avô materno de Irineu Evangelista, futuro barão de Mauá, que faleceu aos 100 anos de queda do seu animal. Aliás, cavalos ingleses e de raça árabe foram importados desde 1851. Eram exibidos por leiloeiros na Rua Direita, reduto dos comerciantes britânicos. Outros velhos menos sociáveis se encapsulavam em suas casas, sobrados e fazendas. Preferiam não sair nem receber visitas de fora, restringindo-se à família imediata, na frente de quem poderiam cochilar sem constrangimento em meio à conversa. Para esquentar os ossos, qualquer lugar ao sol servia. Redes ou cadeiras de balanço na varanda permitiam acompanhar o movimento de visitas, escravos e criados no pátio da casa.

Havia de ter em toda a parte, como em Recife, velhotes a namorar as escravas e as "mulatas" na ponte da Boa Vista. Ou como em Campanha, Minas Gerais, octogenários que gostassem de olhar mulher bonita e afirmasse, como o avô do político Francisco Ferreira de Rezende, que "se estivesse de vela na mão para morrer e pudesse ter diante de seus olhos uma moça bonita, morreria sem dor nem pesar pois suporia estar entrando no paraíso".

Em qualquer cidade ou vila, a tradição era que velhos passassem a tarde inteira na rua, falando do governo e da vida alheia, sentados nos bancos das pontes combinando negócios, pacatamente, debaixo das árvores, nas praças e cais, contou Gilberto Freyre. E eles tinham autoridade para bater com o cabo da bengala nas portas das residências nas quais se ouviam gritos de "Acuda! Acuda!". Sim, senhor castigando escravo podia ser interrompido por "gente distinta" – leia-se "mais velha". Eram figuras benevolentes e ameaçadoras ao mesmo tempo.

Velhos, papel e tinta

E houve quem preferisse deixar um testemunho dos tempos vividos, as marcas da vida social e seus ritos, registrando, sobretudo, a veneração aos ancestrais. Caso de Cristiano Benedito Ottoni, deputado em 1835 e depois senador por Minas Gerais, o qual, aos 60 anos, justificava sua autobiografia dizendo-se "ocioso, e a ociosidade mata-me; preciso encher o tempo com algum trabalho que me interesse e padeço da doença que chamou não sei que poeta latino – *scribendi cacoetes*".

E o fez com autoironia, pois, como explicava, "Além do desejo de matar a ociosidade, outro motivo estimulou-me a escrever: é a observação que geralmente se fazem a meu respeito juízos errados. Muita gente me supõe uma boa cabeça, um talento fora da linha [...] e até ouvi com espanto um deputado de Pernambuco proclamar-me certo dia – um sábio! E o homem parecia sincero, o que me fez ter compaixão dele".

Havia uma consciência da idade e da necessidade de deixar um legado antes de partir. Quem foi figura de proa, testemunha de eventos, deixava seu depoimento: "por incomodo de saúde suspendi a redação deste papel [...] e prometo concluir o resto em tempo breve. Todo o verão não escrevi uma única palavra. E quem pode trabalhar quando faz calor? Por mim, respondo negativamente. Mas o inverno bate à porta e eu hei de aproveitar as noites para dizer o que falta para a conclusão destas notas, se Deus me conservar a vida". Mas Deus não quis e, irreconhecível, com comprida barba e cabeleira branca, Cristiano Ottoni partiu aos 71 anos.

Recordar era uma forma de sociabilidade e de autovalorização, fosse em obras ou em palavras. Pois era nelas que as lembranças fluíam. E elas diziam mais sobre quem as contava do que sobre os acontecimentos em si. O tesouro dos velhos era o renome, a fama e o conceito.

Ou seja, todo um capital cultural que a boa prosa alimentava e mantinha vivo. O conde de Suzannet, juiz severo e antipático ao que viu em sua passagem entre nós em 1845, desprezou a prosa e ignorou o clima de amável cumplicidade que poderia ter estabelecido:

> Passei a noite na casa de um velho negociante, a mais bela do Porto da Estrela e a única de dois andares. Só pude deitar-me depois de ouvir histórias de todos os viajantes mais ou menos ilustres que tinham dormido no leito que eu ia ocupar. Meu anfitrião que tinha quase sessenta anos confundia muitas vezes os nomes [...] Eu teria apreciado mais uma boa refeição do que tantas recordações [...] é preciso conversar e escutar, quando gostaríamos de dormir e descansar.

O francês desconhecia a conversa ao pé do fogo, que, como disse um poeta, é conversa amiga e bonachona de quem, por muito vivido, se convenceu de que a vida não passa de uma... conversa.

Junte-se a isso a chegada dos novos instrumentos que, além dos patacões, marcariam a passagem do tempo: as páginas de jornal com dia, mês e ano estampados em negrito, os Almanaques, as Folhinhas; depois, o apito do trem, que soaria nas horas certas de partidas e chegadas. Aniversários passaram a ser comemorados reunindo parentela, vizinhos, amigos. Se antes o tempo corria manso, agora começava a ser contado. A multiplicação das trocas, o desenvolvimento das ligações entre litoral e interior e a complexidade da sociedade na segunda metade do século XIX passaram a precisar de um tempo em comum para garantir a cooperação social e o funcionamento da economia.

Os velhos entraram também na mira do governo, e o *Recenseamento Geral do Brazil*, de 1872, trouxe até um número não descartável de maiores de cem anos, como se pode ver na tabela abaixo.

Velhos também apareciam na literatura para fazer contraste com os jovens. Nos romances, heróis e heroínas eram jovens e belos. Elas, esguias, em vaporosos vestidos; eles, viris, com bigodes bem penteados e charuto entre os dedos. De *A moreninha* e *O moço loiro*, de Joaquim Manoel de Macedo, a *Lucíola* e *Senhora*, de José de Alencar, todos tinham a vida pela frente. Aurélia, heroína de *Senhora*, contratou

IMPERIO DO BRAZIL

■ Dados do recenseamento do Brasil em 1872.

para lhe fazer companhia uma parenta distante, pobre e viúva, pois moça solteira não frequentava sozinha a sociedade. Arranjou uma "mãe de encomenda", pois esse era o papel ideal da idosa: dignidade, compostura, decência. Na idosa, essas qualidades contaminavam o entorno. Em *A viuvinha*, o herói, Jorge, é salvo do suicídio pelo mentor, Sr. Almeida, "um velho amigo da família". Nos romances de Júlia Lopes de Almeida, extraídos da vida social nas últimas décadas do Oitocentos, os mais velhos se tornavam estereótipos. No caso dos homens, eram invariavelmente bons conselheiros e protetores. No das mulheres, aliadas e alcoviteiras.

Graças aos livros e à leitura, forma de lazer para poucos, o contraste entre grupos de idades e seus valores se acentuou. Institucionalização da velhice como uma idade separada? Não exatamente. Nem a época que inventou o romance romantizou a velhice. Mas o binômio velho&moço ficou mais nítido. A velhice era a estação da reflexão. E a mocidade, a da ação. Jovens começavam a ignorar os limites para a obediência. Tanto mais que a vida de estudos e de formação profissional os colocava frente a frente não só com o patriarca, mas com outros mais velhos: o professor, o juiz ou o mestre de ofícios, sublinhando as diferenças de idade e provocando tensões.

Mas a chegada de um novo imperador mudou o quadro. O velho, antes diluído na paisagem de gente rarefeita, espalhada em vilarejos, debruçado sobre suas atividades, dali em diante se oporia à juventude dos que ocupavam visivelmente a cena nas capitais.

Aos quinze anos, na flor da mocidade, D. Pedro II enxotou os velhos que cercaram sua meninice. Gilberto Freyre chama a atenção para o fato de que o adolescente preferiu proteger os políticos moços contra os velhos. Aposentavam-se os velhos sadios de sessenta ou setenta anos que teriam conhecido D. Pedro I ou mesmo D. João VI, chamado de "o Rei Velho". Entraram na mira doutores recém-saídos das academias de São Paulo e Olinda, ou vindos de Paris, de Coimbra, de Montpellier, contra patriarcas rurais. O imperador queria "Moços a quem o saber e as letras, a ciência cheia de promessas, começaram a dar um prestígio novo ao meio brasileiro". Na visão de Freyre, eles representariam uma "nova ordem social e jurídica que o Imperador encarnava, contra os grandes interesses do patriarcado agrário, às vezes turbulento, separatista, antinacional e antijurídico". Moços começaram a preencher cargos antes confiados a velhos experientes. Mas para ascender e ganhar respeitabilidade, o moço devia parecer um velho em trajes escuros, cartola, bengala e óculos.

Que o diga Zacarias de Góes e Vasconcellos, cuja reputação de austeridade, segundo um biógrafo, ficou na história: não gostava de festas ou farras acadêmicas, não procurava amizades, ninguém o via rindo em roda de rapazes, "mantendo no porte, no vestir, no falar, a linha de altiva discrição que conservaria até o fim [...] Uma austeridade precoce. Subindo na política se tornou inimigo das intimidades, autoritário e áspero". Era fiscal irritante dos modos dos colegas, interrompendo os próprios discursos para repreendê-los:

Neste Senado, vemos coisas bem curiosas... Por exemplo, um colega que mal chega, tira as botinas fica de meias e pega logo no sono". Ou sobre dois senadores que conversavam sobre barbas e navalhas e, por serem surdos, falavam em voz alta atrapalhando seu discurso. Foi a conta. Zacarias parou no meio da frase. Silêncio. E ele explicou: "esperei que os barões de Pirapama e do Rio Grande acabassem de se barbear!".

Era o moço-velho contra os velhos-moços. Mas havia os velhos que gostavam dos chamados "novos". O velho Manuel Pinto de Souza Dantas, ministro duas vezes a partir de 1880, foi um deles. Liberal, gostava de apoiá-los. Óculos de lentes azuis, falava horas a fio, sem mostrar cansaço. Uma vez, após longo discurso numa sessão agitada, desmaiou. Era o prenúncio da enfermidade que o levou. Partiu sem saber do quanto foi injuriado pelos seus adversários naquele dia.

Quem eram os "novos"? Como diz Gilberto Freyre, "na presidência das províncias, nos ministérios, na Câmara foram aparecendo bacharéis de vinte e poucos, vinte e tantos anos, trinta anos, as suíças e barbas davam a impressão de idade provecta". Aos trinta anos, Honório Hermeto Carneiro Leão, depois marquês do Paraná, já estava ministro da Justiça; aos trinta e um, Manuel Francisco Correia governava a província de Pernambuco; João Alfredo, aos trinta e cinco, já era ministro do império; Rodolfo Dantas, aos vinte e oito; Afonso Celso, o futuro visconde de Ouro Preto, ministro da Marinha aos vinte e sete; Otaviano, ministro dos Estrangeiros aos trinta e seis.

Eles chegavam para substituir os velhos que a política matava. O marques de Paraná costumava improvisar discursos inflamados para responder às críticas dos colegas na Câmara. Num certo momento em que tomou a frente dos debates, falava diariamente e repetidas vezes. Suas defesas eram esmagadoras e exaustivas. Seu último embate foi travado contra Araújo Lima, marquês de Olinda, senhor de impressionantes costeletas e cabeça branca. O tema? A lei eleitoral e a divisão de distritos. Uma briga formidável. Olinda atacou com virulência a política do governo. Honório respondeu com a costumeira vibração. Mas, ao final do discurso, sentiu-se mal e foi para casa, murmurando palavras baixinhas e compassadas – "Ceticismo...o... nobre senador... Pátria... Liberdade". Morreu aos 55 anos. Certamente, de infarto. Não chegou a envelhecer, como seus colegas, mas brilhou mais do que a maioria.

Muitos sobreviveram às acaloradas discussões, algumas quase comédias. O médico italiano Dr. Alfonso Lomonaco, de passagem entre nós, resolveu visitar a Câmara dos Deputados e o Senado, e foi espectador de um embate entre gerações que descreveu com muita ironia: "As disputas entre dois deputados ocasionam frequentemente cenas das mais hilariantes". Os protagonistas, um jovem e um velho "sobremodo barbudo", a respeito das eleições na sua província. Segundo o doutor, o moço sustentava a validade do pleito com bons modos e palavras fluentes. Mas o tal velho barbudo "bufava como um touro", apostrofava o adversário com urros contínuos, levantava-se da bancada a berrar, vermelho como um pimentão, gesticulava enlouquecidamente e lançava olhares terríveis ao seu oponente. "Em suma – ele registrou – uma cena para me fazer estourar de gargalhadas se o local me houvesse permitido dar expansão à hilaridade". E concluía: "Nada vi que me haja divertido tanto [...] o que assisti é inteiramente oposto do que seria capaz de inspirar-me veneração e respeito pelos honrados representantes da nação". Como se vê, a política também matava de rir.

A briga entre conservadores e liberais nos anos 1866 e 68 resultou na centralização do poder nas mãos de D. Pedro II. Ele não economizou o uso do poder moderador. Qualquer sinal de desacordo e conflito entre os poderes Legislativo e Executivo era motivo para que a Câmara fosse dissolvida e novas eleições fossem convocadas. Além disso, o oferecimento de cargos públicos a representantes do Legislativo fazia da Câmara um reduto de políticos fiéis aos interesses do imperador. As estratégias de equilíbrio entre conservadores e liberais acabaram quando das transformações que se iniciaram na segunda metade do século XIX. Assinaram-se as primeiras medidas abolicionistas, desembarcaram imigrantes vindos do exterior, estourou a Guerra do Paraguai.

Tudo isso era tema para cantorias irônicas, como a recolhida sobre Zacarias de Góis e Vasconcellos, o já mencionado deputado, depois senador, amigo de Joaquim Nabuco, com quem fundou o Partido Liberal, Na boca do povo, um lundu alfinetava o político: "O bonde subia, o bonde descia/o passageiro era o tio Zacarias/ Ai, e aí é que o velho baba/ No pitar do cachimbo, o cachimbo acaba/ O velho era alto, era pimpão/ Negro entendido em seu violão/ O velho era alto todo lamparina/ ao subir pró bonde/ perdeu a botina/ Nunca vi rua prá fazer tanta poeira/ Na Rua do Conde/ vinha o velho na carreira". E o refrão: "O pinto pinica o velho/ E o velho salta prá traz/ as mocinhas estão dizendo/ que o velho virou rapaz!". O velho Conselheiro Zacarias morreu com 62 anos.

As "derrubadas" da política do império não ensejavam só piadas e música. Havia festas do lado dos que ascendiam, perseguição e pancadaria entre os que caíam. Tais reações, explica Pedro Calmon, era uma condição da vida social, da vida partidária em contato com as cruas realidades rurais do país. Na Câmara, cada região reagia com educação ou barbárie, moderação ou exaltação, tolerância civilizada ou ódios patriarcais, pois essa era a mecânica do poder público cujo palco era a Corte. E o árbitro das transições, D. Pedro II, era chamado de "o homem de São Cristóvão".

A Câmara era arena onde se digladiavam velhos e moços. Austero e antigo solar do conde dos Arcos, o prédio, na esquina da Rua do Areal, também conhecida como Rua das Boas Pernas e atual rua Moncorvo Filho, se estendia até a Rua das Flores, atualmente General Caldwell. Parecia um ninho de marimbondos. Quantas vezes, no recinto, não faltava o número de deputados indispensável para funcionar a assembleia, pois antessalas e corredores fervilhavam. Zumbiam boatos e conjecturas. Grupos trocavam sorrisos e olhares cheios de mistério. Outros preferiam intrigar na residência dos chefes de partido. Não faltava quem se fizesse de rogado para receber, ao final, o poder. Era uma ansiedade, uma ebulição, contou o conde de Affonso Celso, segundo alguns, eleito por influência do pai, o visconde de Ouro Preto. Quando o político moço era um filho de alguém conhecido, o velho pai o protegia. Nascia o "filhotismo".

Mas tal transformação não passava em branco. Havia quem reagisse. José Bonifácio Caldeira de Andrade lamentava, em carta:

> Quando me recordo, meu venerando amigo, do passado do Brasil e confronto com os tempos que vamos atravessando, de certa época para cá, vejo que apesar da mal-entendida política da Metrópole portuguesa em relação ao Brasil, eram mandados homens experimentados, para o governo de nossas capitanias; e hoje são mandados criançolas, saídas das escolas de Direito, sem conhecimento e nem experiências para anarquizar as províncias do Império.

Ah! Que saudades dos "homens traquejados no governo civil e do Estado". Agora, os bacharéis que nada conheciam das matérias viravam "presidentes de província para namorarem as moças ou serem ridicularizados".

Padre Lopes Gama se alarmava com a mocidade de seu tempo, e descrevia seu envelhecimento voluntário e precoce: aos dezesseis anos, rapazes já tinham suíças de dar medo; aos vinte, já estavam ficando calvos ou encanecendo; aos vinte e cinco, padeciam de gastrites, enterites, bronquites; e muitos, segundo o padre, "morrendo bem velhos na idade de trinta anos". E a lista era longa: os poetas Álvarez de Azevedo e Casimiro de Abreu, Junqueira Freire, Aureliano Lessa, Laurindo Rabelo, entre tantos de grandes olheiras e físico fraco. A sífilis roeu muitos.

Padre Gama lembrava com saudade os tempos em que os jovens chamavam o pai de "Senhor Pai"; em que conheciam melhor o Pai-Nosso que as quadrilhas; em que não eram viciados no charuto nem nas "poesias eróticas", mas nos evangelhos e epístolas de São Paulo; que nas missas nunca deram as costas para o altar, rindo, preferindo alisar os bigodes para as meninas em vez de bater no peito no confessionário. E pior: quase não tomavam mais a bênção aos pais. O padre jornalista antevia as mudanças: mais rápidas na cidade do que no campo. Era o fim do mundo? Não, mas o começo do declínio do patriarcado e o surgimento do individualismo. Agora, o antes temido "senhor meu pai" virou o "papai". E os avós, "vovozinhos". Mais tarde, Joaquim Nabuco chamaria o fenômeno de "neocracia" e aproveitaria para criticar: "muitos (velhos) não resistirão à indiferença, ao desamor das novas gerações pelas nossas coisas, pelo nosso passado". Não se sabe se falava de si mesmo.

As mudanças incitavam à nostalgia. Havia mesmo quem, na cidade, tivesse "nostalgia dos campos", ou seja, da vida rural. Nostalgia dos tempos em que muitos deles comandavam a política, estando agora marginalizados. Nostalgia descrita por Joaquim Nabuco com saudade dos "bons tempos da escravidão", com "saudade do escravo". Nostalgia de conversar "coisas antigas de Pernambuco". Nostalgia que lia no rosto do pai, senador Nabuco de Araújo, que, ao final da vida, "falava raramente" e cuja "tristeza invencível" se misturava aos presságios sobre o futuro político do Brasil. Com Machado de Assis, Nabuco falaria sobre a "saudade nostálgica". E estando no exterior, faria referências ao "mal do Brasil".

O papel da memória e os patriarcas

Na segunda metade do Oitocentos, foram os próprios protagonistas da História que começaram a falar em faixa etária. Para Nabuco, os 50 anos eram a idade em que as diferenças ficavam mais nítidas, o passado, mais distante: "O homem de mais de 50 anos já vive no remoinho de ideias em que circunscreveu a vida, roda inerte em torno de um ponto que já está fora do movimento geral". Ele via surgirem atitudes e projetos em que não tinha "a mais remota parte. Isto é, resigno-me a ter tido a minha vez e que outros tenham a sua".

Nabuco não queria nem ver suas fotografias, onde quem aparecia não era mais o "Belo Quincas", mas o homem castigado pelos anos: "Os meus retratos me envelhecem muito e me deprimem". Para cravar: "Vivo com os mortos e os ausentes em torno de mim em doce penumbra em que vivos e mortos se confundem". Essa era a ordem da natureza. O novo sobrepondo-se ao velho. E o velho vivendo mais entre mortos do que entre vivos.

Joaquim Manuel de Macedo, ele também nostálgico, numa série intitulada "Mazelas da Atualidade", ia além e atacava a imagem do pai de família que "aos cinquenta anos ou mais, idade do Juízo [...] deu-lhe depois de velho pr'á namorar um dia/ conquistador de damas tornou-se por mania", pintando o cabelo, apertando a pança numa cinta – "mísero personagem caricato" a quem o "mundo responde em gargalhada: "ridículo! Ridículo". Juízo que, décadas depois, Machado de Assis repetiria em suas *Memórias póstumas de Brás Cubas*, encarnado num "certo Garcez, velho cirurgião [...] A velhice ridícula é a mais triste e derradeira surpresa da natureza". O ridículo era o avesso da honra.

E, na opinião de conhecidos cronistas ou escritores, o que estava ficando para trás era a honra. E a honra era tudo. Era a garantia do valor de uma família. Era um ideal individual e coletivo frequentemente defendido em público. A imagem do velho honrado, fosse rico ou pobre, livre ou escravo, forçava a estima de quem o cercasse. O patriarca digno foi, durante séculos, um mecanismo fundamental de estruturação de famílias, mas também, e principalmente, do seu poder. Ele era o braço da articulação entre a família, o Estado e a Igreja. Ele representava uma genealogia, um nome e o sangue, e, em muitos casos, a influência política de clãs reunidos em torno de um patriarca mais forte ainda, mas, sobretudo, mais velho. E mesmo nas famílias pequenas ou reduzidas, ele era a voz do comando.

De um lado, ele podia encarnar a intransigência de princípios. Do outro, os equívocos que o poder oferecia. Porém, a paz do sangue era uma obrigação privada consagrada pela opinião pública. A vergonha e a humilhação, logo, a perda da honra, eram a punição pelos erros cometidos por alguém: filhos ou netos que estuprassem ou roubassem, mulher da família que traísse, filha ou neta que fugisse. E se a honra era um bem social que devia ser defendido e protegido, logo, a justiça podia ser feita. E justiça acima do Estado, com as próprias mãos. Pois era melhor morrer honrado do que ser covarde vivo. Em 1847, num romance pioneiro – *A divina pastora – novela rio-grandense* – José Antônio Caldre e Fião narra a cena: um pai descobre que o filho roubara um amigo. Indignado, dirige-se a seu quarto. Ele dormia: "um ladrão"! Engatilhou a pistola. E "descarreguei contra a cabeça de meu filho e a fiz em pedaços".

E ninguém espelhou melhor o papel do velho patriarca que os senhores de engenho no momento em que acontecia "o fim das Casas Grandes", como intitulou-o Evaldo Cabral de Melo. "Sua primeira e absorvente prioridade era a proteção da parentela e o reforço de sua solidariedade". Tanto a família nuclear quanto a extensa estavam sujeitas à desagregação; por isso, cabia ao velho patriarca estar alerta, controlar todos os membros e, em caso de tensão, suavizá-la. O poder e a honra do velho senhor de engenho residiam também em sua fortuna e nas suas variações. Era obrigatório não só garantir a exploração de terras herdadas, mas aumentá-las pela compra de propriedades vizinhas, sobretudo de outros engenhos, fugindo, se possível, de credores. Outra preocupação: cuidar da mãe viúva e do casamento das irmãs, sempre dentro da igualha, com cunhados que viessem a somar ao patrimônio. Mais sério ainda: o casamento dos filhos e a partilha da herança paterna. Cada nora que chegasse devia se tornar mais filha dos sogros do que dos pais, mais irmã dos cunhados que dos próprios irmãos. Logo, ela teria que evitar picuinhas e cuidar com desvelo dos filhos e sogros. As filhas eram casadas com bons partidos, ainda que se tivesse que adquirir um engenho para acomodar um genro.

No mundo do trabalho, ter boas relações com os lavradores-meeiros, que dividiam com o senhor o açúcar produzido e com quem se estabeleciam relações de compadrio e clientelismo, aumentava a força do patriarca. O mesmo com moradores do engenho, a quem se concedia casa e lote de terra. Quando sobrava dinheiro, o patriarca se permitia investir na cidade, na compra de sobrados ou casas apalacetadas. A regra com escravos era não os explorar além de sua capacidade física, proporcionar-lhes alimento e vestuário, além de alojamento adequado. Quando havia comportamentos desviantes, o acusado recebia o ultimato de vender o engenho e abandonar a região.

Uma família numerosa, antiga e rica só não teria influência se a "sociedade estivesse transtornada", cravava Nabuco de Araújo, pai de Joaquim Nabuco. O patriarca honrado era o esteio da família, da comunidade e da política do império. Joaquim Nabuco, em correspondência com amigos, chega a usar a expressão "patriarcado" para se referir às tais grande famílias: "Como vai você e todo o seu patriarcado?".

João Alfredo Correia de Oliveira, ministro, senador e presidente do Conselho que realizou a Abolição escreveu uma biografia do sogro, o barão de Goiana, João Joaquim da Cunha Rego Barros, que não deixa mentir. O exemplo do patriarca fazia girar a roda da fortuna.

E ela não convidava a acomodamentos, mas à ação. O exemplo de Rego Barros era explícito: "era madrugador, estava de pé e em movimento ao romper d'alva; as oito horas da manhã já tinha ordenado todos os serviços do dia, assistido ao começo de alguns, percorrido edifícios, engenho, oficinas, enfermaria, cavalariça, estábulo, currais, chiqueiro, galinheiro". Era a lição do manual de higiene de Mello Franco: exercício e atividade. Jamais ser comparado às "águas paradas", mas às cristalinas, que correm e irrigam gente e terras.

Quem não amasse os canaviais de onde extraía liberdade financeira, não aprendesse com eles a ter energia, perseverança e paciência podia acabar como os filhos da família Rocha Wanderley que herdaram o Engenho Araçu. Em poucos anos, dissiparam terras e escravaria. Ou a sucessão do sargento-mor Antônio de Albuquerque Pereira dos Santos, segundo Cabral de Melo, patriarca à moda do pai. Após seu falecimento, os filhos comprometeram a fortuna ao sofrerem perseguições políticas e procurarem "manter o mesmo padrão de vida do velho sem o seu meticuloso esforço e aprumo no trabalho". Nada pior do que ver o tempo trabalhar o rosto dos velhos patriarcas, sabendo que seu desejo era o de deixar fortuna aos filhos e netos. Mas os netos já estariam longe dos canaviais, no asfalto das cidades que cresciam. Já dizia o senso popular: "As vantagens adquiridas pelo mérito dos avós se perdem pelo demérito dos netos".

A responsabilidade do patriarca sobre a família e os negócios o envelhecia mais ainda, como se vê na foto do barão de Goicana, Sebastião Antônio de Acióli Lins, entalado no redingote burguês, cabeleira e barba quase branca, "olhos fundos, mas vivos, a contemplar-nos da tristeza da velhice prematura", como o descreveu Evaldo Cabral de Mello. Ao se mudar para Recife, sofria de nostalgia do campo: "Apesar dos atrativos que dizem não haver na cidade, eu de bom grado prefiro o sossego e entretenimento de meu viver e lides de engenho, donde saio com pesar e saudoso do povo com quem tenho lidado e vivido e de algum modo servido nos seus vexames, conforme meus recursos".

Enquanto isso, nas áreas cafeicultoras, enterrados em silêncio e ressentimento, velhos proprietários de grandes e pequenas plantações ruminavam os prejuízos das leis do Ventre Livre e dos Sexagenários. Em seguida, a Abolição sem indenização foi o fim de um mundo para cafeicultores do Centro-Sul. Como reagir? Alguns optaram pela alforria em massa. Acreditavam nos laços comunitários dos escravos para mantê-los nas fazendas. O político e fazendeiro Paula Souza, em carta ao também político e fazendeiro baiano César Zama, argumentava: tinha libertado todos. Fez com eles um contrato igual ao que fizera com colonos estrangeiros: "Disse-lhes palavras inspiradas do coração [...] e até chorei".

Já o nosso conhecido Acióli Lins não teve qualquer reação de nostalgia pelos "bons tempos da escravidão" de que sofria Nabuco. Como registrou, recebeu o 13 de maio "com satisfação indizível". Seu abolicionismo, como explicou Cabral de Mello, não era fruto de ideias modernizantes, mas da sua experiência humana e cotidiana na escravidão rural. Dizia acreditar na "superioridade do trabalho livre", o que não o poupou de enfrentar inúmeros problemas com os colonos e jornaleiros [os diaristas] recém-contratados.

Todos tristes e cabisbaixos? Não. A curiosidade e a afabilidade foram características de muitos. E o olhar dos viajantes estrangeiros sempre foi uma boa lupa para encontrar boas descrições desta maneira de ser. No interior do Ceará, Elizabeth Agassis e o marido chegaram à fazenda Arancho, onde deveriam passar uma noite. Foram recebidos por um "homem gordo, já velho, de cabeça redonda como uma bola, coberta de cabelos brancos e crespos, com cara de bom humor, embora um tanto avermelhada pela bebida. Vestia calça de algodão, camisa solta por cima e os pés inteiramente nus dentro de tamancos de pau". Convidado pelos estrangeiros a jantar e dividir frango assado com vinho de Bordéus, "o velho vendeiro" se enfeitou: "cobriu-se com um manto de índio com grandes ramagens". Fez bonito!

E sobre os avôs patriarcas, coube à escritora Anna Ribeiro de Goes Bittencourt relatar em suas memórias os episódios da vida do seu. Pedro Ribeiro era seu nome. Não foi senhor de engenho opulento como seus contemporâneos pernambucanos. Mas, graças ao trabalho, se tornou fazendeiro abastado no Agreste baiano. Em cadernos, Anna registrou os "causos" e as qualidades excepcionais daquele que, para ela, foi um herói não reconhecido das lutas pela Independência da Bahia. Pedro vivia com filhas viúvas e a neta em sua fazenda Coqueiro Novo. Cego aos sessenta anos, mantinha hábitos: no primeiro canto dos pássaros, a família se reunia em seu quarto para as orações da manhã. Depois do almoço, Anna, com o "batalhão de negrinhas" e primos invadia o aposento onde ouviam histórias sacras, poesias e contos narrados pelo avô. Ali brincavam e, à época do Natal, ensaiavam pastoris, com a decoreba de versos também regida por ele.

Depois do jantar, com uma carapuça preta na cabeça e a bengala na mão, Pedro saía para a varanda e desta para o jardim, onde passeava à margem de um riacho. Depois sentava-se num tronco para tomar a fresca da tarde e ouvir os pássaros que se recolhiam. Na volta, ao passar pela janela da sala, chamava todos para as Ave-Marias, quando pedia bênçãos para filhos e netos. Depois da ceia, "começava a palestra animada e aprazível, natural entre os membros de uma família que se estima", registrou Anna.

Muito católico, proibiu ao filho a leitura de Voltaire e Rousseau, que considerava "hereges que escreveram contra nossa religião". Recebia muitas visitas da vizinhança, e a diária do filho. Não descurava dos amigos e quando tinha que defendê-los, ia a cavalo à cidade depor a seu favor nas Audiências da Justiça. Só se referia a si mesmo como "o velho pai". Porém Pedro não se conformava com a cegueira. Era a "gota serena [...] um dos maiores males a atingir a humanidade". Muito piedoso, buscou auxílio divino. Recorreu a um irmão leigo, o Paiva, no convento de São Francisco. Considerado milagreiro, o irmão pediu-lhe uma vela e prometeu orações. Ao cabo de um tempo e depois da cobrança de Júlio, explicou: "não se descontente, poisa cegueira é para seu bem, sua salvação". Assim Deus protegia sua família.

Inconformado e de volta à fazenda, Pedro recorreu a tudo: remédios caseiros, curandeiros, homeopatia, ciências ocultas, espíritas, sonâmbulas. Até que lhe ensinaram que o sangue tirado da cauã iria curá-lo. Veio a ave, Pedro rezou de joelhos antes de colocar o sangue nos olhos, e... a visão voltou. Festa, alegria na casa, e ele logo pediu a bacia e a navalha para fazer a barba. "A vista desapareceu". Conclusão? "Deus mostrou-me que podia dar-me a vista, mas não queria". A cegueira era um bem. Pedro morreu aos 79 anos, sem surdez ou esquecimentos. Fechou os olhos repetindo as palavras da novena de Nossa Senhora das Mercês.

Além da honra, encarnada em figuras como Pedro Ribeiro, valorizava-se a coragem. Havia os velhos guerreiros que tinham enfrentado situações de risco de morte. Guerreiros cujas vidas salvaram outras ou as viram virar de ponta-cabeça da noite para o dia, nem por isso deixando de lutar. Eram os retratos exemplares dos "grandes homens" que impressionavam e inspiravam. E nessa galeria, o velho herói de guerra era um quase-deus. Um mito. Uma aparição. Pelo menos, foi como o jovem Antônio Luiz von Hoonholtz, futuro barão de Teffé, descreveu o almirante Barroso durante uma batalha naval da guerra do Paraguay:

> Quando vi o Amazonas descer majestosamente entre a nossa linha e a inimiga, expandiu-me a alma; e quando ao aproximar-se descobri sobre o passadiço a figura de Barroso, ereto, impassível sob a saraivada de projéteis, com o porta-voz em punho e cofiando com a mão esquerda a barba branca que flutuava ao vento, senti entusiasmo por esse chefe [...] que afrontava com ar sobranceiro o ambiente de morte em que nos debatíamos.

Teffé nunca esqueceu o "ancião venerando e simpático", cujo "sorriso despreocupado afrontava a morte".

Não só as altas patentes de cabelos brancos se distinguiam na guerra. Também se valorizavam heróis obscuros, inválidos da Pátria, encanecidos pelo sol de muitas batalhas na Cisplatina. Eles invejavam os que partiam. Em "O canto do veterano", Ildefonso Lopes da Cunha lembra o drama dos que não lutavam mais: "Com setenta anos de idade/que posso agora fazer? / Desejos de um pobre velho/ já não sou para combater". Era humilhante desaparecer porque se envelheceu. Na opinião popular, o imperador iria à guerra, se pudesse. Mas também "estava velho". Em seu lugar, mandou o genro, Conde d'Eu. O repentista Santaninha de Nossa Senhora, dedilhando o "pinho", comentava:

> D. Pedro inda foi ao campo/ comandar seu batalhão/ mas o povo lhe pediu/ que não fizesse isso não/que ele era reconhecido/ por Pai comum da nação/... Dizendo que estava velho/ não podia mais brigar/ e quis abdicar da coroa/ A seu genro Conde d'Eu/ prá ir acabar a guerra/ o conde lhe agradeceu.

Sambas enchiam os acampamentos com sua música alegre e sua rima fácil. Improvisados pelos "voluntários da pátria", ou por poetas populares vindos do Norte, suas letras revelavam peripécias dos velhos heróis capazes de incentivar os jovens, de preferência pobres, a se unir ao exército. Até entre os oficiais graduados se encontravam cantores. A caminho do Mato Grosso, por exemplo, o futuro visconde Alfredo Taunay anotou em seus diários as melodias de um "um velho major repentista" que encantava o batalhão: "Cantam glórias a Deus/ os anjos lá no céu/ cós meus botões eu digo/ Lopes há de ser meu". Na roça ou na cidade, o tema era o mesmo: as atrocidades de Solano Lopes e os louros do guerreiro experiente e vencedor.

O cotidiano do velho no Império

Longe da guerra, havia outro tipo de velhice, mais amável, mais discreta e bem menos importante, pois diluída nas atividades do cotidiano. Caso de "Papai-outro", nome carinhoso que se dava na família a Félix Cavalcanti, nascido em 4 de junho de 1821 e tio de Gilberto Freyre, cujo Livro de Assento [misto de diário e livro de contabilidade] ele encontrou. Freyre colocou a lupa sobre o envelhecimento de um simples funcionário público, um homem mediano e sem importância, cuja família arruinada perdeu o engenho Quitinduba mas não perdeu a pose de quem descendia de uma das mais velhas famílias do Sul de Pernambuco.

Papai-outro veio jovem para o Recife, acompanhado dos parentes. Desde sempre, foi anotando os pequenos e os grandes fatos que interferiram em sua vida. Nada de sentimentalismos ou poesia, mas simples anotações: a revolta do mata-marinheiro com seu quebra-quebra, em 1848, as grandes cheias de 1856 e a de 97, em que o Capiberibe afogou bairros, bichos e gente. A chegada da epidemia de cólera. Os nascimentos e falecimentos na família. As idades com que sua dezena de filhos foi se casando e a chegada dos netos. Os nomes de cada um. Os preferidos, a quem levava bolinhos ou caldo galinha quando doentes. As doenças e remédios caseiros. A presença de "manas" e "manos", além de sobrinhos e sobrinhas. As várias mudanças de casa. Mudava-se de casa para "mudar de ares", aconselhado por médicos, sobretudo quando tinha morado ali um doente de bexiga, varíola ou tuberculose, porque ninguém rebocava as paredes ou pintava as madeiras contaminadas, deixando o bacilo se instalar junto com os moradores. As histórias sobre os antigos sobrados cheios de assombrações, onde se ouviam correntes de escravos sendo arrastadas, portas fechando e abrindo sozinhas, onde "apareciam vultos e visagens" e por cujas escadas e salas vagavam espíritos.

O velho Félix tinha apego ao antigo. Não um apelo melancólico, mas uma saudade gostosa da velha casa, do seu quintal, das velhas árvores, pois aquela fora a casa de seus avós e, depois, de seus pais. Aliás, não só Papai-outro: também Nabuco, quando teve que deixar sua casa na Rua de Olinda, queixou-se: "Como gostaria de guardar essa casa". Entristecia-se de "encaixotar a casa, livros e objetos". Recordava as velhas brincadeiras no jardim, "montado num cavalo de flecha enfeitado de fitas, corri cavalhadas e tirei argolinhas que ia oferecer às minhas tias". Além de trepar nos cajueiros, eram essas as alegrias da infância de ambos, que nunca se conheceram.

Papai-outro mudava de casa, mas não mudava de ideias, era um conservador: mantinha hábitos e preconceitos. Preconceitos de gente pobre, mas gente antiga, diria Gilberto Freyre. "Mais alto do que baixo, bem apessoado, alvo, olhos castanhos e cabelos alourados, aos trinta anos quase todo branco, como bom recifense ia tomar ar fresco e ver navios, a conversar sobre política no cais do Colégio." Construído pelo engenheiro francês Vauthier, o cais mudou os hábitos masculinos, fazendo rapazes se recolherem à casa mais tarde do que antes, desculpando-se com avós mal-humorados e pais severos.

Papai-outro lia jornais e almanaques. Gostava das sessões enigmáticas de anagramas, cronogramas, criptogramas e quebra-cabeças. Anotava as notícias que o divertiam, como esta:

> Contam os jornais da capital Federal que um indivíduo em passeio domingueiro deparara com vistoso cacho de banana, aceitando desde logo aposta para comê-lo de uma assentada... assim tentou o infeliz, mas tendo chegado a engolir a 36ª banana caiu fulminado por terra. Assim pois aconselhamos aos nossos leitores que são dados ao uso do precioso fruto que não se excedam de engolir mais do que 35 bananas!

Enquanto Papai-outro foi, até o fim da vida, funcionário amanuense da Santa Casa de Misericórdia, na mesma função até ser desligado do emprego modesto, bom católico, homem medianamente instruído, monarquista e apreciador de chefes liberais e "praieiros", seu contemporâneo Cristiano Ottoni era o oposto. Nascido em 1811 e egresso de uma família modesta, Ottoni se banhava em política, tendo pai e irmãos mergulhados na carreira como deputados. Formado pela Academia da Marinha e engenheiro pela Escola Militar, oscilou entre a cátedra na Academia e deputações por Minas até entrar, em 1850, para a Companhia Estrada de Ferros D. Pedro II, da qual se tornou diretor.

Ambos se consideravam liberais, mas com divergências. A Lei do Ventre Livre, de 1871, foi uma delas. Ottoni registrou que ela teria sido "indispensável à resolução radical do 13 de maio de 1888". Embora admirasse a lei, Félix considerou-a precipitada e que "não foi a melhor falando economicamente". Félix adorava o imperador, e Ottoni namorava a República. Para Félix, a Monarquia era o melhor regime para o Brasil e, por isso, a chegada da República:

> No dia 15 de novembro de 1889 (data que para nós será sempre ominosa recordação) foi proclamada no Brasil a República com o banimento do Imperador Pedro 2º. Os sábios de hoje desejam tudo reformar para melhor, reformam para pior. Tudo é reforma, tudo é progresso. Esta é a mania do século [...] nos apavoram as perspectivas da República no Brasil. Deus queira que as nossas previsões não se verifiquem.

Félix fechou os olhos e a filha Yáyá encerrou assim o Livro de Assento que ele tinha pacientemente preenchido: "depois de ter sofrido 26 horas, sucumbiu às 3 horas e 25 minutos da tarde do dia 28 de setembro, sábado, de 1901, na Cambôa do Carmo n.6, casa de sua residência com idade de 80 anos, 3 meses e 22 dias".

O pardo Antônio Ferreira Cesarino, o mais velho dos três, foi outro exemplo de velhice amável, aconchegada na família. Porém, diferentemente do funcionário e do político, foi um empreendedor. Nascido em 1808 em Paracatu, Minas Gerais, Antônio não aparece, nas listas de população, como escravo. Seu pai, tropeiro, sempre manifestou o desejo de que "seu filho fosse alguém". O jovem, que aprendeu a ler e escrever com a tia paterna, não perdeu tempo e logo, apesar da pouca idade, era feitor de engenho, com o salário respeitável de 160 réis por dia. Sem jamais contestar a estrutura social escravista, Cesarino quis fazer parte e tirar proveito dela – como explicou sua biógrafa Daniela do Carmo Kabengele. Aproveitando a confiança do fazendeiro e sua posição de destaque, aproveitou para estudar música com o renomado mestre-capela José Gomes, pai de Carlos Gomes e tinha um rol invejável de ocupações: era carpinteiro, músico e alfaiate. Ganhava dinheiro como alfaiate, mas começou, também, a estudar à noite, "com esforço, até conseguir o diploma de professor". Casado e com filhos, migrou para o ramo da comercialização de tecidos, tendo se destacado como dono de uma das melhores casas de negócios de Campinas, a partir da segunda metade do século XIX. Mas a vida de empresário era feita também de ventos contrários. A alfaiataria deixou de ir tão bem. Cesarino não se abateu e foi tentar a sorte em outra freguesia, ou melhor, partiu para o Paraná e o Rio Grande do Sul, procurando vender suas mercadorias. Na volta, havia "conseguido alguma cousa", e então, no dia 10 de março de 1860, o Professor Cesarino abriu as portas de um colégio em Campinas.

Não há dúvida de que a família, sua esposa e filhas, foram de fundamental importância nesse novo passo escala social acima. Como Papai-outro, Cesarino também teve uma dezena de filhos com Balbina. Instalado na Rua do Alecrim, no. 1, esquina com a Rua América – atual esquina da Rua 14 de Dezembro com a Dr. Quirino –, seu colégio recebia 44 alunas, muitas delas abastadas. À época, o jornalista Henrique Barcellos, por exemplo, sublinhou que o colégio Perseverança era "frequentado por filhas das elites". Não havia novidade na presença de comerciantes, educadores, jornalistas, médicos e advogados pardos entre as elites do século XIX. Os exemplos são inúmeros, e mestiços cercavam a família imperial na sua vida privada e pública, recebiam títulos de barões, frequentavam a Corte e o Senado do Império. Por que não dirigir um colégio de elite?

Os Cesarino eram católicos praticantes, e pertencer à religião desde sempre diluiu fronteiras. O batismo e o casamento dos filhos eram celebrados com festa e realizados em igrejas importantes. Seus descendentes se lembram do apego do casal às novenas e promessas. No Perseverança, orações eram previstas no regime: as Ave-Marias diárias, marcadas para depois das seis da manhã e novamente depois das oito e meia da noite. Campinas crescia e, com ela, os Cesarino. No ano de 1875, o Imperador visitou a cidade pela segunda vez. Esteve no estabelecimento, registrando em seu diário: o "Colégio Perseverança do Cesarino e sua mulher pardos tem muitas meninas e é conceituado". Sim, pois reunia professores qualificados oriundos de famílias conhecidas, além de ter obtido, da Intendência Municipal, subvenção para educar moças pobres, negras e órfãs.

E diferentemente dos netos de Félix, casados dentro da família extensa, os de Cesarino se casaram com descendentes de portugueses e italianos. Cesarino Júnior, por exemplo, cumpriu o desejo do bisavô: "ser alguém". Brilhante como acadêmico, escritor e jurista, ele possuía a diferença nascida da educação e do sucesso que promoveram a vida de tantos pretos e pardos, como demonstraram inúmeros autores, entre os quais Hebe Mattos, Sílvia Lara e Sheila de Castro Farias, além da própria biógrafa.

A febre amarela varreu parte da família. Antes de falecer, a 2 de novembro de 1892, o velho Cesarino escreveu um pedido em relação ao cortejo de seu corpo: "O meu cadáver, quero que seja conduzido no carro dos pobres desde a casa onde moro até a igreja para ser recomendado simplesmente, sem nenhum aparato, e da igreja ao cemitério. Peço ao reverendo que fizer a encomendação fazê-la por esmola". Fechou os olhos um homem cuja cor embranqueceu ao longo dos seus múltiplos sucessos.

O que não faltou em nosso passado foram idosos como Félix Cavalcanti, Cristiano Ottoni e Antônio Cesarino à frente de suas famílias. A família seguia a força permanente, disseminadora de valores, entre os quais o "paternalismo", símbolo do homem protetor e providencial, mas também ditatorial e, por vezes, sádico. No primeiro caso, se encontravam o senador Nabuco de Araújo e seu filho, Joaquim Nabuco, que nutria pelo pai "devoção, satisfação e orgulho". Em seu livro de memórias, *Minha formação*, num capítulo inteiramente dedicado a "Meu pai", Joaquim Nabuco se desmanchou em amor filial e reverência. Dizendo tê-lo tido como "principal aspiração", queria "saturar-se" dele e "fazer do meu espírito um borrão do que havia gravado no seu".

Entre os que tiveram pais terríveis esteve Dom Vital Maria Gonçalves de Oliveira, bispo de Olinda e inimigo da maçonaria. Era filho de homem áspero e arrogante que exercia domínio sobre mulher, filhos e moradores do sítio de que foi rendeiro. Outro caso, o de Cristiano Ottoni. Ele revela o retrato daquele que trata o tempo todo como "o velho": "irascível e precipitado em seus juízos, o que o expunha a ser injusto". "Parecia um homem superior aos outros, mas nimiamente severo; a respeito dele não encontro no coração a ternura infinda com que o afaga a lembrança de minha mãe"; "tinha pouca cultura, mas, muito talento, estava quase sempre ausente". "Votávamos ao nosso velho, eu e meus irmãos, um respeito profundo, com mistura de medo e estima". Para concluir: "respeitei muito meu pai, mas não desejo que meus filhos se aproximem de mim com sentimento idêntico ao que lhe dedicava; quero ser mais amado".

Conta Gilberto Freyre que a distância entre o mundo do adulto e do menino era imposta das formas mais cruéis, "através de castigos e humilhações, de que o folclore guarda reminiscências dramáticas, ao lado de documentação oferecida por autobiografias e memórias". Desde o período colonial, como já foi dito, as relações eram verticais e sem demonstrações de afeto. Houve homens que na meninice sofreram horrores por parte dos pais, dos avôs, dos tios padres e de professores terríveis nos colégios. Mais tarde, se tornaram patriarcas de sobrado, autocratas do Oitocentos, cada vez mais visíveis pelas ruas da cidade do Rio de Janeiro, Recife e Bahia, onde faziam negócios, ou no Senado, onde faziam política. Enquanto isso, nos sertões, nascia a figura do coronel, ou "velho coronel", proprietário secular de terras, com dúzias de agregados a quem permitia um roçado, um pasto, um pedaço de terra.

Mas na virada do Oitocentos, a autoridade do "velho", como era chamado o patriarca, começava a ficar abalada. A diferença de gerações se aprofundou, tornando o velho mais velho. Tanto por seu físico, quanto por suas ideias. Joaquim Nabuco, estudante em Recife, ousou tratar com arrogância a José de Alencar, atacando o velho político e escritor por seus "brasileirismos". Quando envelheceu, Nabuco se arrependeu.

Na coleção de documentos de Gilberto Freyre, mais exemplos: um estudante de Direito escrevia ao pai para comunicar que, mesmo sem sua licença, aceitara a proposta de um "padre rico, o Reverendo Albuquerque, para se casar com a filha dele". Tal atitude seria impossível na geração do pai, a qual decidia quem se casava com quem. Ou a ilustre baiana, Luísa Margarida de Barros Portugal, a futura condessa de

Barral, que, prometida em casamento ao amigo do pai, o rico senhor de engenhos João Maurício Wanderley, futuro barão de Cotegipe, negou-se a casar com ele. Escolheu "um par de olhos azuis", pois se apaixonara por um pobre conde francês, Eugéne de Barral. Os tempos mudaram, e nem todo mundo se casava conforme a conhecida "Lei dos pais". Raptos se multiplicavam: o casal partia veloz, a cavalo, e a moça era depositada na casa de um juiz de Direito ou do padre da paróquia para garantir a virgindade. O padre Lopes Gama pôs, na boca de uma iaiá pernambucana de 1839: "Um pai não pode privar/ a filha de querer bem/ se as leis dos pais são sagradas/ As do amor mais força têm".

Muitos patriarcas não deixavam barato e reagiam com violência ao ter a autoridade contrariada. O comendador Joaquim José de Souza Breves, conhecido como "Rei do Café", um dos maiores donos de terras e escravaria no Vale do Paraíba, não hesitou em mandar raptar a neta, Maria Paulina Pimenta, a pequena condessa Fé d'Ostiani, de quatro anos de idade. Alegando que o pai, o Conde d'Ostiani, a teria abandonado junto com a mãe quinze dias depois do nascimento, o avô simplesmente escondeu a criança para não a entregar ao detestado genro. Numa carta escrita com exímia desfaçatez e alegando seu "precário estado de saúde", Breves contou uma história rocambolesca que ia da tentativa de sequestro da menina pelo pai ao encontro dela, em andrajos e aos prantos, por uma tia, pelas ruas de Botafogo. Com a morte da filha, a neta jamais foi localizada pela polícia do Império. Viveu escondida entre as inúmeras fazendas do avô em São João Marcos, Grama, Mangaratiba ou Barra do Piraí. Até o caso diplomático criado com o cônsul da Itália ficou sem resolução, por conta do poder do comendador Breves, que alegava lavar as mãos frente ao desaparecimento da criança.

Dores de velhos

Ver envelhecer amigos era algo perturbador que se percebia num comentário, num gesto, numa gafe, numa silhueta reconhecida de longe pela maneira de andar, na memória pegajosa. Podia-se fugir dos espelhos, mas a decrepitude dos próximos era a prova de que um mundo tinha ficado para trás. Perdiam-se os amigos como se perdiam os cabelos. "Há tempo que eu encaro a partida para o desconhecido dos meus camaradas e amigos como um avanço apenas sobre a minha [...] quando já se viveu, os amigos já viveram também, estão usados pela vida e todos eles só têm diante de si a morte...", mastigava, melancólico, Nabuco em seu *Diário*.

Porém, a velhice, fonte de dores físicas e emocionais, permitia o consolo das amizades. A amizade, recomendada como remédio para paz de espírito e saúde, era um bem precioso que se cultivava. Dar, receber, devolver era prática que permitia aos homens se conscientizar de seus afetos. Afetos que os faziam participar de uma vida comum por meio da troca de cartas. E as perdas afetivas, o melhor momento de demonstrar amizade, como na carta de Nabuco a Machado de Assis quando da morte de sua esposa, Carolina:

> Meu caro Machado. Morrer antes de você foi um ato de misericórdia que a Providência dispensou a dona Carolina. A viúva sofre sempre mais. Às vezes, tragicamente. No seu caso a imaginação, o interesse intelectual, o trabalho é um ambiente que permite em parte à dor a evaporação excessiva [...] coube a você o sofrimento e você compreenderá que o vácuo do coração precisa ser compensado pelo movimento e agitação do seu. Será este o seu conforto.

As palavras encontraram um leitor alquebrado, cuja velhice não transformava, mas contaminava sua produção literária, como bem mostrou a crítica literária Márcia Lígia Guidim. Ao se autodenominar "o velho cura da aldeia", Machado sublinhava, através de eufemismos, a própria velhice: "já de estio", "não ir longe", "tardes", "outonos" ou, num trecho a Nabuco: "As minhas saudades são as que V. sabe, nascem da distância e do tempo [...] Quanta coisa passada! Quanta gente morta!". Ou a José Veríssimo: "Eu aqui vou indo, como posso, emendando o nosso Camões naquela estrofe: 'Há pouco que passar até outono...Vão os anos descendo e já de estio'. Ponho *outono* onde é estio, e *inverno* onde é outono, e isto mesmo é vaidade, porque o inverno já cá está de todo".

Rodrigo Octávio, advogado e memorialista que com ele conviveu durante cerca de quinze anos, ia vê-lo na Casa Lombaerts, à qual comparecia diariamente. Era uma tipografia na qual se imprimiram *Quincas Borba* e *Histórias sem Datas*.

"Machado acompanhava os trabalhos de impressão com grande cuidado na Casa". Era no cenário modesto da Casa Lombaerts, uma velha e escura construção posteriormente demolida, que Machado realizava o seu cenáculo, depois convertido na respeitada Academia Brasileira de Letras. O Rio de Janeiro se remodelava. O que permitiu que a biboca escura e baixa se convertesse em opulento, arejado e luminoso edifício, no qual, em seus derradeiros anos, todas as tardes, depois que saía da repartição, Machado se encontrava com os amigos. Ele mais ouvia do que falava.

No relato de Rodrigo Octávio, "a companhia não era numerosa; mas, nem sempre havia cadeiras para todos. Machado de Assis, sentado no meio do grupo, risonho e afável, ouvia a movimentada palestra, pontilhando-a, de quando em vez, com a nota de sua fina ironia, mordaz, por vezes, mas sem veneno. Chegada a hora da debandada, os mais íntimos íamos levá-lo ao seu bonde de Laranjeiras e o grupo se dissolvia para os quatro cantos da cidade". Rodrigo Octávio o viu "morrer no pequeno quarto contíguo à sala de jantar do pitoresco chalé do Cosme Velho". Era o dia 29 de setembro de 1908, e Machado tinha 69 anos.

Se entre autores românticos como Alencar a velhice era sinônimo de bondade, os personagens de Machado foram contaminados pela idade e solidão do autor. Caso exemplar o de Dona Plácida, em *Memorial de Aires*: "um molho de ossos, envolto em molambos, estendido sobre um catre velho e nauseabundo; dei-lhe algum dinheiro [...] saiu da vida às escondidas tal qual entrara". Enquanto escrevia, Machado convivia com reumatismo, gripes, crises de epilepsia, cansaço nos dedos e cegueira noturna. No texto, o Conselheiro Aires se queixa como ele se queixaria: "Foi um duelo entre mim e a velhice que me disparou esta bala no joelho: uma dor reumática". Já o fim dos amores do protagonista Brás Cubas com seu amor de outrora, Virgília é o sinal de alarme para seu próprio envelhecimento: "Cinquenta anos! Não é ainda a invalidez, mas já não é a frescura". "Compreendi que estava velho e precisava de uma força". Como sublinha Márcia Lígia Guidim, para Brás Cubas a morte seria contígua à velhice.

E sobre o livro, Machado escreveu a Nabuco: "Lá vai meu *Memorial de Aires*. Você me dirá o que lhe parece. Insisto em dizer que é o meu último livro; além de fraco e enfermo, vou adiantado em anos, entrei na casa dos setenta, meu querido amigo".

Tanta melancolia tinha moldura. O velho Rio de Janeiro desaparecia graças às picaretas do "Bota Abaixo", grande plano de urbanização do prefeito Pereira Passos. A capital se modernizava, e, junto com ela, as letras. Machado era hostilizado por jovens autores. Ao criar a "Academia Independente de Letras", o jornalista e boêmio Paula Nei queria ostensivamente hostilizar o grupo do "bruxo de Cosme Velho", que incluía Bilac, Coelho Neto e Aluísio de Azevedo. Nas rodas da famosa Livraria Garnier, simbolistas e anarquistas se uniam para ironizar Machado de Assis.

Mas não há dúvida de que o relato mais realista sobre o envelhecimento masculino seja da pena de Joaquim Nabuco. A partir de 1898, seu *Diário* registra uma caminhada sofrida e implacável. Mas não sem resistência. Nabuco sempre encontrou nas leituras, no trabalho e nas viagens um lenitivo. Os filhos e o casamento também eram elementos de apoio e equilíbrio. Mas foram tempos em que o monarquista se viu relegado pela República; ele assistiu ao bombardeio da Revolta da Armada enquanto aplicações financeiras malfeitas na Argentina o fizeram perder a herança de sua esposa Evelina, filha do igualmente falido barão de Inhoá. "Só nos cercam desgraças ou bancarrotas ou de fortuna ou de saúde", lamentava.

Sem emprego, ele viveu o que chamou de "tragédia doméstica". Foi salvo pelo presidente Campos Sales, que o convidou a ser advogado do Brasil na questão da Guiana Inglesa, quando partiu para Londres. O árbitro da contenda foi o rei Vitor Emanuel III, da Itália, que arbitrou em favor da Inglaterra. Um golpe em sua autoestima. Como se não bastasse, o Nabuco diplomata detestava a vida social feita de jantares formais e bailes onde ouvia mal e tinha que fazer bonito: "A surdez aumenta a solidão, mas a sociedade faz sentir muito mais a surdez". Em Roma, invejou a forma do conde Greppi, que, aos 85 anos, parecia ter 50: era "a mais bela ruína" da cidade", que percorria a pé no inverno, sem sobretudo, e jantando fora todas as noites. No lado oposto, Nabuco lamentava: "Eu hoje vivo de afeições, de ideias, despedindo-me da vida e querendo levar de tudo e de todos a melhor lembrança". "Tenho muito medo de que vocês aí me esqueçam [.,.] ainda mais medo de ser esquecido porque não posso esquecer". Dizia sofrer a cada dia e "tomar a vida como uma ração".

A partir de 1905, foi para Washington a pedido do barão do Rio Branco, então Ministro das Relações Exteriores, para chefiar a representação diplomática. O presidente era Theodore Roosevelt e o assunto, o "monroísmo", doutrina que defendia a não intervenção nos assuntos internos dos países americanos". Entre sofrimentos físicos, saudades dos amigos cujas "partidas antecediam a sua" e melancolia, viu os filhos se tornarem adultos. Porém, nunca ficou sem trabalhar. Lia e escrevia sem parar, realizou conferências em várias universidades, participou do Congresso Pan-Americano, o que o trouxe em visita ao Brasil, e recusou o convite do presidente Afonso Pena para assumir o Ministério das Relações Exteriores. Até o fim, diria: "Aqui tenho verificado que eu só sei passar o tempo trabalhando". Prazer? Nenhum: "Nada do que me cerca me interessa e isto é terrível como fim da vida". E ao amigo Azevedo Castro, cravava: "*loneliness* é o que sinto neste imenso mundo de nossa idade". Tinha apenas 50 anos, mas se considerava "*an old man in a hurry* [...] um velho que tem muita pressa de acabar sua tarefa".

Velho, Nabuco se reencontrou com o catolicismo que conheceu na infância. Rezava terços, frequentava missas, comungava, fazia a leitura diária sobre a vida dos santos, peregrinou a Lourdes, era devoto de Nossa Senhora e da Virgem Maria e lia *A imitação de Cristo*, obra escrita no século XV com práticas devocionais. Depois da morte da mãe, em 1903, anotou: "começa hoje minha devoção da Boa Morte. Quando Deus soprar a minha vida, que o faça com sopro brando". A fé reencantou uma existência que lhe parecia desprovida de horizonte. E a piedade se tornou um apelo cuja resposta era Deus. Nabuco já sentia o "coração fraco e sofria de palpitações". A fé aliviava as dores de envelhecer. Ele tinha pavor de "atravessar o oceano em caixão". Mas foi essa a sua última viagem.

Os sentimentos compartilhados por Nabuco e Machado estavam presentes na sociedade. Em toda parte, a imprensa e a literatura se encarregavam de bombardear seus leitores com imagens tristes da velhice. Dose de veneno diária, elas eram assunto, mas um assunto infeliz. Todos pareciam esquecidos das lições de Avicena, médico persa que tanto influenciou o nascimento da medicina: as paixões tristes adoeciam as pessoas – alertava. Mas os novos tempos alimentavam um envelhecer feito de apagamento. Alguns exemplos do que era lido na época: "Na velhice o homem seria mais menino e fraco do que no berço".

Na velhice ninguém podia ser feliz. Os velhos teriam necessidade de uma mulher condescendente, pois o peso dos negócios a tornavam uma consolação necessária. A velhice seria alegre se o homem já tivesse passado suas paixões. O poema "A velhice inesperada" começava com uma estrofe dramática: "Como é que fiquei assim, Meu Deus? Que mudança é esta? Tão cedo sem serventia como fecho triste que não presta!". Por toda parte os jornais traziam artigos sobre o tema, recheados de imagens negativas:

> "Que a velhice é doença está resolvido sem afetação, nem agravo"; "De todas as mazelas que infestam a espécie humana a pior é a velhice"; "Idade de decepções e desencontros na velhice esfriam os nobres sentimentos da mocidade"; "O egoísmo se enraíza profundo no coração, o interesse próprio se torna a lei suprema, as faculdades intelectuais se enfraquecem, a serenidade e a calma do rosto são antes filhos da impotência e da fraqueza"; "A velhice é época de descrença"; "A velhice é árvore que não pode dar frutos"; "Deixemos a velhice, coitada, já cansada, pensar nas contas do rosário e sonhar com as tétricas portas do túmulo"; "Na velhice um sangue negro reflui para o interior do corpo e se acumula no baixo ventre, por isso o corpo é descorado, a pele rija e seca, as faces sem verniz e os lábios violeta".

E a pá de cal: "Após a velhice, vem a decrepitude, um viver que não é viver". Etc.

A velhice se associava à melancolia, ao *spleen*, ao que se começava a chamar de depressão. Seu funcionamento entrou na mira dos alienistas, antes estudiosos da melancolia. Herdado de Hipócrates, o conceito explicava os distúrbios mentais como resultado de um desequilíbrio entre os humores do corpo: o sangue, a linfa, a bile amarela e a bile negra, às quais correspondiam os quatro temperamentos: sanguíneo, fleumático, colérico e melancólico. A bile negra se acumularia de preferência no baço, cujo nome em inglês, *spleen*, ainda hoje representa uma alusão ao estado melancólico. Os médicos estudavam o "afundamento de espírito, a falta de coragem ou iniciativa ou a tendência a pensamentos sombrios" e mencionavam a "tristimania". Era ela a condição para poetas e jornalistas definirem a velhice. O "mal do século" atacava os idosos.

Não foi à toa que, na mesma época, Machado de Assis criou o Dr. Simão Bacamarte, protagonista do conto "O alienista", que, depois de estudar na Europa, funda na vila de Itaguaí a Casa Verde, um local para realizar estudos inéditos sobre a mente humana. Casado aos 40 anos, Dr. Bacamarte acaba louco, morrendo aos 50, início da velhice, segundo muitos médicos. Machado tinha 43 anos ao escrever o conto, e dele os amigos diziam ser alguém "graciosamente pessimista e triste", para quem "o entusiasmo era coisa repugnante".

Machado neurastênico? Esse era o diagnóstico genérico para definir a "decadência do sistema nervoso". Na literatura, sua evocação sugeria um sofrimento misturado à sensação de vazio, de deficiência e dor. Pareceres médicos colaboravam para associar idade e enfraquecimento orgânico. A neurastenia era uma maneira de "não mais existir". O afluxo de sangue ao cérebro, resposta aos esforços intelectuais de homens como Machado ou Nabuco, resultava em cefaleias, dores de dentes por "hiperemia", ou seja, afluxo sanguíneo, sangramentos do nariz, meningites, congestões e oftalmias. Os micróbios haviam sido descobertos pouco tempo atrás e se responsabilizavam pela fadiga cerebral e o que chamavam de "cerebrastenia".

Mal do mundo e mal de "trepidação moderna", a neurastenia atingia sobretudo o velho solitário nas cidades que cresciam. Cidades cujo passado ele via demolir. Pois renovavam-se ruas, abatiam-se igrejas, desapareciam espaços antes conhecidos e cheios de referências – um café, uma praça, uma barbearia. Os velhos não sabiam mais onde estavam.

Seu prestígio decrescia diante de novos tempos. Pois na *Belle Époque* surgiram automóveis que ele não dirigia, esportes que ele não praticava; rádio que ele não ouvia; máquinas a vapor nas fábricas e nas fazendas tomando o lugar de gente com quem ele conversava; apitos de trem rasgando a noite. Nabuco sintetizou: a mudança "abalou o sistema nervoso da humanidade como nenhum outro". "Gerou talvez as maiores coisas da invenção humana, mas aumentou extraordinariamente a pressão da vida sobre o cérebro. O homem nele entrou em sege de posta e dele saiu de automóvel". O velho se tornou estrangeiro num mundo que lhe exigia atenções, solicitações e no qual a rapidez começava a tomar conta de tudo. E ele não tinha mais fôlego para acompanhar.

Mas, se atacados, se tivessem forças, os velhos reagiam. Foi o caso acontecido em Alcântara, Maranhão, com José Adão de Oliveira, no início de janeiro de 1832. Dois jovens invadiram sua casa no intuito de violentar sua neta, a menina Cândida Orlandina. Segundo o jornal *Crônica Maranhense*, o avô jogou sobre o invasor um pau que lhe fez cair das mãos um estoque [espécie de faca]. O rapaz ainda tentou "aterrar o honrado velho", declarando-se "membro de prepotente família" – família Ribeiro, a elite local. Mas, sem sucesso, teve que fugir. No dia 9 de janeiro, "foi o honrado velho acometido por escravos do agressor que o espancaram e deixaram como morto", num atentado à vista de toda a população. O articulista concluiu o artigo dizendo que o crime que narrou era resultado do "domínio de ferro que a infeliz cidade" vivia sob os tacões da família Sá. "Monstros aristocratas acima da lei que oprimem a fim de que o povo vivesse sob a mais intolerável escravidão". O velho José Adão quase morreu, mas peitou o jovem estuprador.

Matronas: alegria com rugas

O tempo dos velhos declinava, o das velhas também, naturalmente. Na sua grande maioria, elas viam os dias passarem sem que nenhum deles se diferenciasse do anterior. Elas tiveram que avançar ao longo dos anos com as armas de que dispunham: a resistência física, a criatividade, a capacidade de trabalho, os cuidados com os maridos, em geral bem mais velhos, e a companhia dos filhos e agregados. À frente de suas famílias, elas definiam agendas, interferiam na escolha de noras e genros, controlavam o dinheiro com que cada um colaborava para o sustento do domicílio, punham em funcionamento redes de ajuda mútua, agiam sozinhas ou em grupo quando tinham seus interesses contrariados, eram capazes de reunir agregados armados para acertar contas e tinham poder de vida e morte sobre os seus. Um exemplo extremo é o de certa Ana Teresa, moradora de Guarulhos, São Paulo, acusada de matar dois netos recém-nascidos. Por quê? A filha era "idiota", não teria como ampará-los.

Os documentos mais abundantes contam a vida das velhas fazendeiras, donas de grandes engenhos, membros da vida urbana e figurantes da Corte. Eram mulheres que liam, escreviam, e algumas deixaram relatos em que contam suas vidas. Elas seguiam modelos e ritualizavam as obrigações em relação ao marido ou à família. De Norte a Sul, comportamentos não só eram repetidos, mas eram a marca de uma classe.

Na elite oitocentista, muitas se destacavam na época das festas religiosas, tornando seus engenhos e fazendas conhecidos pela fartura. O calendário religioso cheio de comemorações ajudava. O ciclo do Natal ou a Quaresma eram pontos altos. Elas viravam decoradoras de capelas de fazenda ou engenho. Esmeravam-se em preparar os tapetes de folhas aromáticas – as de mangueira estalavam quando se pisava nelas – e vasos de flores naturais ou de papel, além de vestir os santos com roupa bordada, cordões de ouro e resplendores cravejados de pedras. Preparavam bandejas com doces e bolos para o vigário, parentes e vizinhos, em geral cobertas por toalhinhas de crochê feitas por elas mesmas. Vestiam criança pobre de anjo quando morria, era costume. Assim como costurar roupa, fabricar remédios caseiros para os escravos ou separar as carnes que eles comiam, como fazia a condessa de Pinhal, em sua fazenda em São Paulo.

Como dizia a personagem Violante, da peça de Joaquim Manuel de Macedo, *Romance de uma velha*, "na vida há três idades: a idade em que se vive pelos outros, a idade em que se vive com os outros e a idade em que se vive para os outros".

Matronas também tinham obrigação de cuidar dos pais, da sogra e das cunhadas que porventura morassem e envelhecessem com elas. Em Rio Claro, São Paulo, Brasília Oliveira de Lacerda registrou que quando a avó teve um derrame, na época creditado à ingestão de jabuticabas com caroço, "fizeram dormitório" na sala de costura de sua mãe. E a velhinha teve tratamento exemplar:

> Ao que me lembro vovó não tinha sofrimento; ali pelas nove horas saía do quarto em sua cadeira de rodas. Muito bem-vestida, lavada e perfumada. Se o tempo era bom, levavam-na para o terraço da frente [...] Estava tão lúcida que conversava com

a língua um pouco travada e às vezes ainda repetia poesias em inglês para ouvirmos.

O casamento das filhas era prioridade, sobretudo porque filhas deviam ser o prolongamento das mães, e de mães tão santas quanto Nossa Senhora. Afinal, elas eram o eixo da moral, a fonte da educação religiosa e social que levariam as filhas a encarnarem uma tradição familiar. Em silêncio, elas dividiam os segredos em torno do corpo feminino: a menstruação, a procriação – não se falava em sexo -, o parto. Na capital, Rio de Janeiro, dona Leonarda Velho da Silva, baronesa de Capivari, tratou de ajudar a escolher os presentes a serem trocados no dia do noivado de sua Mariana com Joaquim Ribeiro de Avellar: uma cesta com todos os enfeites de uma "senhora", tais como vestidos, xales, lenços, arranjos de louças, vidros. Os cuidados da futura sogra eram a garantia de que iria "tudo do melhor" para o casal. O futuro das filhas era construído pelas mães.

Com o correr dos anos, dona Leonarda aguardaria ansiosa a visita da filha e dos netos que moravam numa fazenda em Paty do Alferes, no Vale do Paraíba, para quem escrevia: "... me vai falando na tua vinda e peço a Deus que não sobrevenha nenhum transtorno. Mais ainda me alegra a notícia que me dás de vires logo [...] Aqui estás em tua casa". E lhe mandava mangas, biscoitos, brinquedos de corda e fantasias para os netos. E a filha, Mariana, para ela: "mamãe... agradeço-lhe infinitamente tanto trabalho e prontidão na remessa das encomendas... Agradeço as balas as quais os pequenos fizeram muita festa e também eu, pois [as mangas] estavam muito frescas". Assinava-se "sua filha muito amiga". Mais tarde seria a vez da neta de dona Leonarda, Mariquinhas, escrever a Mariana Velho de Avellar: "Minha querida mãe. Daqui a pouco teremos a estrada de ferro até Ubá e então será mais fácil ver-nos assíduas vezes". Iria levando os netinhos. O apelativo "minha" revelava intimidade e afeto. A correspondência transbordava de atenção e mantinha os laços entre mãe e filha, os quais, longe de quebrar, o casamento solidificava.

Como conta o já mencionado João Alfredo Correa de Oliveira sobre o sentido da família patriarcal, o importante era que "a honra e as virtudes eram tradicionais, hereditárias, transmitindo-se de geração em geração com a mesma pureza". E quem era a correia de transmissão?

Esposas como Dona Leonarda, que, depois de criar filhos honrados e filhas puras, virava avó e cuidava dos netos. E sempre do mesmo modo: sob controle do patriarca. Ou não, pois algumas até passariam mais tempo como viúvas do que com os maridos vivos. Ainda que perdessem maridos, elas continuavam sob o olhar dos pais, irmãos ou cunhados.

Ao casar-se – e toda a mulher queria ser a mulher de alguém –, a mulher passava de donzela a esposa. Não importa quantos anos tivesse, era então chamada de Dona ou Senhora, título que a envelhecia. Ela se preparava para repetir os gestos e os hábitos que sua mãe reproduziu de sua avó e esta, da bisavó. Ela devia ser o "centro da família", como recomendava, em 1831, o jornal *Mentor das brasileiras*: quando o "exterior" deixava de agradar, melhor investir nos "recursos da cultura, o império da honestidade e os atrativos das felizes lembranças".

Partia-se do princípio de que, uma vez mãe de família, ela envelhecia socialmente. Jovem, ela era identificada com a Virgem Maria. Mulher madura, com Nossa Senhora. E velha, com Sant'Ana, mãe de Maria e avó de Jesus. Podiam ser felizes? Tudo indica que sim. A felicidade não era causa, mas consequência do casamento. Ao redigir seu testamento, a viscondessa de Ubá, Dona Mariana, diz: "Fui casada com Joaquim Ribeiro de Avellar, depois visconde de Ubá, não me é possível exprimir a lembrança que este nome sempre me traz. Sou-lhe muito reconhecida. Os cuidados delicados com que sempre cercou nossa comum existência de 39 anos são para mim recordações de todos os dias".

A receita da boa matrona começava pelo envelhecimento de sua aparência ao casar-se. Seus longos cabelos nunca mais seriam vistos soltos. Estariam sempre presos num coque para não chamar atenção. Maquilagem nunca fora nem seria usada. Era coisa de "mulher-dama" ou prostituta. Para sair à rua, seu rosto ia coberto por um fino véu. As diversas gravidezes curvariam seu corpo, alargariam sua bacia, dobrariam seu ventre, amoleceriam suas carnes, roubariam seu cálcio, fragilizando os dentes, que começavam a cair. O hábito de mascar fumo os escurecia. Nos quadros de época, as retratadas nunca sorriem. Era a recomendação: "Muito riso, pouco siso". Mas era pela falta de dentes, também. A partir da década de 1860, nas fotografias das *cartes de visite* que eram distribuídas aos amigos e parentes, mostravam-se vestidas com tecidos escuros, trazendo as golas abotoadas. Já as bocas, sempre fechadas. O leque aberto era símbolo de refinamento. Em geral, no verso, as palavras "tributo de amizade e lembrança afetuosa".

Contavam os viajantes estrangeiros que, aos trinta anos, as brasileiras já eram "matronas corpulentas", e aos "vinte e cinco anos se tornavam uma "senhora enrugada", como registrou John Luccock. Elas caminhavam de modo estranho, iniciavam uma medonha decadência e exibiam rosto contraído. Viviam na inação, o que para ele era um vício que contrariava o espírito industrioso da burguesia europeia da época. Luccock foi impiedoso: tudo resultava de falta de higiene e exercício.

Errado. Ele não sabia, mas as matronas eram vítimas do próprio corpo. Sobretudo na chamada "idade crítica". Partos sucessivos e malfeitos deixavam a bexiga em mau estado, a vagina caída. Na quinta ou sexta década de vida, surgia a incontinência urinária. Sim, a ginecologia já tinha chegado à capital graças ao consultório do pioneiro francês, Dr. Chaumet. Mas que marido deixava a esposa frequentá-lo? Havia resistências instransponíveis a entrar numa clínica e mostrar as "partes íntimas". Calores, opressões no peito e os então desconhecidos hormônios descontrolados levou muitas a ter os rostos cobertos de pilosidades. Caso de uma senhora da família Santos Werneck, Maria Francisca das Chagas, possuidora da fazenda Massambará e de uma barba de fazer medo. Pós depilatórios eram proibidos pelo risco de envenenamento. Ainda que não tivessem amamentado – pois havia amas de leite brancas e pretas –, mulheres raramente expunham o colo, com seios reduzidos a muxibas. Tomavam licor de salsaparrilha ou tubaína da Casa Granado, que já tinha loja no centro da capital. Melancólicas ou histéricas deviam tomar um cálice do homeopático Kalmia depois das refeições. Para remover rugas, milagres: o creme de pérolas *du Barry* prometia que "as senhoras de cinquenta podem facilmente se passar por vinte. Mediante uma aplicação dá à face colorido frescor". Entre outros segredos de toucador, recomendava-se o creme de circassiana para velhice prematura. Cabelos caindo? Pelas ruas, tranças de meninas mortas eram vendidas a metro nos tabuleiros dos escravos de ganho. Embora os jornais oferecessem a ambos os sexos produtos para fazer "crescer a abundância e a formosura dos cabelos", restituindo a "brancos e grisalhos a cor normal", eles os tingiam mais do que elas. Às senhoras se recomendava a moda usada na

Inglaterra: "Em Londres, a moda impõe às mulheres o uso de cabelos grisalhos. Fica bem esse sintoma de velhice em quem não possui, por um vício da natureza, os mais agradáveis sintomas da mocidade". A vaidade feminina era um pecado, e o importante não era cuidar de si, mas cuidar dos outros. Para marido velho, esposa igualmente envelhecida, ainda que bem mais jovem.

Nada de se olhar no espelho, pois "para as velhas, o espelho é um túmulo. Esse vidro mágico não é mais do que a sombra de um fantasma, o tradutor de um pensamento fúnebre, o dedo misterioso que aponta com escárnio as rugas da velhice, os sulcos abertos pela mão do tempo, o vazio das ilusões". Embora em menor número, artigos de jornal ajudavam a abandonar qualquer traço de vaidade. Afinal, a beleza era incompatível com a velhice.

Em junho de 1830, no jornal, *O Bahiano*, a pena de uma leitora confirmava o que então se pensava sobre "uma senhora brasileira".

"Que será desta triste vítima da vaidade, quando o seu espelho a convencer amargamente de que está acabado o tempo de agradar? Pelo contrário, aquela que sacrificou algumas horas da sua *toilette* (toucador) a um estudo sólido, e ocupações razoáveis, que pensa, combina, e trata polidamente as pessoas, *não será, em certo tempo, objeto de suspiros*, mas obterá a estimação e conceito da gente sensata, e terá prazeres para todos os períodos da sua idade". Ou, no *Cosmorama*, as ironias: "Que importam teus arrebiques e esgares ridículos ou as tranças postiças. Apareces nos bailes como a ave noturna de quem todos desviam os olhos porque temem ler na face agouros aziagos e tristes".

Certamente havia senhoras que resistiam ao passar dos anos, ou o redator de *O Carapuceiro* não registraria a aversão que tinham à velhice. A vaidade feminina, desde o berço focada nas graças do "corpinho", resultava "no ódio figadal e implacável" que elas consagravam a quem, por "imprudência ou franqueza", "as chamassem de velhas!" – denunciava padre Gama. E atacava os "besuntes e artimanhas" com que tentavam esconder a idade: "as essências aplicadas à cara que já caiu e aos olhos de galinha", os espartilhos apertadíssimos para valorizas os "restos de peito" e as "perucas francesas". "Tudo para reparar os estragos dos anos".

A "senhora ou Dona" se enquadrava nas expectativas sociais da tradição patriarcal. O tal "tempo de agradar" passava muito rápido.

Ela não teria sonhos de juventude ou de liberdade. Veria de forma positiva o amadurecimento e o envelhecimento construído em torno da estima e da sensatez. Não faria nada que parecesse impensado. Seria razoável no vestir, nas ações, nas palavras. Não havia outros modelos. Quem melhor o encarnou talvez tenha sido a fidalga portuguesa Dona Mariana Carlota de Verna Magalhães, carinhosamente chamada pelos príncipes de *Dadama*: "era uma mulher idosa, nada alta, meio gorda. Estava toda de preto e tinha na cabeça uma pequena touca sem qualquer ornamento e na mão, um leque de papel que agitava lentamente, mas com constância, acompanhando, com esse gesto, cada uma das palavras. [...] Falou-me de seus 'filhos' a quem ama maternalmente com uma inflexão de voz que confirmava suas palavras". A digna senhora falava dos jovens príncipes. Quem a conheceu e descreveu foi a baronesa E. de Langsdorff, quando veio buscar a princesa Francisca, irmã de D. Pedro II para levá-la à França, depois do casamento com o príncipe de Joinville.

A *Dadama* do imperador D. Pedro II nasceu em Elvas, Portugal, e saiu da Quinta das Carrafouças, propriedade do marido, quando veio para o Brasil com a corte. Casada com o Conselheiro Joaquim José de Magalhães Coutinho, e com a filha nos braços – Maria Antônia, que completou dois anos em pleno Atlântico –, abandonou parentes e amigos horrorizados por tamanha aventura. Sua dedicação ao marido e à família real, a quem servia, a predispunha a enfrentar quaisquer agruras.

Logo D. Marianna Carlota enviuvou, quando, em dia de grande gala em cerimônia na Igreja do Outeiro da Glória, o marido caiu duro. Encontravam-se ao lado do já Imperador D. Pedro I. Quando da Abdicação, foi nela que D. Pedro pensou e lhe pediu que cuidasse de seus filhos como se fossem seus próprios. Quem deu o apelido foram as crianças. A *Dadama*, sempre carinhosa e devotada aos novos "filhos" imperiais, soube dividir com seus filhos naturais a mesma dedicação. Ela mesma escreveu o *Pequeno catecismo histórico*, dedicado ao imperador-menino, para começar a sua instrução religiosa. Já adulto, em respeito aos serviços prestados e, talvez, por um grande sentimento de gratidão, Pedro II lhe concedeu o título de Condessa de Belmonte. *Dadama* morreu vitimada pela cólera, doença que contraiu ajudando a tratar enfermos da epidemia que grassava no Rio de Janeiro. O mordomo do Imperador, Paulo Barbosa, em despacho a D. Pedro II, perguntou se deveriam ser feitas as honras fúnebres, ao que o Imperador respondeu, no mesmo papel: "Nem se pergunta".

Outra grande matriarca foi Dona Ana Rosa Falcão de Carvalho, madrinha de Joaquim Nabuco, o qual, no dia de seu nascimento, foi deixado aos seus cuidados no engenho Massangano, pois o pai, com o resto da família, partiu para a Corte. Ela o chamava de "meu filhinho", que ele assim a descreveu:

> Ela era de grande corpulência, inválida, caminhando com dificuldade e constantemente assentada em largo banco de couro que transportavam de peça em peça da casa. [...] Ela não largava nunca suas roupas de viúva [...] ocupava a cabeceira de uma grande mesa de trabalho onde jogava cartas, dava a tarefa para a costura e para as rendas de um numeroso pessoal, provava o ponto dos doces, examinava as tisanas para a enfermaria defronte, distribuía as peças de prata a seus afilhados e protegidos, recebia os amigos que vinham toda semana, atraídos pelos regalos de sua mesa, sempre rodeada, sempre adorada por toda a sua gente, fingindo um ar severo que não enganava ninguém.

Quando morreu a madrinha, Nabuco se desesperou.

Ou Manuel de Oliveira Lima, sobre sua mãe: "Minha mãe era uma dessas donas de casa diligentes e esmeradas de que os nossos romancistas de costumes nunca souberam tirar todo o partido possível. Vestiam os filhos – no meu primeiro retratinho até o gorro escocês é de feitura materna – e os escravos; presidiam à comida destes e dos caixeiros ou outros empregados, e ainda achavam tempo para formar o espírito dos filhos com lições de uma moral bondosa".

O respeito à matriarca era inoxidável. Aos 80 anos, a mãe de Cristiano Ottoni foi morar ao lado dele na casa do Engenho Velho. Diariamente, ele ia beijar-lhe as mãos. Nabuco escreveu ao Visconde de Taunay, comentando o falecimento da mãe: "Com ela desapareceu tanta coisa para mim que o mundo parece outro". Elas preocupavam e tomavam o tempo até do filho mais ocupado, caso de Oliveira Lima, diplomata em missão no Japão: "Deixei minha mãe sem muita certeza de a tornar a ver, tão fraca e abatida a encontrei, coitadinha. Diz ela que se despediu de mim até o dia do juízo e temo bem que assim suceda". Elas morriam, mas o cordão umbilical ficava.

Mesmo as trabalhadoras pobres, que tinham criado os filhos com a força dos braços, gozavam de igual consideração. Certa Angelina, que trabalhava no "picadeiro" de cana no engenho de Magdalena Antunes, viu o primogênito ir para a capital e tornar-se independente. Com casa própria e outras alugadas, ofereceu à mãe: ir morar com ele ou aceitar uma mesada. Angelina preferiu a segunda opção. Continuou morando no Gravatá, escutando o apito do engenho e com saudades do picadeiro.

Ao envelhecer, todo o prestígio era da matriarca. Se o marido era o símbolo da honra na praça pública, ela o era na vida privada e familiar. Alguém como Dona Manuela, a baronesa de Goiana, era descrita como "boa dona de casa, muito cuidadosa e econômica, excelente para a família, enfermeira de primeira ordem, de rara dedicação e gentileza". Para conviver, bastava estima, respeito mútuo, reciprocidade de serviços, sobretudo no momento da doença. No casamento pré-romântico, a felicidade conjugal não decorria do relacionamento entre os esposos, mas do sucesso nas necessidades. Como bem alerta Cabral de Melo, é bom não se iludir com a imagem da dominação masculina dentro do casamento. Por trás da passividade e da obediência, milhares de mulheres assumiram responsabilidades de chefe da casa.

E as responsabilidades eram muitas. Nas três primeiras décadas do século XIX, as fazendas de café começaram a tomar o vale do rio Paraíba. Com o terreiro em posição central, abraçado por senzalas, engenhos e monjolos, nelas prevalecia certa rusticidade na organização de espaços. O exemplo de Maria Joaquina Sampaio de Almeida conta a história. Nascida em 1803, em Taubaté, ela era analfabeta, como a maioria das mulheres de seu tempo. Casou-se em 1825 e, com o marido, Luciano de Almeida, fundou a fazenda Boa Vista, na região de Bananal, que cresceu junto com a expansão do café. Ao ficar viúva, as terras que lhe couberam representavam a maior produção de café do país. Administrar tantas plantações era grande responsabilidade. A fazendeira desenvolveu, então, um sistema de símbolos para registrar diariamente receitas e despesas de cada fazenda da família. Somente com a chegada de preceptores para educar os filhos, ela teve a chance de aprimorar sua precária, mas criativa, formação. Conta-se que, administradora rígida, era conhecida pelos quase dois mil escravos pelo tilintar de moedas que trazia à cintura. Embora representasse a aristocracia cafeeira na região, Maria Joaquina tinha hábitos simples. Seu luxo era apenas um: usar meias de seda francesas. Ela esteve à frente dos negócios por vinte e oito anos e ordenou em testamento que, ao morrer, a quantia de quatrocentos contos de réis – bastante dinheiro – fosse distribuída aos pobres da região.

Idosas, muitas escreveram sobre suas experiências, como fez Magdalena Antunes ou Dona Sinhá, menina de engenho no Rio Grande do Norte, em suas memórias: "No outono da vida, recordar a infância é abrir pontos de luz na estrada abandonada do passado". Ou Floriza Barbosa Ferraz, que nos legou suas *Páginas de recordações*, "escritas com o coração cheio de amarguras", nas quais dizia que "como recordar é viver de novo, encontrei aqui o remédio que eu precisava para desabafar meu coração". Ou Brasília Oliveira de Lacerda, com seu relato de *Dias ensolarados no Paraíso*. Ensolarados mas dificílimos, em casa sem água ou luz, piso de chão e goteiras no teto, um filho chegando após outro, sem ajuda de médico ou anestesia. No seu diário, não há problemas, só soluções e alegrias. Sente-se bem menos nostalgia na escrita feminina se comparada com a correspondência masculina. Dona Sinhá vê as recordações como pontos luminosos; Brasília, como remédio, mas Anna Goes Bittencourt dá a receita. Elas sofriam menos, pois contavam com filhos e netos.

"Dizem que os velhos vivem de recordações. É verdade, mas as recordações só despertam saudades que nos envolvem numa nuvem de tristeza como tudo que acompanha a velhice [...], Mas Deus misericordioso concede-nos alguns instantes de consoladora ventura nos prazeres e prosperidades de nossos descendentes que vem percutir docemente em nossos corações. Graças lhes sejam dadas". Nem todas eram recordações tristes. As da condessa de Barral deram-lhe "o talento de conversar, a acolhida cativante, a cortesia". Viveu intensamente e até 75 anos recordando salões, príncipes, estadistas, literatos, viajantes e Revoluções. Conviveu com notáveis, de Chopin a Napoleão III. Era dotada de uma "quieta doçura tolerante em que a idade se diluía" – palavras de seu contemporâneo Wanderley Pinho.

Importante, portanto, era cuidar dos netos, que nunca as esqueciam, pois elas sabiam compartilhar e cimentar emoções. Antônio Mariani, fazendeiro no sertão do rio São Francisco, que o diga. Depois de um acidente grave, quando uma vela incendiou o colchão onde dormia, "a única lembrança que guardo é a da figura da minha avó sentada de dia e de noite na minha cabeceira, rezando, rezando [...] Acabei me recuperando e então ela me levou de vapor até a gruta de Bom Jesus da Lapa e lá nós dois, de joelhos, agradecemos a graça recebida".

Houve quem deixasse da avó um retrato divertido, como Helena Morley, mineira de Diamantina, em 1895, falando sobre sua "avozinha querida":

> Lembro-me agora com remorso, do esforço que a senhora fazia todas as noites para me tirar do brinquedo e me pôr de joelhos, à hora do terço [...] confesso que era uma hora de sacrifício que a senhora me obrigava a passar. Até raiva eu sentia quando ficavam minhas tias e a hipócrita da Chiquinha a lembrar todos os parentes mortos, para rezarmos mais um padre-nosso ou ave maria por alma de cada um. Eu ficava pensando que minha reza era capaz de levar as almas para o inferno, pois rezava sempre contrariada.

O convívio com os avós está presente também no diário de Dona Sinhá: "Não falei ainda nos meus avós maternos que nos queriam tanto; parece que estou vendo meu avô Serafim passeando e brincando conosco na frente da casa do Escurial, queria muito bem a ele. Minha avó chamava-se Anna, também nos queria muito bem, mas era mais triste porque era paralitica, mas nos agradava sentar-se junto dela; fazia pão de ló para nós, na sua cadeira batia os ovos; gostávamos muito de ir lá no engenho Buraco". À época das grandes famílias, respeitosas da autoridade de seu chefe, verticalizadas por seu comando, alguns laços horizontais eram o refúgio que aproximava gerações. E esse convívio tão simples só desaparecia com a morte dos velhos e o fim da infância das narradoras.

Outras confundiam o prestígio de matrona com impertinência. Dona Maroca, ou Mariana Soares Brandão, esposa do presidente da província de Alagoas, não hesitou em incomodar quatro vezes o Imperador D. Pedro II. Boa dona de casa, doceira insigne, experiente em chás com que curava as insônias do marido, o acompanhou numa viagem ao Rio São Francisco. Pararam na pequena cidade de Penedo, onde recebeu a visita do humílimo vigário local. Conversa vai, conversa vem, dona

Maroca perguntou ao padre qual a coisa que mais desejava no mundo: "Ser cônego, dona Maroca. Se me pilho cônego, acabo o homem mais feliz da terra. Resposta: – Pois será cônego, na Corte, tecerei os pauzinhos". E voltando-se para o marido, dona Maroca intimou-o a operar o milagre. Usou obstinadamente e sem cerimônias ministros, amigos e o próprio imperador. Tantos papéis sobre a mesa, tantos problemas e D. Pedro fingia ignorar a insistente demanda. Foram necessárias quatro tentativas até ele grafar o seu ambicionado "P" sobre o renitente decreto.

Junto com as velhas impertinentes, havia as tagarelas, fofoqueiras, fiscais da vida alheia, que usavam negras quituteiras ou "boceteiras" para fazer circular mexericos. O padre Lopes Gama criticava as "matronaças que adiante de suas filhas indagava com a maior miudeza da vida de seus senhores e de suas senhoras-moças, pretendendo saber com quem estas namoravam, que homens frequentavam as casas, etc.", o que o padre-mestre condenava como um "indigna curiosidade".

Diferentes da ousada Dona Marocas, milhares de velhas fantasmas, curvadas sobre o terço, ouvindo os próprios ossos estalarem, aceitavam a sorte sem queixas. Muitas viviam do passado transbordando de memórias da infância, com seus modestos triunfos ou desafios vividos. E a poesia popular confirmava a dupla face da velhice feminina, a boa e a má: "Mulher velha é rabugenta/ é beata, é santarrona/ é coruja e feiarrona/ é das moças ciumentas [...] todas velhas assim não são/ muitas conheço de estimação/ com boa alma e bom coração", dizia a quadrinha publicada em 1850 e assinada por certo J.A.

De perfil totalmente oposto ao das fazendeiras descritas acima, Sinhás mulatas e pardas se faziam retratar nas *cartes de visite* em que se exibiam ao lado do marido e filhos, todos elegantemente vestidos e portando os acessórios representativos de sua ascensão social. A sociedade já aceitava plenamente as famílias dos mestiços ricos, desde que não prejudicassem os interesses do grupo, caso da melhor amiga da princesa Isabel, Amanda Lustosa Paranaguá, a baronesa "morena", ou das "damas de chocolate" da imperatriz Teresa Cristina. Militão Augusto de Azevedo as retratou com seus ricos vestidos, leques e sombrinhas nas mãos, no melhor estilo parisiense. "Viver como nobre" pesava muito nessa sociedade.

Matronas pretas e afro-mestiças também ocupavam a cena. E, como as brancas, investiam em ser honradas. A historiadora Sueann

Caulfield demonstrou que, fosse em relação a casais, fosse em relação à sociedade como um todo, "a honra era frequentemente usada para consolidar relações hierárquicas baseadas não somente nas relações de gênero, como também nas de raça e de classe". Também entre gente "de cor" – a expressão é de época –, era a honra que dava significado às práticas sociais e raciais. Palavras como "respeito", "estima", "boa fama", "crédito", compunham o vasto leque de significados do comportamento honroso das mulheres. Nas Áfricas, de onde vieram, eram chamadas de "Mãe", "Mama", "Tata", "Yaya", todas elas expressões de respeito, segundo Vincent-Thomas. Aqui eram as "Sinhás Pretas" ou "Damas Mercadoras". O viajante francês Charles Ribeyrolles as descreveu como "matronas do lugar", portando turbantes de casimira, nas praças de comércio de maior importância das cidades. Eram a "aristocracia do comércio negro". Respeitadas por todos os comerciantes, eram consideradas "avaras e implacáveis".

Ao contrário das brancas, as "Sinhás pretas" passavam os dias na rua. Era lá que tinham seus negócios e faziam operações comerciais. Seus escravos carregavam, empilhavam e arrumavam suas mercadorias. Suas criadas, que Ribeyrolles chamou de "proletariado", eram negras do Congo, Moçambique, Anguiz e Benguela. Na Bahia, sua imagem austera e orgulhosa foi fotografada por Albert Henschel. A fascinante história de sucesso dessas "empresárias" foi estudada e contada por Sheila de Castro Faria. A historiadora se debruçou sobre 150 anos de testamentos fluminenses e 100 anos de testamentos mineiros para lhes traçar o perfil mais verossímil de que temos notícia. Há também pesquisas localizadas, como a da historiadora Valéria Costa, relatando a fortuna de africanas forras em Recife. Uma delas, Teresa Jesus de Souza, dona da segunda fortuna da cidade (a primeira pertencia a um comerciante inglês), ao morrer, legou seus bens às suas escravas, que lhe agradeciam pela "boa criação" que tiveram a seu lado.

Majoritariamente, africanas que compraram ou ganharam sua alforria – do árabe *al-hurruâ*, significando a concessão de liberdade ao cativo –, as "Sinhás pretas" gabavam-se com justiça de ter enriquecido por "minha indústria e trabalho" ou "sem favor de pessoa alguma". Eram autônomas. Tinham grande família? Sim, porém composta de mulheres. Era a tradição de sororidade experimentada nas Áfricas, onde a poligamia levava as mulheres de um mesmo clã a se unir, cada uma em sua casa, cada uma com seus filhos e escravas, mas num convívio social obrigatório no qual todas buscavam ser a eleita do "papai". Afinal, lá também existia patriarcado. Entre elas, chamavam-se "irmãs" e podiam se gostar ou se detestar cordialmente, como estudou a especialista em povos subsaarianos Leonora Miano. Aqui, formaram "famílias africanizadas", aceitando, inclusive, a prática da poligamia por parte dos maridos.

Diferente das que liam e escreviam, elas dominavam suas contas e não tinham modelos inspirados nos romances açucarados de José de Alencar. *Elas* eram "o modelo". Organizadas, moravam em seus sobrados ou casas próprias apenas com suas ex-cativas alforriadas ou escravas. E, dentre essas, 95% era alforriada na hora da morte daquela que chamavam de "minha Senhora". Os testamentos não escondem a relação de respeito que tinham com suas donas. Como observou a historiadora Sheila de Faria, palavras como amor, carinho e atenção descreviam os desvelos para com suas senhoras. Não tinham filhos. Os raros homens adultos eram crias nascidas na casa. Ou eram velhos cativos. O padrão dos milhares de "Damas Mercadoras" que deixaram bens em testamento impressionou Sheila: joias, imagens em marfim, vestidos em veludo e seda indiana com padrão de "*chintz*", ou chita, espelhos, móveis de jacarandá, porcelana chinesa, objetos de prata e muitas joias. Elas eram consumidoras do tráfico atlântico de mercadorias, pois nele se abasteciam de tecidos, henê, contas, artigos religiosos, entre outros. Foram fotografadas com suas vestes magníficas por Rodolpho Lindemann, na Bahia, e Marc Ferrez, no Rio de Janeiro. No Museu Costa Pinto, em Salvador, Bahia, vemos exemplares de suas joias em ouro.

Membros de um grupo da elite econômica, muitas eram agiotas, emprestando dinheiro a escravos, para comprarem suas liberdades, ou a grandes comerciantes e donos de armazéns nos cais. Outras tantas deixaram escravos em testamento para seus netos, como fez uma das maiores fortunas entre elas, Anna de São José da Trindade. Sem ilusões, os seus foram percursos de sangue, suor e lágrimas, mas séculos de coragem as tinham ensinado a resistir e prosperar.

Em pesquisas sobre as casas de santo fundadas nos arredores de Salvador, o antropólogo e historiador Antônio Risério as retratou como poderosas mães de santo desde 1822. Caso de Francisca da Silva, cujo nome iorubá, Yiá Nasso, correspondia ao título de sacerdotisa responsável pelo culto a Xangô no palácio do rei de Oió. Vendida ao tráfico por intrigas políticas, se casou na igreja com José Pedro Autran, nagô, membro da elite negra da cidade e da Irmandade dos Homens Pretos da Baixa dos Sapateiros, dono de sobrados e escravos. Outra poderosa foi Marcelina Obatossi, estudada por Lisa Castillo e Luís Paré. Ex-escrava de Yiá Nasso, comprou sua liberdade em 1836, pagando 500 mil réis ao casal e se tornou a primeira mãe de santo da Casa Branca do Engenho Velho. Com a família, Marcelina acumulou meia dúzia de casas, a metade no centro histórico de Salvador e muitas, muitas joias. A renda de aluguéis, a exploração de escravos de ganho e os dividendos dos serviços espirituais fizeram dela um dos membros da elite africana. A mobilidade social e a honra adquirida pelo trabalho e pelo nome existia. E os trabalhos de historiadores confirmam: o segundo grupo de maiores posses, sempre perdendo para homens brancos, era o das forras. Velhas e bem de vida.

Itinerário da solidão: as solteironas

Muitas envelheciam sozinhas, sofrendo sob a expressão discriminatória de "solteironas". Em todas as camadas da sociedade, sobretudo entre a elite urbana, existia um "antes" e um "depois" do casamento, mas havia também um "sem casamento". "Solteira" nem se encontra nos dicionários da época. E as chamadas "donzelonas" eram invisíveis. A maioria vivia num deserto afetivo. Entre os leitores de Darwin, corria uma teoria baseada no "evolucionismo": a luta pela existência atingiria diferentemente os indivíduos, e as solteironas encarnariam as vítimas necessárias à "seleção natural". Improdutivas, elas teriam a finalidade de valorizar as produtivas. Malgrado sua vontade, a solteirona interiorizaria na alma e exibiria no físico as marcas de sua donzelice. Egoísta, feia e fria, ela era o avesso das qualidades que tornavam o sexo feminino tão gentil.

O sintagma "mulher só" não aparece na documentação jurídica, e, no entanto, elas foram muitas. Escondiam-se nos clichês. Velhas solteiras querendo casar-se eram logo alcunhadas de "dragão de feia" ou "coruja monumental promovida pelo demônio a criatura humana", pela língua ferina de Joaquim José de Macedo. Pairava sobre elas toda sorte de preconceito. Havia até mães que proibiam filhas de sair na companhia de uma solteirona, caso de Dona Sinhá, que não ia à Rua do Ouvidor com "a prima solteirona muito antipática". A razão não era a antipatia da prima, mas porque "não ficava bem".

Mesmo a relação com os pais, a quem elas deviam respeito e que as vigiavam, era ambígua. Quem conta são as personagens de Júlia Lopes de Almeida, autora de retratos impecáveis de seu tempo. Num deles, a solteirona recordava: "Que bom velho! Que doce amigo ele foi sempre". Ou outra personagem: "Amei-o? Talvez, mas, nem me lembro. A convivência era pouca ou nenhuma". Não faltaram famílias nas quais as manifestações de afeto dos mais velhos em relação às filhas encalhadas eram consideradas supérfluas ou insignificantes. E a indiferença, uma emoção paralisante.

"Ficou no caritó" designava aquela que não organizou a vida em torno de um homem, ou seja, dos filhos e da aquisição de patrimônio. Elas não constituíam uma classe nas estruturas demográficas. Não aprendiam a ser sós, mas aprendiam a saber sê-lo. E tal solidão era irmã da exclusão. Silenciosas, discretas, quase apagadas, as solteironas temiam incomodar.

Para sobreviver, solteironas exerciam todo tipo de ofícios. Podiam ser doceiras, costureiras, parteiras, professoras, curandeiras, lavadeiras, cartomantes, comerciantes, prostitutas, entre outras, embora dificilmente identificadas nos documentos. A maioria morava com mulheres ainda mais velhas – a mãe ou a irmã, por exemplo. Criadas e escravas solteironas podiam envelhecer em casa, arraigadas à vida da família a quem serviam.

Mas elas não eram iguais. As modalidades de solidão eram marcadas pelas idades, as circunstâncias, as formas de viver de acordo com a inserção social e a condição financeira de cada uma. E cada solteirona encontrada nos documentos históricos revelava que as mais variadas situações não respeitavam estereótipos. Havia as que não tinham nenhum recurso e viviam inseridas na rede familiar, ajudando nas funções domésticas. Desde sempre, foi comum que as famílias patriarcais abrigassem cunhadas, sobrinhas, sogras, tias e mais quantas mulheres sozinhas houvesse. Na de Cristiano Ottoni, por exemplo, eram duas irmãs e duas sobrinhas do "velho" – como ele chamava seu pai:

Falemos primeiro das quatro velhas solteironas. Prima Maria Narcisa e prima Joaquina eram duas coitadas, tão pobres de bens como de espírito, só notáveis pela sua piramidal beatice: rezar, rezar, rezar era sua vida. Tia Fabiana era uma velhinha ingênua, muito comunicativa: parecia ter sido muito bonita, mas eu já a conheci desfigurada, não só pelas rugas da velhice, mas por uma pequena deformidade do vício do fumo [...] Usava do narcótico em mecha.

Ela destacava um pedaço do fumo em corda, formava um pequeno charuto e introduzia a mecha na venta que ficou dilatada:

> O efeito era desagradável à vista [...] Estou a vendo, meio de cócoras, mãos nos joelhos, cavalgando o aleijão do nariz por uns grandes óculos e na fisionomia um espanto infantil [...] Como suas companheiras, vivia ela ao nosso lado sem tomar parte ativa no giro da casa; por exceção, ia às vezes à cozinha porque era quituteira. Tia Ana Francisca era a expressão mais completa do ascetismo que eu tenho conhecido, sempre triste, sisuda, rezando, jejuando, macerando-se, a pobre velha passava a vida em perene preocupação com a salvação de sua alma.

Antes de morrer, tia Francisca deixou, como legado à irmã, "um embrulho de papel, no fundo de uma caixa". Era um cilício, com o qual dormia todas as noites! Ottoni as chamava carinhosamente de "velhuscas". Com a família Ottoni, além das tias e sobrinhas, vivia também a

> avó Isabel, uma filha natural de meu avô paterno, mãe das duas primas solteironas que conosco moravam e de outras. Eu a chamava avó porque a uma das filhas que ajudou a pensar-me [trocar fraldas de criança], eu dava o tratamento de mãe. Viúva, muito velha, extremamente pobre era a vó Isabel modelo de bondade inefável, de resignação e paciência sem aviltamento: seu semblante aberto e risonho é a imagem do tempo da minha infância que me ficou gravada na memória. Boa, muito boa velhinha! E muito bem me queria e muito a amava eu.

Ottoni não foi o único a cuidar das mulheres da família. Desde muito jovem, o já mencionado João Maurício Cotegipe cuidou da irmã, Ana Francisca Wanderley. Órfãos quando Ana tinha apenas sete anos, ela cuidava dele, que a chamava de "mamãezinha". Ana casou-se duas vezes e se tornou uma das viúvas mais ricas do sertão da Bahia. Inábil na condução de negócios, foi perdendo aos poucos a fortuna. João Maurício a convenceu a se mudar para Salvador. Ela abandonou suas propriedades e atravessou a cavalo 120 léguas do sertão a Salvador, coisa inconcebível, na época, para uma mulher. Conta-se que acabou perdendo todos os bens e morreu sem recursos, mas foi sempre amparada por Cotegipe, que ocupou os mais altos cargos do poder e foi presidente do último Conselho de ministros do Império, quando lutou contra a Abolição. A preocupação em não abandonar as parentas viúvas ou solteiras fez o "velho Wanderley", pai de Ana Francisca e João Maurício, ao morrer deixando seis filhas donzelas, chamar o filho mais velho, Ambrósio, ameaçando amaldiçoá-lo se suas disposições testamentárias não fossem cumpridas. As donzelas foram protegidas até o fim.

Havia quem se reunisse em solteirice numa mesma família. Caso da família Gomes, agregada da fazenda do barão de Inoã em Maricá, no norte fluminense: "seis solteironas brancas, três irmãos vivendo todos num sítio (casa de barro, sem soalho, telha vã, com um banco, uma mesa, um oratório, tudo gente *old style*, sobretudo os homens, velhos maduros – e um deles, o seu Nico, tido por virgem. Falando sempre tão baixo que parece surdo [...] uma irmã paralítica. Parecem restos de uma família outrora educada. Quando forem morrendo os homens, de que hão de viver?", perguntava-se Nabuco em passeio pela fazenda do sogro.

Assim como para as senhoras casadas, também para as viúvas a questão da honra era obrigatória. Em *A viúva Simões*, a protagonista é assim descrita por Júlia Lopes de Almeida: "encolheu-se com medo que se discutisse lá fora a sua reputação, coisa em que pensava com obsessão neurótica". E ela tinha só 36 anos, mas se definia: "Estou velha!".

Com raras exceções, viuvez e velhice se davam as mãos. Muitas não aprendiam a viver o luto – e será que alguém jamais aprendeu a amarga lição? E, com isso, a sensação de melancolia: "sentia saudades de sua maneira de ser e sentir de outrora". As viúvas viviam olhando para trás. Mariana Velho de Avelar, por exemplo, tinha seu jeito de cultivar fantasmas. Depois da morte do marido, ficava sentada no quarto, defronte à parede coberta desde o rodapé até quase o teto com retratos de todos os parentes falecidos, contou o historiador Roberto Menezes de Moraes.

À amiga e vizinha de rua, Dona Maroca, Nabuco aconselhava como enfrentar a viuvez: "Na nossa idade é preciso tomar a morte dos que nos são caros como uma separação certa e aproveitar o tempo para cumprir as últimas vontades deles". Ou seja, eles não estariam mais aqui, mas as viúvas tinham de seguir vivendo como se os maridos estivessem vivos. Bastava vestir-se de preto como corvos e não usar chapéus chamativos. As que podiam usavam joias, anéis e medalhões com cabelos do defunto; e, com a chegada da fotografia, um retrato do morto deitado em seu ataúde vigiava sobre as mesas. A casa em que moravam tinha que evidenciar sua presença. Anna de Goes Bittencourt, viúva jovem de um marido tuberculoso, quando perguntada "Você não quer mais se casar?", respondia: "Não, só se deve amar uma vez...".

E havia as histórias de amor que ressuscitam os finados. Viúvas como dona Maroca choravam seus mortos inesquecíveis, como também chorou Carolina de Avelar Albuquerque – a vovó Carola –, a dama de Abayaba, fazendeira perto de Ubá, no Vale do Paraíba. *Causa mortis* do finado? Tuberculose. Ele tinha 45 anos, esperava um milagre dos bons ares do Serro de Minas e se chamava Josué Torres de Albuquerque. Nascido em Fortaleza, formou-se em Medicina na capital e contrariou a regra das famílias de fazendeiros, pois, sendo "de fora", se casou com Carola. Contou sua neta Maria Werneck de Lacerda que vovó Carola costumava chamá-la para o "seu refúgio", o quarto. Instalada numa cadeira, a avó tirava da gaveta da cômoda dos santos uma caixa. De dentro, papéis e recortes de jornal. A saudosa viúva punha um *pince-nez* e, chorando, lia as notícias da morte do avô. Amou o marido, mas nunca beijou a neta.

Mas não havia apenas a dor da perda do ente querido a ser enfrentada. Tinha razão a viúva Simões de Júlia Lopes de Almeida, pois a honra das viúvas e mulheres sozinhas era controlada até na imprensa. Notícias sobre seu comportamento eram divulgadas quando desrespeitavam a regra básica de honrar o nome do falecido. Elas viviam sob vigilância coletiva e na mira das críticas da comunidade. A qualquer erro, ficavam sem a gestão de seus bens. Denúncias anônimas davam conta do que faziam ou de como eram cortejadas. No jornal *O feiticeiro* de 25 setembro de 1883, exemplo de uma delas: "Roga-se ao subdelegado da freguesia da Sé [de Olinda] que deixe o mau vício de andar seduzindo mulheres casadas e viúvas como fez com a do H e a poucos dias com a honrada viúva... lembre-se que é casado e só tem para dar (a elas) a miséria, a desonra e a prostituição! Assina-se O amigo da honra".

Mas ainda assim havia quem as quisesse, pois nos jornais encontravam-se poemas do tipo: "Tu não és VELHA. Na tua alma há vida/ no teu sorriso desabrocham flores/ [...] há muito lodo na sombria cova/ deves viver uma existência nova/ [...] não me condenes por te amar, Senhora!" e por aí vai... Ou quem as quisesse de brincadeira num 1º de abril. Na sessão do *Diário das Petas*, o recado: "Um moço de 25 anos deseja se casar com alguma velha rica, mas que não tenha menos de sessenta anos. Ele é dócil, amável e fiel; promete ser um marido extremoso e de muito juízo se a consorte o dotar com 200 contos. Carta a J.P.G.S no Correio Geral". O moço com a velha, desde sempre, foi motivo de riso.

Risos também em *A Lanceta*, de Pernambuco, de 1890: "Em um baile: Um sujeito aproxima-se de uma senhora já idosa e muito feia, que estava a um canto, sentada, e que ninguém ia buscar.

– V. Exa. tem a bondade?

– Com muito gosto, diz ela, levantando-se e dando o braço.

– Perdão, minha senhora, não é isso: é que V. Exa. estava sentada em cima de meu chapéu".

Uma vez viúvas, idosas ficavam à mercê das piores situações. Quando havia bens em disputa, a mais comum era a briga com familiares. Certa Dona Senhorinha Severina Pereira Pinto fez publicar, em 1827, pela Tipografia Imperial, seu apelo ao Juiz e a D. Pedro I. Dizendo-se vítima de "violência atrocíssima", contou que entregou a gestão de bens e negócios ao filho mais velho, inclusive a chácara onde morava no Engenho Velho. Foi roubada. Depois de inúmeras tentativas de escapar das armadilhas judiciais que o filho lhe preparou, não encontrou recurso se não num documento público, onde buscava também o apoio da sociedade: "A anunciante cercada por tantos abutres, quase desesperada, tem determinado ir lançar-se aos pés de Sua Majestade Imperial onde exporá tudo o que tem sofrido". Não se conhece o fim da história.

A situação de desemparo das mulheres sós era visível. O mercenário Carl Seidler, pouco generoso nas suas observações sobre o Brasil, onde passou dez anos, contou duas histórias que teria presenciado. A primeira aconteceu na cidade de São Francisco de Paula, Rio Grande do Sul, com uma viúva, Dona Vicência, que ele conheceu. Bonita e rica, ela era alvo do assédio do padre local, que, por motivo desconhecido de Seidler, tudo fazia para prejudicar o nome dela. Num dia de confissão obrigatória, ao invés de lhe dar o perdão e aos berros, para que todos ouvissem, o padre proferiu: "Senhora, seus pecados são tamanhos que não lhe posso dar absolvição!". Atacada no que podia haver de mais precioso, a honra, Dona Vicência saiu aos prantos e trambolhões da igreja. Apesar das inúmeras queixas enviadas ao Rio de Janeiro, por conta desse e de outros casos, o padre foi apenas "levemente admoestado".

Pior foi o golpe dado numa viúva bem velhinha e doente que guardava uma considerável soma de dinheiro em casa. Moradora no centro da capital, certo dia ela foi avisada, por carta anônima, de que deveria sair de casa e "refugiar-se na polícia", pois estava sendo planejado um golpe para assaltá-la. Ela seguiu o conselho do "bem-intencionado informante", e três soldados e um sargento receberam ordens de pernoitar na casa dela. Pelas três da manhã, dois mascarados entraram silenciosamente. Depois de acordá-la e fazê-la entregar o dinheiro, um dos gatunos levou o sargento para um canto e puxou a máscara, dizendo: "Tu me conheces!". Ao que o sargento respondeu com uma reverência! Chocado, Seidler esbravejava sobre o acontecido: "Não é fácil imaginar ou esperar prova mais impressionante de mais desprezível administração policial. Todo o Rio soube da história". Idosa, vulnerável, rica e só. O alvo perfeito.

Viúvas pobres que contavam apenas com a ajuda de um ou outro escravo de ganho para sobreviver eram vítimas de quadrilhas que furtavam cativos. Acontecia em toda parte, mas, em Pernambuco, o corajoso Padre Lopes Gama acusava publicamente os chefes da quadrilha: o barão Luís do Rego Barreto, José do Rego e seus parentes Chicho-Macho, que viviam de "traficâncias e violências" encobertas pelo nome respeitado. A especialidade era roubar escravos de velhinhas abandonadas. E, em letras garrafais, podia-se ler em *O carapuceiro*: "Na bem-aventurada presidência do Barão, quadrilhas roubavam e matavam impunemente nas vizinhanças da cidade; uma companhia numerosa de ladrões de escravos sob os auspícios, direção e conivência de parentes seus havia se tornado um dos maiores flagelos da província". E ainda: "Todo mundo não ignorava e muita gente sabia que seus escravos repentinamente desaparecidos de sua casa, achavam-se furtados no engenho tal e tal; mas quem seria tão ousado, quem teria em tão pouco a sua vida que os fosse lá buscar ou recorresse à polícia ou aos meios judiciais...".

Roubadas, as velhas protestavam e replicavam em outros jornais como o *do Comércio*. Quando "o molecote de 16 anos Antônio Cassange" desapareceu, a dona publicou: "sua senhora é pobre e não possui mais cousa alguma; pede por caridade às Autoridades a quem compete dar passaportes, matrículas e visitam as embarcações, façam as precisas diligências a fim de que os ladrões dessa Corte e das Províncias não furtem descaradamente escravos". Elas viviam dos serviços prestados pelos cativos, "o ganho", do qual eles auferiam pequena parte.

Muitas tinham se tornado pobres vendo desaparecer suas fortunas por incúria de familiares, crises no preço do açúcar, doenças nos cafezais e leis abolicionistas. A Gilberto Freyre não escapou a triste descrição do enterro de uma "velha senhora pernambucana", neta de poderosos senhores de engenho, "grandes do Império", donos de sobrado de azulejo e carruagem forrada guarnecida com lanternas de prata. Só houve três pessoas para carregar o caixão até o jazigo onde se enterrou o corpo da "velha pobre e moradora de casa térrea, vestida de chita branca com salpicos azuis". O mesmo sentiu Maria Werneck ao retratar os funerais da "a vovó viscondessa", dona Maria Isabel, herdeira do riquíssimo barão de Pati do Alferes e viúva do visconde de Arcozelo, uma das maiores fortunas do Vale do Paraíba: "Nunca esqueci a cena, eu sozinha de luto, na varanda da sala de jantar, vendo passar o caixãozinho carregado pelos ex-escravos, maltrapilhos, descalços, de chapéu na mão, um a um".

E havia aquelas que eram apenas velhas pobres, como a que recordou Dona Sinhá em suas memórias sobre sua cidade, Ceará-Mirim, no Sergipe. Branca, olhos claros, perambulando pela cidade, a mendiga era chamada de "mãezinha". Dormia pelas calçadas e, apesar de "débil mental", recitava poesias à "Mãe outra", Nossa Senhora: "cada porta é uma entrada/ Cada entrada um agasalho/ Meu Deus mostrai-me essa entrada/que eu vá prá lá sem atalho". Encontrada morta numa estrada, não cantaria mais pedindo "pão e farinha". Mãezinha disputava esmolas com Florinda, menos infeliz, e com a repelente Maria Folha, "esmolambada e faminta, emporcalhada na lama, dormia nos valados da Rua São José. Ela gritava a quem passasse: 'Ó menino! Ó! Menino!'". A epidemia de varíola que comeu a cidade passou longe dela, mas quando a levaram para tomar banho e trocar os molambos, morreu.

Onde estavam as indígenas velhas que tanto impressionaram cronistas e viajantes? Às margens da lagoa Januari, onde ficaram hospedados, Elizabeth Agassis e o marido

> foram recebidos do modo mais hospitaleiro pela dona da casa de barro, uma índia velha cujas joias de ouro, gola de renda e brincos de orelha discordavam da camisa de algodão ordinário e da saia de chita que vestia." "A habitação se compõe de várias construções das quais a mais notável é uma sala comprida e aberta onde dançam as pessoas 'brancas' de Manaus [...] a índia velha que me faz as honras da casa contou-me esse detalhe com certo orgulho". "Ela era quem dirigia a casa; seu dono estando ausente, pois servia na guerra do Paraguai sob a patente de capitão [...] ontem, recolhi-me ao quarto, esperando poder escrever algumas cartas e completar meu diário. Mas já estava ocupado pela velha senhora e suas visitas que, deitadas em redes ou pelo chão, fumavam seus cachimbos.

Dentro das famílias, não importava qual, o poder da mulher mais velha era um fato. Era também uma forma de poder. Cuidar de filhos casados e netos era uma maneira de alimentar laços e realizar atividades domésticas que as mantinham espertas e vivas. Como esposas, a maioria teve um papel de companheiras ou testemunhas das extravagancias do velho marido. Mas, como matriarcas, podiam ser tão fortes quanto os patriarcas. Num livro baseado em rara documentação, a historiadora Mariana Muazze sublinhou seu papel no interior da família oitocentista da qual ela era o esteio. Lugar de autoridade social, de organização de estratégias políticas e matrimoniais para os filhos, de compra e administração de fazendas e escravos, de solidariedade com outros membros da família, de uma rotina de tarefas e ritos onde a "senhora" tinha destaque, tudo, enfim, valorizava a matriarca e suas capacidades – se ela as tinha. Não se pode esquecer que houve viúvas traídas ou abandonadas por maridos vivos, que se regozijavam com suas mortes e seguiam tocando a vida. Mas não tenho dúvida de que o sonho de toda matrona fosse morrer com o prestígio de Dona Sinhá:

> Em sua residência, à rua do Boquim, faleceu anteontem, nesta capital, a exma. Senhora Dona Aurélia Dias Rollemberg, pessoa que pelos múltiplos dotes morais e virtudes raras que lhe adornaram o espírito, gozava da maior estima em nossa sociedade que nela tinha um exemplo constante de mãe de família dentro da tradição cristã da família brasileira. Daí terem ocorrido à sua residência, na manhã de ontem, pessoas de todas as classes sociais, num último adeus à mãe, à amiga, à benfeitora.

Teve dez filhos e deixou 27 bisnetos. "Uma irreparável perda".

Outros velhos: ex-escravos e mestiços pobres

Dados demográficos, ainda que aproximativos, dão uma ideia da população do país em 1872. A precariedade juntou gente de todas as cores, sobretudo portugueses pobres vindos dos Açores, forros e cativos. Brancos viviam na maior tranquilidade com negros e índios dentro de quilombos miseráveis no Centro-Oeste, Rio de Janeiro e Minas Gerais. Havia intensa convivência entre etnias e, além da relação senhor-escravo, a mestiçagem impressionava os estrangeiros que aqui chegavam ou passavam. Sempre é bom lembrar que, nessa população, a exclusão social e a miscigenação conviviam bem, como sublinhou o historiador Manolo Florentino.

Tínhamos então 9.930.478 habitantes, sendo 5.123.869 homens e 4.806.609 mulheres. Os homens representavam 51,6%, e as mulheres 48,4% da população total. Importante saber que, como hoje, o Brasil já era pardo. A maioria de 38,3% eram pardos, 38,1%, brancos e 19,7%, negros. Os indígenas, nomeados no censo como "caboclos", perfaziam

IMPERIO DO BRAZIL

Quadro geral da população escrava) considerada em relação aos sexos, estados civis, raças, religião, nacionalidades e gráo de instrucção

Numeros	Provincias e Municipio Neutro	SEXOS			ESTADOS CIVIS						Raças				Religião				Nacionalidades				Instrucção			
					dos homens			das mulheres			dos homens		das mulheres		dos homens		das mulheres		dos homens		das mulheres		dos homens		das mulheres	
		Homens	Mulheres	Total	Solteiros	Casados	Viuvos	Solteiras	Casadas	Viuvas	Pardos	Pretos	Pardas	Pretas	Catholicos	Acatholicos	Catholicas	Acatholicas	Brazileiros	Estrangeiros	Brazileiras	Estrangeiras	Sabem ler e escrever	Analphabetos	Sabem ler e escrever	Analphabetas
1	Amazonas	487	492	979	473	9	5	482	7	3	201	286	171	321	487	.....	492	.....	479	8	487	6	68	487	21	492
2	Pará	13908	13560	27468	12703	983	272	12468	760	322	5747	8161	5837	7718	13908	.....	13560	.....	13606	302	13200	250	68	13840	21	13529
3	Maranhão	36889	38000	74889	35198	1356	840	36383	1291	376	11679	25210	11662	26398	36889	.....	38050	.....	35924	965	37294	766	51	36838	21	38029
4	Piauhy	11945	11850	23795	10869	869	217	11267	432	151	4626	7319	5208	6642	11945	.....	11850	.....	11780	166	11773	77	6	11939	6	11850
5	Ceará	14941	16972	31913	13870	919	152	16797	979	196	8569	6402	9716	7257	14941	.....	16972	.....	14904	37	16910	62	35	14906	12	16960
6	Rio Grande do Norte	6571	6449	13020	6203	307	61	6099	283	67	8183	8398	3171	3278	6571	.....	6449	.....	6328	243	6371	178	4	6567	8	6441
7	Parahyba	10681	10845	21526	9610	785	188	9941	697	207	4780	5951	4910	5935	10681	.....	10845	.....	10579	102	10762	83	26	10655	35	10810
8	Pernambuco	47023	42905	89928	41978	4199	846	37230	3702	1078	13616	33597	12122	29883	47023	.....	42905	.....	46236	1787	40708	1297	58	40918	82	41058
9	Alagôas	17913	17828	35741	15757	1787	369	16083	1896	309	6072	12841	5531	12297	17913	.....	17828	.....	16466	1447	16398	980	105	17881	21	17807
10	Sergipe	10840	11783	22623	9495	1206	139	10407	1244	132	4644	6196	4796	6987	10840	.....	11783	.....	10228	612	11000	783	32	10840	21	11786
11	Bahia	89004	78780	167824	69991	16028	4076	63411	11720	3680	87297	51707	29071	6987	89004	.....	78780	.....	83186	6008	74857	4373	.....	89045	15	78716
12	Espirito-Santo	11859	10800	22659	10165	1467	239	9262	1385	213	3407	8452	3445	7355	11859	.....	10800	.....	10571	1288	9826	974	1	11858	.....	10800
13	Municipio Neutro	24886	24053	48939	24635	243	118	23584	262	207	6376	19611	5788	18287	23088	.....	24053	.....	18009	6877	19661	4096	220	24605	109	23044
14	Rio de Janeiro	163594	130243	292925	146709	12968	3417	116354	11280	2201	45026	118799	36234	94009	162394	.....	130243	.....	129875	35519	109500	20748	79	162315	28	130215
15	S. Paulo	68040	66572	134612	74414	12968	2189	56484	9887	2261	24474	63566	20678	47884	68040	.....	68572	.....	79907	8433	63950	4622	81	87969	27	68549
16	Paraná	5200	6064	10060	6108	328	76	4711	267	86	2010	8496	2069	3955	6206	.....	6064	.....	6029	477	4793	291	6	5400	.....	6052
17	Santa Catharina	8069	6915	14984	7905	126	98	6766	95	54	2583	6486	2274	4641	8069	.....	6915	.....	7288	811	6518	297	26	8043	20	6895
18	Rio Grande do Sul	35086	32105	67191	34099	814	173	30033	889	283	11660	24128	11061	21074	35086	.....	32105	.....	32391	3295	30296	1809	63	35023	87	32068
19	Minas-Geraes	199434	171026	370459	174136	18196	7102	148737	16741	6547	57316	142318	48540	122485	199484	.....	171026	.....	182501	16933	159850	11215	99	199835	46	170979
20	Goyas	6872	5280	10652	4700	611	152	4679	445	160	2945	3827	2064	3216	6872	.....	5280	.....	6288	89	5259	61	7	5365	.....	5280
21	Matto-Grosso	3632	3035	6667	3169	358	110	2690	364	91	1525	2107	1345	1690	3632	.....	3035	.....	3400	232	2907	128	.....	3632	.....	3035
	Somma	805170	700686	1510856	711860	78079	20222	628016	63016	19816	205824	552346	224080	480066	805170	.....	706686	.....	719690	85540	652516	68020	968	804212	446	705197

Municipio neutro, população em relação à idade e outros 12,8% tinham entre 51 e 70 anos; e, por ultimo, apenas 3,4 % tinham mais de 71 anos de idade.

3,9% do total. Entre a população livre, 23,4% dos homens e 13,4% das mulheres foram considerados alfabetizados. Se cerca de 4 milhões de africanos foram deportados para cá entre 1550 e 1850, 5 milhões de europeus, levantinos ou asiáticos entraram no território brasileiro entre 1850 e 1950, informam os historiadores Luís Felipe de Alencastro e Maria Luiza Renaux. Os escravos representavam 15,2% da população brasileira e, destes, 31% foram declarados pardos. Os "africanos", escravos, livres ou libertos, eram a maior parte dos estrangeiros (46%); em seguida, estão os portugueses (33%), alemães (10,5%), italianos (2,1%) e franceses (1,8%).

O envelhecimento dos escravos ficou nítido a partir dos anos 1840, explica o historiador Ricardo Salles. Ao final da década, muitos africanos importados nos períodos anteriores estavam envelhecendo. Entre escravos, as taxas de mortalidade eram mais elevadas que as de natalidade. A população ganhava cabelos brancos e minguava, embora fosse suficiente para dar conta de cafezais que iam perdendo produtividade.

A ocupação era determinante para saber quanto tempo eles iam viver. Quem trabalhava como carregador tinha uma vida útil de apenas dez anos. Depois se tornava estropiado. Escravo de família rica tinha serviços mais leves que os de família remediada. O que tinha o fardo mais pesado era o cativo único de uma família pobre. Escravos tinham semana de trabalho de seis dias. Quanto à alimentação, a dieta africana tradicionalmente rica em vegetais, frutas, caça e pesca, quando possível, era mais nutritiva do que a de muitos senhores. Os que trabalhavam para agricultores que produziam alimentos tinham mais sorte. Mas, por sua pobreza, a dieta luso-brasileira dos produtores de açúcar e café – carne seca, farinha, feijão – afetava tanto senhores quanto escravos. Quem tivesse controle maior sobre sua alimentação conseguia gozar de melhor saúde. Porém, muitos velhos escravos não conseguiam suplementar sua dieta.

Nas senzalas, o prestígio do patriarca africano perdurou até bem depois da Abolição, pois os plantéis que preservavam famílias preservavam também o prestígio do seu chefe. A integração comunitária, capaz de transmitir parte da herança cultural, das práticas religiosas e das noções de família-linhagem, não se perdiam com a liberdade. Tanto os pretos velhos quanto as matriarcas – sobretudo elas, no entender da historiadora Hebe Castro – definiam a hierarquia na hora de escolher genros e noras. Ambos continuavam honrados e escutados.

Nostálgico dessa relação paternalista, Nabuco gostava de lembrar os que não queriam se afastar de seus senhores e tinham com eles os laços de afeto que a historiografia, mas, sobretudo, as memórias já reconheceram. E invocava o exemplo de Frederick Douglass, conhecido abolicionista americano e seu velho senhor: "Vim, antes de tudo, – disse Douglass –, ver meu velho senhor, de quem estive separado quarenta e um anos, apertar-lhe a mão, contemplar-lhe o velho rosto bondoso, brilhando com o reflexo de outra vida". Na casa de Nabuco, seguiam morando e trabalhando os ex-escravos da fazenda do sogro.

Mas voltando um pouco atrás: quando foi aprovada a Lei do Ventre Livre, cresceram as ações de escravos residentes em fazendas ou sítios para evitar separações dentro de uma mesma família. A essa lei, sucedeu outra: promulgada em 28 de setembro de 1885. Ela garantia liberdade aos escravos com mais de 60 anos. Era a Lei Saraiva ou dos Sexagenários. Mas eles não deixavam o trabalho no dia seguinte ao do aniversário. Tinham que indenizar o proprietário. Tinham que prestar serviços ao seu ex-senhor por mais três anos ou até completar 65 anos de idade. Como se não bastasse, o texto incluía outras disposições que hoje parecem tão absurdas que merecem ser conhecidas:

> Todos os libertos maiores de 60 anos, preenchido o tempo de serviço, continuarão em companhia de seus ex-senhores, que serão obrigados a alimentá-los, vesti-los, e tratá-los em suas moléstias, usufruindo os serviços compatíveis com as forças deles, salvo se preferirem obter em outra parte os meios de subsistência, e os Juízes de Órfãos os julgarem capazes de o fazer [...] É domicílio obrigado por tempo de cinco anos, contados da data da libertação, o município onde tiver sido alforriado, exceto o das capitais [...] O que se ausentar de seu domicílio será considerado vagabundo e aprendido pela Polícia para ser empregado em trabalhos públicos ou colônias agrícolas [...] O Governo estabelecerá em diversos pontos do Império ou nas Províncias fronteiras coloniais agrícolas, regidas com disciplina militar, para as quais serão enviados os libertos sem ocupação.

Era uma liberdade que não rompia os laços de escravidão. A adoção da Lei dos Sexagenários produziu poucos efeitos práticos, visto que somente uma minoria dos escravos brasileiros tinha mais de 60 anos de idade. Em 1872, a expectativa de vida da população era de 27,4 anos, enquanto a dos escravos era de 21 anos. Em 1887, em um universo de 723 mil escravos, apenas 28,8 mil possuíam mais de 55 anos de idade. Mesmo tendo pouco efeito, pois libertava somente escravos que, por sua idade, eram menos valorizados, houve grande resistência em aplicá-la por parte dos senhores e de seus representantes na Assembleia Nacional.

Exceções? Sim. Em Campinas, o fazendeiro Joaquim Ribeiro de Avellar libertou 193 sexagenários. Houve aqueles que os libertavam sabendo que eles não teriam para onde ir. Houve também senhores que "rejuvenesciam" seus escravos, caso de certa Vivência, que iniciou uma ação de liberdade para provar que tinha 63 anos e não os 54 que sua matrícula lhe dava. Ela pedia que lhe fosse feito um exame, alegando ser "impossível que qualquer cristão olhe a suplicante e já não reconheça pelas cãs, pela sua fisionomia e estado alquebrado ser maior de 60 anos". E não faltaram brigas judiciais em torno do valor das alforrias, levando ex-cativos ao tribunal para defender seus direitos, como demonstrou em exaustiva pesquisa a historiadora Joseli Mendonça.

Ela também revelou que, depois de promulgada a lei dos Sexagenários, idosos livres começaram a lutar pela liberdade de toda a família. Um "bom" ou "justo senhor" reconhecia os direitos dos escravos, facilitando, ainda que de forma remota, o acesso à liberdade. E a alforria, como já vimos, era um projeto coletivo. Quem ficava livre primeiro ia trabalhar para comprar a liberdade de quem ficou na senzala: pais, mães, companheiros ou filhos. Não se sabe quantos, mas sabe-se que pais idosos tinham a sua liberdade comprada pelos filhos.

Quando a possibilidade de alforria era denegada e o senhor, cruel, ele corria o risco de ser assassinado. Foi o caso, em 1873, do agricultor Almeida Pinto, morto enquanto jantava. O caso foi estudado pelo historiador Ricardo Pirola. Ao recusar, em testamento, alforriar a velha escrava Atanásia e sua filha, e pior, ao não discriminar a libertação de nenhum outro cativo, o senhor fechou uma das mais importantes portas numa época em que cresciam as discussões a respeito do processo emancipacionista. Além disso, por mínimas infrações ele os castigava com o bacalhau – chicote de oito tiras de couro trazendo, nas pontas, pedaços de osso. Liderados por Atanásia e pelo sexagenário angolano Inácio, chamado de "Pai" pelos demais, Almeida Pinto teve o crânio esmagado enquanto tomava sopa. Seu corpo foi enterrado à beira de um rio e seus pertences, queimados. Não foi o único senhor a ser assassinado. Os crimes nada mais eram do que o produto da superexploração do trabalho e da consciente resistência de escravos contra os senhores. Desde os anos 1870, as revoltas e manifestações contra arbitrariedades cresciam. Era a "onda negra contra o medo branco", como a denominou a historiadora Célia Marinho de Azevedo.

E houve, também, casos de verdadeiros monstros que não cumpriam os códigos de conduta senhorial e eram denunciados à Justiça Criminal. Em 1884, quando o movimento abolicionista já ia bem-organizado, o português, fazendeiro e negociante de café Antônio José Torres foi um deles. Ele escolhia para descarregar sua ira apenas os velhos e doentes incapacitados para o trabalho no eito. Assim, Roberto Velho foi surrado e abandonado no mato para morrer. Como explicou a historiadora Maria Helena Machado, especialista na escravidão da região de Campinas, Torres se usava seus escravos desvalorizados por velhice, incapacitados para a produção, aplicando-lhes castigos exemplares a fim de aterrorizar os mais jovens. Oferecia aos escravos produtivos um quadro pavoroso daqueles que não cumprissem o trabalho ou não se adequassem à disciplina da fazenda. Maria Helena Machado sublinha que tal tipo de conduta provocava objeções no comportamento paternalista da elite, e mais, punha em risco a hegemonia da própria escravidão, já bastante debilitada. Como bem sublinhou o historiador Richard Graham, ela "estava votada à destruição". As Leis do Ventre Livre e Sexagenários prepararam seu enterro.

No mosaico em que se transformaram as diversas modalidades de escravidões – como as denomina o historiador Flávio dos Santos Gomes porque elas não foram iguais em todo o país –, os retratos mais apagados de velhos escravos surgiram de acordo com as leituras e documentos. Vê-se muito sofrimento, mas não faltaram surpresas na transição entre o mundo escravo e o livre. Na Bahia, desde o início do Oitocentos, por exemplo, historiadores foram encontrando escravos que, uma vez alforriados, envelheceram com conforto financeiro.

Foi o caso de José Pedro Autran, ex-cativo de um abastado francês envolvido no comércio marítimo, estudado por Lisa Castillo e Nicolau Parés. Em quinze anos, José Pedro conseguiu acumular um capital considerável e inseriu-se na rede social da elite negra de Salvador, entre membros de irmandades católicas, proprietários de imóveis e senhores de escravos. Casado na igreja católica com a já mencionada Iyá Nassô, fundadora do célebre terreiro de Candomblé da Barroquinha, multiplicou bens e faleceu cercado de comodidades. Ou a saga de Theodoro Pimentel e José Severo Martins Braga, ex-escravos que se tornaram baleeiros poderosos, controlando não só a caça e refino do óleo de baleia como o material e os prestadores de serviço envolvidos na atividade: fabricantes de cordas, remadores, arpoadores, tanoeiros. Eles dominavam uma rede surpreendente de negócios na Ilha de Itaparica, Bahia, estudada pelo historiador Wellington Castellucci Jr.

A historiadora Eliane Falheiros, por sua vez, debruçou-se sobre o casal Antônio Xavier e Felicidade Friandes, dos mais prósperos entre os africanos que viviam em Salvador. Investiram em escravos, tavernas, joias e imóveis e, sobretudo, na educação refinada dos filhos. Outro exemplo: o de Luís Xavier. Ele comprou sua alforria em 1810 e um ano depois recebia da Coroa de Portugal a patente de "capitão de entradas e assaltos", encarregado de capturar escravos fugidos e aquilombados. É quase certo que Luís tenha chegado da África com conhecimentos de estrategista militar. Passou então a viver como liberto em Salvador, desfrutando dos rendimentos de seus investimentos: escravos, imóveis e empréstimos a juros. Não era importunado e transitava entre os diversos grupos sociais da época. Durante o intervalo de tempo entre 1810 e 1835, Luís Xavier adquiriu pelo menos 11 imóveis, todos localizados na atual região da Baixa dos Sapateiros e da Saúde, centro da cidade de Salvador. Também comprou, pelo menos, 28 escravos. Além dos rendimentos que recebia dos imóveis que alugava e dos pagamentos diários, então chamados de "jornais", efetuados por seus escravos de ganho, Luís ainda emprestava dinheiro a juros, muito provavelmente para membros da comunidade africana residentes em Salvador. Em 1826, ele renovou a dívida de Francisca do Sacramento, emprestando-lhe mais de 120 mil réis. Francisca já havia tomado emprestados 64 mil réis alguns anos antes. Luís Xavier ainda era proprietário de dois armazéns de carne seca nos quais eram comercializados também outros produtos, localizados na Praça do Comércio. Esse local era justamente o ponto da cidade onde desembarcavam os escravos africanos recém-chegados, alguns dos quais, provavelmente, Luís Xavier mandava trazer da África. Morreu cercado de conforto e prestígio.

Valorizados na província da Bahia a ponto de se tornarem interlocutores do cientista francês Francis de Castelnau, muitos "marabus" octogenários não só lhes contaram a origem de sua escravização, mas revelaram saber ler e escrever. Sabiam, também, que viver muito era um dom dos deuses, e vivia-se tanto mais, quanto se obedecia à lei dos ancestrais. Quanto mais velho, mais honrado. Como um quase "homem santo", o velho se tornava o pacificador, aquele cuja sabedoria e maturidade o levavam a administrar com justiça e inteligência os interesses da família na senzala. Ou, fora dela, da comunidade, explica Vincent-Thomas. E o antropólogo crava: a o poder da gerontocracia na África era inquestionável.

Enquanto, nas senzalas, os idosos mais jovens partiam, alforriados por parentes ou tendo comprado a própria alforria, os mais velhos ficavam. Mas seguiam sendo poderosos guias na rede de ajuda mútua com os demais cativos. Seus corpos, apesar dos anos, apesar das dores nas juntas, nas costas, nos joelhos, punham-se todos os dias em movimento. Eles foram uma máquina que não parou nunca. Eram remanescentes dos "fundadores de senzalas", como os chamou Robert Slenes, gente há três gerações na mesma fazenda, poupados de trabalhos pesados, com acesso direto aos seus senhores. Tanto fazia ser senhor branco, quanto senhor preto. No Recife estudado por Valéria Costa, o abastado casal de pretos-minas Maria Antônia e José Francisco, proprietários de escravos de ganho e que viviam do aluguel de suas casas, zelavam por seu cativo de 80 anos.

Depois da Abolição e em outras localidades, curandeiros perdiam seu prestígio e eram até mortos. Caso, por exemplo, ocorrido em Carangola, Minas Gerais, com um "preto velho" com mais de sessenta anos, de nome Jacintho, considerado autor de "feitiçarias". Na noite do dia 11 para o dia 12 de agosto de 1883, estando na cama, foi surpreendido por um tiro. Segundo o inquérito policial, a arma pertencia a um "Moizés de tal" que o acusava de ter "adoecido um parente seu". Vizinhos respaldaram o criminoso. Jacintho foi condenado pela pequena comunidade na qual vivia, por ser negro, feiticeiro e pobre. O historiador Randolpho Ransack, que estudou o caso, sublinha que a religiosidade de matriz africana, que por séculos tratou a saúde da gente brasileira, passou a ter caráter negativo. A mobilidade social e a riqueza entre ex-escravos faziam toda a diferença.

Pretos velhos perdiam sua proeminência de "Pais João e Mães Joana", depois da Abolição? Personagens verossímeis como "Pai Vicente", do romancista Alfredo d'Escragnolle, visconde de Taunay, que ensinava segredos de pesca, a armar arapucas e a fazer laços para pegar pássaros, desapareciam junto com seus netos e outros moleques que, livres, ao final do Oitocentos tomaram o caminho da cidade. Ou compraram senzalas ou pedaços de terra dos seus ex-senhores, passando uma vida inteira na mesma localidade em que nasceram, como demonstraram as historiadoras Ana Lugão e Hebe Matos. Idosos, apesar de livres, seguiam trabalhando como se ainda fossem escravos. Fincavam os esteios de seus barracos nas terras de fazendas em ruínas e deixaram pegadas da vida sofrida como as do mestre de purga, do engenho Outeiro, de Madalena Antunes: "Mestre Damião já era idoso. A fonte vincava-se de rugosidades e nos olhos cavos transparecia certa angústia [...] o salário mal dava para o sustento de cada dia. Roupas? De ano em ano a esposa, que era exímia fazedora de rendas de almofada, dava-lhe uma calça de algodãozinho, com o produto de seu honesto trabalho. A camisa ficava para o ano seguinte". Ou o fim do cortador de cana, um "caboclo possante", o Antônio Mossoró. "Depois de trinta anos no ofício, faltaram-lhes as pernas. Quis levantar-se e não pôde. Estava paralítico. Era de se ver sua tortura, quando o engenho apitava pela manhã [...] então escorregava da tipoia e ia se arrastando pelo chão até a porta do casebre e ficava na soleira a olhar os companheiros que passavam de foice às costas para o canavial. Não chorava. Homem do campo não chora".

Já Elizabeth Agassiz, hóspede da Fazenda do Comendador Breves, em Barra do Piraí, nos deixou um retrato mais ameno, registrado na sala de costura onde negras cortavam peças de lã e algodão para os trabalhadores do campo: "Aí os pretos jovens e velhos pareciam um formigueiro; desde a velha ressequida que se gabava de ter cem anos, mas não mostrava com o menor orgulho seu fino trabalho de rendas e corria como menina para que se visse como era ainda ativa até os garotinhos, todos nus que se via a seus pés. Esta velha recebeu a liberdade havia muito tempo, mas por dedicação à família dos antigos senhores nunca a quis deixar". Na hora do embarque no rio, foram seguidos por multidão de escravos entre o quais 'a boa velhinha centenária que nos desejou feliz viagem com mais efusão e ternura do que qualquer outro'. Entre os seus, a boa velhinha seria chamada de "*cambuta* ou *mamankulu*", explica Yeda Pessoa de Castro.

Passada a Abolição, foram de Nabuco as palavras sobre a deterioração das fazendas e de seus velhos escravos. Escrevendo sobre a do barão de Inoã, seu sogro, compungia-se: "Em roda do barão, o velho pessoal da fazenda, o Sr. Candinho cego, os foreiros que acodem. [...] E o amor dos antigos escravos, dos velhos escravos, da pobreza que ele socorria". Ou a descrição dos que conseguiram se reinventar na liberdade:

> Tipos da fazenda: mestre Carlos, o carreiro, cozinheiro, factótum, tem um sítio perto. Antigo escravo, muito respeitoso, chamando o barão sempre – *meu sinhô*; a mulher está a anos deitando ossos por todo o corpo de um tumor uterino que chama *obra feita* [feitiço] que lhe puseram por ser ela tão "trabalhadeira". [...] Seu Souza, pardo velho, figura imperial romana a cavalo, setenta anos, muito orgulhoso de sua perna a cavalo [...] velho duro que mata a tiros os porcos que invadem a roça de um vizinho brigador. Delicado no trato, um *gentleman*.

Em *A família Medeiros*, retrato de uma velha família às vésperas da Abolição, Júlia Lopes de Almeida acerta na descrição das velhas amas de leite, chamadas nas fazendas paulistas de *maman*: "a ama sentada no chão ao pé da porta, escolhia arroz numa peneira cantando com um fio trêmulo de finíssimo de voz. A doença envelhecera-a muito; estava mirrada, com a carapinha branca e as faces engelhadas como erva seca".

Em junho de 1888, o nosso já conhecido Comendador Breves, dono de mais de vinte fazendas, na qualidade de "abolicionista" e presidente do Clube da Lavoura de São João Príncipe, reagia com amargor: "em minha fazenda há o inconveniente de existirem muitas centenas de crianças e pretos velhos que não podem trabalhar e devem ser forçosamente alimentados". Breves queria certamente se apoiar na força dos laços comunitários e familiares dos cativos para mantê-los nas fazendas. Não conseguia e reagia: "Vão morrer de fome"!

Mas Breves talvez morresse antes mesmo de muitos pretos velhos, pois, como afirmou com ressentimento: "eu estou no fim da vida com 85 anos de idade e por isso só posso servir para dar vivas [à Abolição] como fazem todos os vagabundos do país".

Sabe-se hoje que muitos ex-escravos ficaram nas fazendas em que trabalharam e mantiveram suas famílias reunidas. Espalhados no município conhecido, casaram-se entre si, apadrinharam sobrinhos e primos, formando um grande círculo de parentes. Houve os que tinham relação amigável com seus senhores e os que guardaram mágoas e lembranças de intenso sofrimento. Não poucos passaram dos oitenta ou dos noventa, como certo Seu Pedro, nonagenário, remanescente da fazenda São José no Vale. "[...] era muito velhinho e ainda trabalhava. Trabalhava na enxadinha dele. Nunca parou de trabalhar. Parou, bem dizer, no final da semana que parou de trabalhar que ele morreu. Limpava à beira da casa todinha, plantava cana, feijão" – contou o neto, Seu Manoel, filho de libertos. As tradições africanas que a senzala guardou, modelou e modificou continuam vivas na Umbanda em que Pai João e Mãe Maria zelam pelos seus.

Nova gente, novos velhos

Muitos foram os colonizadores, pequenos e grandes agricultores que se espalharam nas vastidões do Brasil. Quadragenários, cinquentenários e sexagenários, certamente. A força de trabalho era extraordinariamente móvel e tendia a unir as famílias ou conhecidos vindos do outro lado do Atlântico. Rio de Janeiro e Santos, Salvador e Recife receberam muitos portugueses. No censo de 1872, foram contabilizados 121.216 portugueses, dos quais 100.238 eram homens (83%) e 20.978 eram mulheres (17%). De 1877 a 1903, entraram no Brasil 389.580 portugueses. A imigração alcançou seu auge nas três décadas seguintes: entre 1904 e 1930, quando chegaram mais 792.227 portugueses. O fluxo nunca parou, pois, desde a Independência, casais ou indivíduos continuavam a chegar, porque tinham contatos e familiares na ex-colônia. Donos de pequenos e pobres estabelecimentos de comércio, espalhavam-se pelas capitais, principalmente Rio de Janeiro. Os que vinham sem companheira uniam-se às mulheres afro-mestiças dando origem a famílias e ao enredo de muitos romances na época: *A escrava Isaura*, de Bernardo Guimarães, *ou O mulato*, de Aluísio de Azevedo.

Os "alfacinhas" não ficaram só no Sudeste e foram bem longe. Em Manaus, houve quem chegasse sem nada e morresse como ricaço, caso do Comendador Joaquim Gonçalvez de Araújo, que se tornou até Cavaleiro da Ordem de Cristo e da Ordem da Coroa da Bélgica. Começou como regatão [mercador] no Rio Negro, montou mercearia em Manaus para abastecer a casa dos chamados coronéis de barranco e financiou a vinda de carpinteiros, pedreiros, sapateiros e outros artesãos para fortalecer a estrutura social da cidade. Do comércio passou às finanças, e dessas à pecuária e à indústria, atravessando sem lucros cessantes a crise da borracha. Em 1887, quando presidente da Sociedade Beneficente Portuguesa, instituiu as "camas de caridade", destinadas a receber, independentemente da nacionalidade, todos os indigentes que reclamassem os serviços do hospital, além de ter patrocinado a construção do Asilo de Mendicidade. Na foto, alto e magro, em terno de linho branco e cabeleira idem, o comendador parecia um homem simples.. Trabalhou dos doze aos oitenta anos, quando descansou. Seus netos desbarataram seu império.

Sua fortuna concorreu com a feita por outros velhos imigrantes vindos do Marrocos ou de Tânger, Síria e Líbano, os chamados "turcos". Instalados no interior do estado, judeus como os Sabbá, Sarfaty, Peres, Benzecry e outros, enterrados nos cemitérios israelitas como o de Belém do Pará, passaram igualmente de "teque-teques", como eram chamados os vendedores ambulantes, a regatões, de seringalistas a industriais.

Na segunda metade do Oitocentos eram muitos os estrangeiros espalhados pelo império brasileiro. Vieram para cá e cá ficaram. Em 1858, durante sua viagem pela província de Santa Catarina, encontrando-se no planalto das Tijucas, onde o rio Uruguai começava a correr, o médico francês Robert Avé-Lallemant confessou nunca ter se sentido tão longe do "mundo civilizado". Porém, foi nessas vastidões que encontrou velhos de toda origem, explorando suas terras, negócios, gado e famílias. A começar pelo "velho espanhol" que em sua venda lhe ofereceu um catre para dormir e uma refeição de farinha e ovos. Cruzou com o francês Carré, "anfíbio de padre e engenheiro"; encontrou certo Mister Johnson, mineiro de carvão, e conversou com o "senhor Schuttell, homem de finíssima inteligência e educação", fornecedor de informações sobre as colônias alemãs próximas de Biguaçu. Em Lages, encontrou Adão Michel, ou "Velho Adão", assim chamado por morar na Praia Grande e ali ter estabelecido, pioneiramente, uma pequena colônia na qual se ouviam os mais diversos dialetos alemães. Perto de Desterro, foi acolhido pelo "digno alemão de Wurtemberg", pelo militar e negociante Häberle, há mais de trinta anos no Brasil, e se encantou com a casa do "amável velho Kerich, que eu gostaria de pintar com seu asseado traje de lavrador, os cabelos grisalhos cuidadosamente penteados e o rosto fresco e jovial!". O entusiasmo do médico francês com o cosmopolitismo da região e seus patriarcas era sem igual.

Muito vem sendo escrito a respeito da imigração alemã no Brasil, sobre as causas que motivaram milhares de cidadãos a emigrar, sobre sua língua e cultura. Foi uma imigração tipicamente familiar, em que a figura simbólica do pai em diferentes situações sociais – como colono, agricultor, pioneiro, soldado, professor, jornalista e comerciante – é destacada. Mães participavam ativamente do trabalho do marido, sendo reconhecidas também como excelentes donas de casa. O avental era obrigatório e elas eram asseadas, solidárias com vizinhos e parentes, econômicas, comedidas, além de boas mães e boas reprodutoras.

No Sul, desde a fundação de São Leopoldo, em 1824, eles vieram de várias partes da Alemanha, como os reunidos em torno do "Velho Adão". Parte agricultores, parte artesãos e pequenos comerciantes, buscavam terra e liberdade e introduziram no Brasil um novo padrão cultural em torno da pequena propriedade e da produção doméstica. Os Hering foram exemplares. Artesãos, fundaram uma malharia em Blumenau e, em carta, Hermann Hering lamentava não ter trazido sua mãe para o que considerava um lugar idílico: ar puro, portas abertas, calor delicioso, sem mendigos. Os ancestrais faziam falta.

O escritor e diplomata Graça Aranha, que viveu entre eles no Espírito Santo, descreveu, em seu livro *Canaã*, velhos de cachimbo à boca, tocando sanfona, alegres em ver as crianças louras dançando, as velhas animadas distribuindo palmadas nas costas dos jovens, avós se lembrando da terra Natal. Eles seguiam como símbolos de histórias familiares, da língua, da religião protestante ou católica e de tradições da terra de origem.

A partir de 1850, depois de ter plantado muita cana e café, o chamado "Oeste velho" de São Paulo passou à agricultura comercial e a uma vida mercantil. Apesar da presença de escravos, a região atraiu uma corrente de imigrantes livres das mais variadas procedências, explicou o historiador Robert W. Slenes. Os que chegavam com poucos recursos faziam parte de um grupo volátil que não hesitava em mudar de atividade ou pôr o pé na estrada em busca de melhores condições de vida. Entre eles, vários trabalhadores europeus, entre os quais o mestre-escola suíço Thomas Davatz, que, foi contratado para trabalhar na fazenda ou Colônia Ibicaba, do velho Senador José Guerreiro, onde liderou uma revolta contra a exploração de que eram vítimas os imigrantes. O sistema de parceria com colonos alemães e suíços desandou. As razões? Instalações precárias, casas de chão de terra batida sem janelas e sem divisões internas, sobre as quais era cobrada uma anuidade pela moradia; a liberdade limitada, pois os colonos eram obrigados a comprar produtos na própria fazenda, mais caros que na cidade; a ausência de escola, assistência médica, liberdade religiosa, além de dívidas crescentes, que não eram cobertas pela metade do lucro do café colhido, envenenaram o projeto. Uma parte da revolta foi liderada por homens "mais velhos". Davatz, porém, não deixou de louvar o clima do Brasil meridional, tão sadio que aqui viviam pessoas de mais de cem, cento e vinte ou cento e trinta anos – como registrou.

Como visto no Censo de 1872, estrangeiros representavam 3,8% da população. Essa mudança, esclarece Slenes, coincidiu com a crise agrícola na Itália e a vinda de muitos colonos para São Paulo, poupando os fazendeiros dos transtornos que se veriam no Vale do Paraíba e no Sul de Minas no pós-Abolição. Chegaram os Ferrari, Romano, Bianchi, Conti e Rizzo entre o 1,4 milhão de italianos, dos quais 70% se estabeleceram em São Paulo. Entre eles, dialetos e origens de *paesi* [regiões] diversos. Na comuna de partida, formavam-se grupos responsáveis por estabelecer uma rede de proprietários e arrendatários, que vendiam seus bens para investir na viagem e adquirir novas terras do outro lado do Atlântico. A escolha pela emigração não era consequência da expulsão dos *contadini* [agricultores] das comunidades. Pelo contrário: era o resultado da autonomia nas iniciativas tomadas pelos próprios camponeses. Eles mesmos vendiam suas parcelas e bens e preparavam a viagem, explica a historiadora Maíra Vendrame. Trariam seus *vecchios*?

Sabe-se, com certeza, que aqui se tornavam velhos. Em visita ao Rio Grande do Sul, o deputado italiano Vittorio Buccelli imiscuiu-se numa roda de passageiros que dividiam salame, queijos e vinho. Perguntou se eram italianos. Resposta: "sim e não" e Buccelli relatou: "O mais velho da comitiva interveio [...] Veja: deste grupo só eu e aquele outro ancião, que é meu irmão, somos em tudo cidadãos italianos. E, todavia, havendo abraçado nosso belo Rio Grande (e dizendo *belo* punha nisso certa emoção) como segunda pátria, depois de trinta anos de Brasil apegamo-nos ainda mais à nossa nacionalidade". Perguntado sobre sua recente visita à Itália, o velho respondeu: "Na Itália nós e os chineses somos a mesma coisa [...] parecia-me ser sentido como estrangeiro. Todo o mundo que deixei estava quase desaparecido; alguns raros conhecidos olhavam-me com desconfiança [...] parecia-me que entre mim e todas as coisas da pátria existisse uma barreira de gelo". Os irmãos tinham feito negócios e voltaram mais cedo do que o projetado. "A pátria – concluiu o imigrante – é onde se está bem".

Nas famílias, pais e mães eram figuras centrais. Ao envelhecer se tornavam detentores da memória da *partenza*, da longa viagem "*per far l'America*", guardiães de saberes dos *uffizzi*, das festas religiosas e das tradições alimentares. Morar com eles depois do casamento era regra para os filhos. Tal como entre os brasileiros, a honra da família vinha em primeiro lugar e era defendida a faca. A matrona, ou *la mamma*, era uma santa, não tinha escolha. *La nonna*, idem. Como registrou Orestes Bissolli em suas memórias, em 1896, ao se instalar em Alfredo Chaves, Espírito Santo:

> Mamãe, embora já idosa, foi quem salvou a situação mantendo a união da família, pelo motivo de tomar conta da casa. [...] as moças se sujeitavam à velha. E ela ensinou o que era economia. E o quanto valia a ordem econômica de uma família [...] diz o provérbio, "economia e *lavoro* é mina de *oro*" e assim fizemos. Economia ao extremo. Não se gastava em artigos desnecessários.

O importante era ser "trabalhadeira, resignada e corajosa. Parcimônia, modéstia, solidariedade, harmonia, esperança, alegria eram valores típicos de comunidades cuja sobrevivência dependia do esforço coletivo", explica a historiadora Cleci Favaro. Júlio Lorenzoni, memorialista, contou que, à noite, eram comuns as canções populares nas vozes das mulheres e moças e a reunião em torno de uma cruz na praça, onde se rezavam em comum o rosário e as ladainhas.

No Oeste paulista, desde 1870, as fazendas já substituíam escravos por imigrantes, e as tradições se misturavam. Em tempos de festas, todos se reuniam para fazer música. Conta-nos Floriza Barbosa Ferraz que na sua, em Rio Claro, os caboclos vinham com suas violinhas dentro do saco, os italianos traziam sanfonas e ela mesma os acompanhava num piano Bemcombe.

> Me lembro sempre do mais antigo deles que foi nhô Jeronimo, caboclo velho e que tinha diversos filhos violeiros e trovadores. Moravam numa casinha de tábuas anexa ao casarão velho da máquina de beneficiar café. Eles cantavam assim: "Papagaio louro do bico dourado, leva essa carta ao meu namorado" [...] Nunca vinham a nossa casa sem trazer-nos na garupa um picuá cheio de presentes, como dúzias de ovos, frutas, queijos, mel de abelhas etc. Muitas vezes eram convidados a tomar conosco as refeições e não se atrapalhavam. Quando lhes cabia um pedaço mais duro de carne, arrancavam o facão da cintura, servindo-se dele à vontade na mesa.

Nem tudo era festa, pois a adaptação não foi fácil para muitos. Conflitos entre estrangeiros e brasileiros eram frequentes. O objetivo contraditório de todo imigrante, integrar-se e preservar-se, não se fez sem tensões. Mas é bom lembrar, como o fez o economista Carlos Lessa, que apesar das diferentes origens, estrangeiros introduziram a valorização da propriedade familiar com pequena produção para o mercado de consumo. A tradição caipira era baseada no ditado "em se plantando dá" e no autoconsumo. Quando "não dava", os agricultores ficavam sem nada.

Não foram apenas velhos estrangeiros egressos da imigração, como os que viu Avé-Lallemant, que se espalharam pelos sertões. Funcionários do Estado em final de carreira e aposentados, também. O jornalista e político paraense Filipe Alberto Patroni, ao viajar de Fortaleza a Juazeiro, os encontrou dispersos pelos mais remotos lugares: o juiz de paz de

Cascavel, "ancião de muita prudência e caráter doce [...] o mais grosso capitalista daquela terra"; perto de Pirangi, o "Sr. Landim", com mais de 70 anos e muito bom humor; vários padres fazendeiros na região do arraial de São João; em Icó, "o muito honrado e muito velho Sr. Malheiros, major de ordenanças e administrador do correio"; o "Sr. Joaquim Teotônio, mestre de gramática latina, gordo e baixo, barrigudo e velho"; em Crato, o brigadeiro Leandro Bezerra; em Cabrobó, "o velho Vitorino", perseguido político; em Juazeiro, o "bom velho" Mestre Joaquim, guia desastroso da viagem até Jacobina; em Cachoeira, a matrona D. Maria; em São Félix, o Sr. Felizardo, rico proprietário de terras do lado de Caititi, o qual, "posto ser já ancião, nada tem hoje perdido de sua bem polida mocidade"; em Rio das Contas, a irmã do capitão Anselmo, "já velha, mas alegre e espirituosa", que o agasalhou e o cercou da presença de netos e afilhados; em Rio Pardo, o padre Bento, que, depois de fundar uma igreja na localidade, "recolheu-se à sua terra onde vive retirado e feliz no seio de uma numerosa e boa família"; e o velho a quem chamou de "Abraão brasileiro", casado pela terceira vez aos 73 anos e que "conta vivos cento e vinte descendentes, filhos e netos, a maior parte casados" e agricultores. Em Paty do Alferes, uma viúva, Dona Ana, "meio velha arrenegada e feia", dona de uma hospedagem que só recebia... mulheres!

Os velhos com quem Patroni cruzou no interior do país eram ativos, donos de suas terras e bem-humorados. Ele não dá notícia de abandonados ou doentes. A receita não vale para toda a população, mas revela que, aos olhos dos observadores da época, a família, o trabalho e os ares saudáveis tinham impacto na longevidade das pessoas.

Chegava o momento em que a vida começava a abandonar os idosos. A energia se desenraizava lentamente. Médicos não sabiam ler coisas tão simples quanto complexas, como o corpo humano. Não se conhecia seu interior. Mas os velhos sabiam: respiração curta, cansaço, sonolência indicavam o inverno da vida. Até o diabético D. Pedro II não se continha e mergulhava num *Somellini deliziosi*, como contou o médico italiano Dr. Lomonaco, que o viu roncar numa reunião do Instituto Histórico e Geográfico Brasileiro.

A morte de um velho mais inspirava pânico do que dor a outro velho: "E eu, quando?". Em 1832, escrito em "estilo fácil e apropriado", circulava entre nós o *Guia da velhice ou a arte de conservar a saúde*, do médico Jean Marie Imbert. Trazia "judiciosas informações" sobre "doenças próprias da idade e seus tratamentos". Apenas na segunda metade do século XIX foi que doutores bem conhecidos, como Chernoviz, começaram a prestar atenção na questão da "idade". Ela se tornou até um verbete de seu dicionário médico. Não se falava em velhice, mas em "idade". Nas conversas, era comum empregar a expressão "gente de idade". Mas quem seria essa gente? Segundo Chernoviz, aquela atingida pelos "grandes períodos da vida caracterizados por mudanças sucessivas na organização do corpo humano". A definição não poderia ser mais vaga, e por isso mesmo ele esclarece que mais importante que o tempo eram as limitações que marcavam a passagem do tempo. Muitos não pareciam ter a idade que tinham, como já vimos.

Para os que de fato aparentassem ou tivessem muita idade, o médico recomendava "distrações agradáveis, recriações do espírito – as que fazia Papai-outro, por exemplo – mas, sobretudo, como recomendava Cícero, bons livros que "encantam e consolam" numa idade tão cheia de aborrecimentos e perdas. Havia que se achar um jeito de "resignar-se às leis da natureza e conformar-se às necessidades da última idade".

O grande problema para a gente de idade era a "apreensão da morte". O sentimento acabava por envenenar a vida dos idosos. Era preciso aprender a "desprezar a morte". Para os "medrosos", ele recomendava que se lessem os tratados de filosofia ou do cristianismo que convidavam a pensar "na imortalidade da alma e na importância da paz de consciência". A tal "paz de consciência" talvez explicasse tantos testamentos legando aos filhos bastardos, amásias e concubinas, no caso dos homens, e dos filhos tidos "por fragilidade da carne", ou seja, fora do casamento, no caso das mulheres.

E aí, Chernoviz desenhava o perfil do mau e do bom velho. Se estivesse destituído de poder ou de razão, fosse birrento, "ralhador", intolerante, egoísta, tivesse "humor sombrio", certamente não acharia quem quisesse cuidar dele. Para ter companhia era preciso ser bom. Afinal, explicava o doutor, "a benevolência honra, faz honrar e amar a velhice". Os bons velhinhos tinham que ter serenidade de alma, afabilidade nas maneiras, uma alegria decente e moderada. Sua experiência, sabedoria e qualidades de espírito seriam "amadas e respeitadas por todos". Mas, bastaria esse pacote de bondades para não ficar só?

A mudança de vida trazida pela urbanização e o consumo alteraram a saúde das pessoas. Padre Lopes Gama, fino observador, foi dos primeiros a reparar: "O corpo humano de hoje não parece ser o dos séculos passados". Não só as formas de homens e mulheres vinham se alterando, se tornando mais frágeis e delicadas, mas suas doenças se multiplicavam. Outrora, não havia tantas "gastrites", "enterites" e "pulmonites". Raras vezes as pessoas recebiam a visita de médicos, e "tudo se curava com xaropes de batatinha, de língua de vaca, clisteres de pimenta, chá de macela, avenca com mel de pau e assim iam se curando e chegavam à idade avançada", matutava o bom padre.

Os cuidados com o corpo dos velhos ficaram mais sensíveis e suas mazelas, mais evidentes. Brotoejas e outras irritações se tornaram mais frequentes, pois os brasileiros se vestiam como se estivessem na Europa: tecidos pesados e grossos, chapéus, meias, roupas de baixo. Para as mulheres, a situação era pior, pois cobriam-se com mais panos que os homens. Considerava-se que a "pele endurecida" dos velhos era mais propensa à multiplicação de comichões. Nos almanaques de medicina que chegavam ao interior graças aos trens, crescia a oferta de "Pastilhas e pós de Paterson" para dispepsia, arrotos e flatulências; "Vinho de Bellini", para pessoas debilitadas pela idade; Óleo de fígado de bacalhau de Bals "para moléstias nos ossos" e Quina Ragoucy, agente tonificante; Cintas de "tecido inglês elástico", com reforço na pélvis, para bexigas caídas; "Bragueiros", para hérnias. Nos jornais da capital, anúncios da Casa Granado ofereciam o milagroso "elixir de noz de cola", para decaimento das forças na velhice.

A expressão "carregação dos dentes" passou a ser utilizada quando se ia comprar dentadura. E "carregação dos olhos" substituía a cegueira ou "gota serena", tida por um efeito da idade em pessoas idosas. A parca iluminação prejudicou os olhos de muitos; por isso, circulava, traduzido para o português, o *Arte Nova*, de autoria do Dr. J.H.R Parise, da Academia Real de Paris, com "concelhos [*sic*] sobre o modo das mesmas pessoas conservarem 'a vista em bom estado até a velhice'". Até então, entre nós, idosos preveniam a cegueira ingerindo toda noite formigas ou tanajuras com goles de água.

Mantendo as lições do passado colonial sobre uma dieta magra, médicos advertiam: "Se os jovens podem comer impunemente a qualquer hora, pessoas idosas não podem fazê-lo sem perigo, nem comer em ocasiões de agitação do corpo e do espírito. Nada é mais favorável à boa digestão do que a tranquilidade da alma, a satisfação e a alegria; eis porque é melhor comer em companhia do que comer só". Ainda: manter a diferença de seis horas entre uma refeição e outra. E bastavam "duas comidas por dia". Mais, era exagero.

Um dos sinais de velhice iminente era a chamada "amnésia", ou seja, "a diminuição notável ou perda completa da memória que se encontra em condições muito variadas". Em geral, ela decorria de "frequentes hemorragias, da miséria, de privações prolongadas, da anemia, dos excessos venéreos, das comoções cerebrais. Às mais das vezes o doente não perde de todo a memória, apenas esquece de uma determinada classe de fatos, uns não se lembram mais dos nomes das pessoas, outros não tem mais a noção de tempo ou de localidades [...]. A tais sinais se juntava o amolecimento do cérebro em idade mais adiantada, dores nas juntas e artrites variadas, pés que se arrastavam, mãos que não tinham mais firmeza para segurar objetos". Velhos eram então empurrados para uma existência morta, desprovida de energia e enferrujada por hábitos imutáveis.

Desde 1889, Nabuco tinha começado as anotações no *Diário* sobre todo tipo de mazela para a qual a medicina ainda não tinha diagnóstico nem soluções. As páginas que deixou se encheram com "problemas dispépticos, tonteiras, enxaquecas, astigmatismo, mãos inchadas, linfatite, comichões, cabelo caindo, desmemoriamento, abcesso nos dentes", entre outros. A partir de 1902, ele acusou "os problemas no ouvido" que o deixaram completamente surdo. Ele se tratava com temporadas de "banhos" em estações termais no Brasil e na Europa, e não prescindia do "Vinho Reconstituinte Silva Araújo", do "carvão de Belo" e das "águas de Godesberg". Sem resultado...

O "asseio", outra novidade na agenda dos idosos, era mantido graças às "águas de Colônia e água dentifrícia feita com canela, hortelã e cravo macerados em água de vinho". Para a lavagem do rosto, "água de toucador". Recomendavam-se "abluções cotidianas no rosto, pescoço e parte superior do peito". Do contrário, a pele se tornava "lustrosa, escura e emanava cheiro fétido". Muito se usou cachaça em lugar da água do banho para limpeza do corpo. Banhos? Os sulfurosos serviam, por exemplo, para moléstias do peito, asma ou problemas de coração. Velhos os tomavam quentes, só para "limpar a pele". Os frios, só com muita cautela, ficando pouco tempo na água e fazendo exercícios leves depois. O recomendável eram dois banhos "de corpo" por mês.

Sexo, a palavra proibida na era vitoriana, continuava na mira dos médicos: "Na velhice deve-se desconfiar das excitações fictícias produzidas por um regime estimulante ou pelos sonhos da imaginação; porquanto abreviam-se certamente os dias ou seriam ceifados pela morte súbita. Se por um benefício da natureza, na idade em que o amor existe só como lembrança os sentidos despertarem ainda com desejos amorosos, é permitido satisfazê-los; nunca os provocar".

Apesar dos alertas, afrodisíacos continuavam sendo procurados. Os "energéticos" eram os mesmos há séculos: pimenta, gengibre, noz moscada e canela. Novidades? O sagu e a tapioca. A editora Casa Garnier publicava e distribuía a obra *Impotência e Esterilidade*, e nos jornais surgem anúncios sobre a "maravilhosa descoberta pelo Dr. Bell – cura rápido e radicalmente as moléstias da sexualidade provenientes da velhice". Ou o mais direto, "remédio Universal do Dr. Lowry para cura rápida da impotência – mais precioso do que ouro". Apesar da oferta de produtos, médicos tinham a "missão sacerdotal" de evitar que os pacientes caíssem no vício: "Longe de satisfazer os desejos ridículos de um velho contra os perigos que podem resultar na imprudência". Não faltavam casos exemplares. Um septuagenário, depois de tomar um vidro de xarope de cantáridas, urinou sangue, teve o membro horrivelmente inchado e escapou da morte por pouco!

Os ensinamentos de Aristóteles e dos moralistas dos séculos anteriores que construíram o ideal masculino baseado na moderação, na capacidade de evitar excessos, no equilíbrio entre valores físicos e morais ganhou músculos com a vida burguesa. Para um burguês digno e honrado, não importava a sexualidade comandada pelo corpo, mas uma sólida construção social e psicológica. O risco, ao escolher uma companheira bem mais jovem, era o abandono e a traição. Exemplo foi a neta do barão de Santana, casada com um desembargador que podia ser seu avô. Ele foi trocado pelo jovem professor de piano, e o casal fugiu para Paris. O escândalo abalou o vale do Paraíba, como contou o historiador Tom Maia.

Velhos impotentes podiam se converter à "pederose", vício que os levava a buscar meninos de rua, "pivetes" com o nariz escorrendo, que, em troca de algumas moedas ou comida, os satisfaziam. Caíam no "mundo depravado". A explicação dos médicos era simples: não tinha ereção suficiente para penetrar uma mulher. Os saudosos de sexo, a quem faltava testosterona ou que sofriam de "impotência e fraqueza", podiam recorrer à literatura pornográfica, na forma de brochuras com muitas imagens. Escondidos em salinhas especiais nas livrarias, esses eram os "livros que se liam com uma mão só". A outra estava ocupada...

Velhos gritavam? Em princípio, não, pois acreditava-se que a cólera e gritos violentos resultavam em apoplexia. "Ar encalhado" ou "ar preso" era o nome que davam às dores vagas que podiam ter em qualquer parte do corpo. "Como vai o senhor ou a senhora?" não era apenas uma pergunta gentil. A resposta podia ser: "O senhor tem tempo?", seguida pelo desfiar de um rosário de doenças.

Sim, doença era assunto de velhos. O hábito de informar sobre doenças e mortes através da correspondência teve na Condessa de Barral um dos seus expoentes. Ao longo da correspondência com D. Pedro II e com a imperatriz Teresa Cristina, ela desenhou o envelhecimento de toda uma geração: Felix Taunay "teve um ataque de cólera-morbo esporádico, de que ficou bom depois de ter chegado às câimbras e a algidez"; "Morreu a pobre Marquesa de Lajes e está muito mal a Viscondessa de Maranguape"; "Dona Rosa está num estado de magrém como eu nunca vi, com péssima cor e apetite"; "Mlle. de Glinka recuperou sua saúde em Petrópolis e está quase bonita", "Tem morrido quatro irmãs de caridade de febre amarela em Petrópolis, mas não me consta que haja moléstia reinante; "A imperatriz Amélia – viúva de D. Pedro I – que tem passado muito mal, preparando-nos novas dores e novo vazio no coração"; "Sei que Mariquinha Junqueira tem estado mui doente". Até a conjuntivite do Imperador ela comentava com naturalidade e ele lhe respondia, sem cerimonias, sobre o estado de sua perna e seu diabetes!

Assinando-se "a velha amiga", Luiza de Barral também contava seu envelhecimento: não podia mais comer carne à noite, pois lhe dava dores de estômago, a visão baixava rapidamente, tinha frieiras nos pés – "pobres pezinhos de outrora", escreve ela àquele que, romanticamente, gostava de apertá-los. Tinha resfriados e dores de cabeça. Mas nada a impedia de andar a cavalo, fazer caminhadas, estar ativa e sobretudo possuir uma memória fenomenal.

A viscondessa de Arcozelo, Maria Isabel de Lacerda Werneck, na sua fazenda Monte Alegre, no vale do Paraíba, em cartas à filha se queixava de "passar muito mal do estômago. Não sei como vou viver sem comer nada". Ou, em carta enviada de Nice, França, pelo deputado liberal e federalista, Aureliano Tavares Bastos, ao amigo professor e político, Antônio Jacobina: "Meu Jacobina. Talvez tenhas sabido que fui muito infeliz na minha viagem. Minha mulher, gravemente afetada de uma bronquite, chegou doente à Bordéus, onde eu por minha vez, caí com uma tifoide que me põe louco. Afinal, aqui viemos para restabelecermo-nos e estamos nessas condições". Rui Barbosa escrevia a Franklin Dória, barão de Loreto: "Meu caro amigo Cons. Dória. Desde a sua chegada estou preso em casa por umas febres de natureza 'larvada' que não são das melhores, com terminante preceito médico de não 'violar a clausura'. Estou já na convalescença, mas sem permissão de sair". Ou de D. Pedro II a Dória, quando de uma temporada de banhos em Vichy:

> Dória. Muito prazer me causou sua carta de 29 do passado [...] vou melhor, porém ainda me carregam para a sala. Por um calo mal tirado veio gangrena num ponto do pé que felizmente não tive que cortar. Muito tenho estado na posição horizontal e com um dia de 19 a 20 horas pois não posso dormir sem cansaço senão de 2 a 5 horas. [...] Tenho conversado com bastantes colegas do Instituto que têm vindo para uso das águas.

Desabafar por escrito ajudava. Nenhum velho se sentia só em suas dores. Elas eram compartilhadas. A troca de informações trazia para os velhos a consciência de seus limites. Os corpos saudáveis não eram eternos. Não havia diagnóstico clínico e cura para muitas doenças. Eles tinham que se adaptar, gerir dores, se conformar. Diferente de hoje, em que velhos são bombardeados com imagens de superação, com convites a se tornarem super-velhos-jovens, outrora havia resignação no poente da vida.

Mais uma vez, Joaquim Nabuco foi nosso guia nesta história do envelhecimento. Em correspondência com amigos, ele comentava, em 1899: "tenho passado sempre bem [...] o meu organismo estava meio mofado, meio enferrujado com a vida que eu levava de *escrevento* e precisava de uma reconstrução. Ou "o meu sistema nervoso "está se comportando bem", para depois confessar, ao jovem amigo Tobias Monteiro, estar num "estado de fraqueza nervosa" por conta de "caceteações de toda parte". Recomendava ao Conselheiro Brandão ir a Lambari e tomar duchas quentes para acalmar "o estado nervoso". Falava em "armazenar saúde". Era o início do declínio, e a confissão para Oliveira Lima, "Fui há dois meses dar um passeio ao Loch Ness [...] na volta apanhei uma surdez súbita que me dura há nove dias e que receio muito se torne definitiva. Se for assim, já sabe o que acontecerá".

Para o desânimo da alma, Nabuco recomendava, como o fez a Graça Aranha, "o trabalho intensivo". Não havia outro remédio senão "mergulhar no trabalho criador, foi essa a minha regra, trabalhar dia e noite num assunto que ocupasse anos". E, já no final, a Hilário de Gouveia: "Estou na cama e no quarto há mais de uma semana seguindo uma espécie de cura de descanso. O médico atribui esse estado de *surmenage* à absoluta falta de exercício, à nenhuma alimentação e à doença crônica que tenho no sangue, mas achou-me o coração ainda perfeito [...] sentado ou deitado não sinto o coração nem tenho a sensação de vertigem. A doença aqui que dizem eu tenho é inevitável, é a Policitemia". Nenhuma revolta. E a solidão era vivida com dignidade. E, nas últimas semanas, à baronesa de Penedo: "Escreva-me de vez em quando. Eu vivo muito só, nem poderia ser de outro jeito com a minha surdez e o meu Platão". Lia Platão.

Nabuco preparou-se para morrer. E como bem lembrou o historiador João José Reis, a boa morte era uma das preocupações de homens e mulheres daquele tempo. As concepções sobre o mundo dos mortos e dos espíritos, a maneira como a morte era aguardada, o momento ideal de sua chegada, os ritos que a precediam e sucediam eram questões sobre as quais muito se pensava, falava, escrevia, movimentando também devoções e negócios. Ela era apenas o fim do corpo, pois o morto seguiria em espírito rumo à outra vida. A honra contava até o final, pois o provérbio alertava: "A morte com honra desassombra". Ou seja, o ajuste de contas com os que aqui ficavam, os testamentos justos, os velhos pecados corrigidos através de doações ajudavam a morrer com serenidade. Ninguém mentia nessa hora. Deus não perdoava.

Antes de o individualismo abandonar os doentes num leito de hospital, o doente, nunca só, presidia o próprio fim, cercado de amigos, parentes, criados e curiosos. Ou seja, "uma numerosa coleção de pessoas em volta da cama do doente", nas palavras de um inglês que se gabava de preferir "a decência de morrer pacífica e quietamente". Entravam no quarto também desconhecidos que tivessem acompanhado o préstito do viático. A Igreja proibia companheiros de folias ou amantes, conselho que vigorou até o século XX e permitiu a Jorge Amado escrever seu notável *A morte e a morte de Quincas Berro d'água*, no qual o herói é velado por putas e bêbados.

Boa foi a morte da mãe de nosso conhecido Félix Cavalcanti, que anotou em seu livro de assento:

> Em 7 de abril de 1860, Sábado de Aleluia, às 4 horas da tarde, no sítio Sobradinho, faleceu minha mãe de diabetes. Foi a mesma moléstia que a 24 anos antes havia sucumbido meu pai. Contava 74 anos. Eram-lhe frequentes os ataques de que algum dia ela ia sucumbir, ela suportava tudo invocando os sagrados nomes de Jesus, Maria e José. No último, [...] avisado e corri a vê-la para pedir-lhe a última benção. Encontrei-a recostada sobre travesseiros; ela, logo que me percebeu, voltou para mim o rosto quase risonho e pronunciou estas palavras: "meu filho, chegaste a tempo, Deus te aben..." Não concluiu e expirou.

Ou a de um francês que vivia há 15 anos no distrito de Diamantina e que o conde de Suzannet assistiu em Minas Gerais: "Encontrei-o definhando com uma febre lenta e procurei em vão dar-lhe alguma esperança de restabelecimento; ele já tinha perdido todo o ânimo e vontade de viver e extinguia-se sem lamentos. Tive ainda mais pena da mulher do que dele; ela também estava resignada com a sorte e ia até o fim dedicada e abnegada, sem pensar senão no futuro dos filhos, dos quais o mais velho já estava em idade de substituir o pai". Era a morte aguardada, conformada e "sem lamentos".

A representação dessa morte bebia na fonte do Romantismo, que chegava ao Império através da literatura e das artes. Ela vinha buscar o moribundo na forma da Dama de branco, belíssima e sem foice na mão.

Isso era coisa da Idade Média. Na escultura dos cemitérios que começavam a ser inaugurados, corpos sensuais, cobertos de véus transparentes, convidavam a dormir para sempre. O teatro e a literatura multiplicaram cenas em cemitérios e túmulos. Contavam-se histórias sobre monges que copulavam com belas jovens mortas. A morte era boa. Era erótica.

No dia 3 de janeiro, Nabuco trabalhou por toda a manhã, recebeu, impecavelmente barbeado, o embaixador japonês para o almoço, passeou de carro e fez visitas. Uma semana depois, ainda encontrou forças para registrar: "Tenho às 2 horas da manhã uma vertigem. Sinto a cama abalar e eu ser envolvido no movimento, caminhando para perder os sentidos e então digo: 'estou morrendo', e, quando a cama vira sobre mim e eu suponho que estou perdendo conhecimento de tudo, digo: 'morri'. Nisto, porém, sinto Evelina que me dá uns sais a cheirar e volto completamente a mim. Todo o dia grande dor de cabeça e sonolência". Uma semana depois, Joaquim Nabuco partiu.

A agonia era o último combate do doente contra a morte – explicava o Dr. Chernoviz. "Ela é caracterizada pela alteração profunda da fisionomia, pela fraqueza externa dos movimentos e da voz, pela abolição progressiva dos sentidos e a respiração estertorosa". "É preciso, por conseguinte, até o último momento, prodigalizar ao agonizante os cuidados da amizade e os socorros da Medicina. É bom saber também que muitas pessoas chegadas nesse estado extremo conservam a faculdade de ouvir e entender e que por conseguinte devem-se não só evitar quaisquer palavras indiscretas e pode-se esperar que sintam as últimas consolações que se lhes dão". Se o doente mostrar os sintomas acima, os remédios devem cessar. No máximo, dar algumas "colheres de vinho", para acalmar a passagem – recomendava.

Velhice e pobreza

À medida que o século XIX terminava, o Brasil deixava de ser o país que encantava visitantes estrangeiros por seus "bons ares" para se tornar um "país doente". Tão doente que mesmo suas relações com as nações europeias ficaram prejudicadas. Havia navios que se recusavam a lançar âncora nos portos brasileiros, temendo as epidemias que envenenavam as cidades litorâneas. Segundo o historiador Raimundo Palhano, "os serviços fundamentais, de enormes repercussões sanitárias para o conjunto da população [...] e ao longo dos anos quase inexistentes, [recebiam] do poder público um atendimento inteiramente secundário. Os que havia eram privilégio das elites econômicas e políticas [...]".

Até o nosso conhecido Dr. Lomonaco, autor de um *Al Brasile*, publicado em Milão em 1889, preocupado com a recepção aos seus conterrâneos, desabafou: era preciso suspender a corrente imigratória do reino de Humberto I para o império de D. Pedro II. A saúde andava péssima por aqui. A chegada ao Rio impressionava mal: "ruelas estreitas e imundas, casas baixas e apartadas, lojas escuras e sujas, becos onde reinavam cheiros nauseabundos [...] varridas tais ruas por aragens pestilentas parecendo envenenar os transeuntes". Em visita ao Mangue, foi obrigado a tapar o nariz para não desmaiar. Para ele, a capital era repugnante no mais alto grau. Estar nela, *un suplizzio*.

Nas cidades insalubres, velhos antes agasalhados nas famílias extensas se esqueciam e podiam ser esquecidos em casa. Casa pobre, casa rica, tanto fazia. Porém, quando deixavam a família ou eram abandonados, se refugiavam nas ruas das capitais que cresciam. Nas últimas décadas do século XIX, velhos ficavam mais visíveis por toda parte, e nascia a preocupação de como tratá-los. Não só porque inspirariam cuidados médicos, mas porque começaram a fazer parte das chamadas "classes perigosas". Na França, diluídos entre os trabalhadores urbanos; na Inglaterra, entre os operários das fábricas, misturados a grevistas ou bêbados pelas ruas, deixavam para trás a aura de bons velhinhos para se tornar um "perigo social". Sistemas de aposentadoria começavam a ser pensados como solução para a situação de abandono em que tantos ficavam.

Entre nós, o constante desembarque de imigrantes nas capitais que também atraíam migrantes do interior, inclusive ex-escravos, acentuava a ideia de cidades nas quais o povo pobre organizava sua sobrevivência. Nos cortiços, nas favelas ou nos sobrados em ruínas, velhos se comprimiam. Com o que se ocupariam? Como ser úteis, como foram no passado? A maior parte se encontrava entregue à própria sorte, pois as primeiras chaminés da indústria, a construção civil, as oficinas, o comércio febril, tudo convidava ao desfazimento das famílias patriarcais, separando membros que antes trabalhavam juntos e que, até pouco tempo atrás, incluíam os avós.

A caridade e a filantropia entraram em ação desde 1850. Depois, a investida social sobre a população de rua se acentuou. No Rio de Janeiro, porta de entrada do Império, nasceu em agosto de 1854 o "Asilo de Mendicidade". Ali se recolhiam velhos encontrados na rua, na frente de igrejas e praças. Como demonstrou o sociólogo Daniel Groisman, apesar da segmentação com base na faixa etária e na condição em que as pessoas se encontravam, não havia distinção clara entre as necessidades de cuidado e o tratamento específico que deveria ser oferecido a cada indivíduo. Todos recebiam o mesmo atendimento.

Velhos pobres e mendigos eram ameaça à saúde pública? Parece piada, mas os velhinhos foram vítimas do "higienismo" que atingiu o país. A preocupação com o asseio e a alimentação já eram indicativos do movimento, que se adensou com o crescimento das cidades e os problemas que ele trouxe. Buscava-se a origem das doenças em fatores ambientais. Era necessário proteger três elementos básicos: o ar, a água e o solo. Imaginava-se que, em quantidade e qualidade adequadas, esses elementos poderiam produzir "miasmas", como se chamavam então os "vapores ou organismos malignos" que, segundo se acreditava, desprendiam-se dos corpos dos enfermos ou das sustâncias em decomposição, minando a saúde dos moradores.

Suspeitava-se que os locais de concentração de mendigos emanassem os terríveis miasmas que ameaçavam a saúde da população. Os mendigos e vadios tornaram-se, então, agentes propagadores de doenças, e sua livre existência não seria mais tolerada. Entraram em cena os "higienistas", cuja ação recaiu sobre o modo de vida das classes pobres, vistas como potencialmente perigosas; sobretudo, o dos pedintes, ameaça à salubridade da cidade.

A solução seria o ensino de novos hábitos higiênicos e a introdução da medicina social, preocupada em tornar a população saudável. Assim, o poder público adotou estratégias como aterrar os charcos e afastar indústrias, matadouros e cemitérios das áreas centrais da cidade. Mas, também, perseguiu a população de rua constituída por crianças, vadios e velhos. Sobretudo, se fossem mendigos.

O mendigo era considerado o peso morto de uma nação. Uma chaga social. João do Rio escreveu sobre aqueles com os quais cruzava pelas ruas: "Guiadas sempre por crianças de faces inexpressivas, vemos tristes criaturas com as mãos estendidas [...] Há a Antônia Maria, a Zulmira, a viúva Justina, a d. Ambrósia, a excelente tia Josefa; umas magras, amparadas nos bordões, outras gordas, movendo o mole do corpo [...] Às portas das igrejas param, indagam quem entra, a ver se é missa de gente rica". Deu-se trabalho aos que podiam trabalhar, e os que eram doentes foram recolhidos a hospitais ou asilos para irem morrendo mercê de Deus. Em São Paulo, quem registrou a presença deles foi o escritor Alcântara Machado. Dizia que o centro da cidade era um "asilo de pobres". Alguns verdadeiros, outros nem tanto, pois eram "profissionais da mendicância": "[...] o transeunte de dez em dez metros tem sua passagem impedida por uma perna coberta de chagas se não recebem logo uma esmola".

A realidade das ruas era bem diferente das da tela. Quem podia, ia aos cinematógrafos assistir ao maior sucesso de bilheteria na época, *O garoto*, com Charles Chaplin. Era a história de um mendigo que recolhe uma criança abandonada, e os dois vivem pelas ruas entre lágrimas e riso. A "fita" – como se chamavam os filmes – mereceu elogios rasgados do músico e escritor Mário de Andrade, que a considerava "uma das obras primas mais completas da modernidade". Era, porém, uma crítica à desumanização das grandes capitais, onde indesejáveis eram caçados e ejetados.

Aqui, velhas e velhos miseráveis e sem teto não viraram filme, mas ocuparam a agenda social dos governos. Entraram também na mira das elites, que fizeram deles uma forma de praticar a filantropia. Se antes, sentados à porta dos templos, se limitavam a estender a mão por uma esmola, passaram a ser mediadores de doenças, sujeira e má imagem do país. Não foram os únicos. As famílias carentes que moravam nos centros das capitais se viram empurradas para as periferias. Crianças pelas ruas, chamadas então de *pivettes* – assim mesmo, em francês, foram encaminhadas para centros de recuperação. E os velhos encontraram onde se abrigar. Houve uma febre de assistencialismo em relação a esses grupos. Do Rio de Janeiro ao Acre, do Alto-Purus ao Rio Grande do Sul fundaram-se "asilos para velhice", noticiados pelos jornais.

Nesse cenário surgiu, em 1890, no Rio de Janeiro, o Asilo São Luiz para a Velhice Desamparada. Foi a primeira instituição da cidade cuja finalidade era acolher exclusivamente a velhice, como explicam os historiadores Tamires Fabricio, Joseana Saraiva e Emanuel Feitosa. A separação da velhice desamparada das outras categorias sociais levou à maior especialização das ações de assistência social: crianças, para os asilos de órfãos ou instituições congêneres; loucos, para o Hospício Nacional; vadios, para a Casa de Correção e, finalmente, velhos, para o asilo de velhos.

As notícias dos jornais anunciavam que a velhice tinha ganhado seu "lugar" – como bem contou o sociólogo Daniel Groisman. Situado na ponta do Caju, era o "lar" dos velhos. O Asilo São Luiz não foi uma instituição qualquer, mas uma instituição modelar para a época. Fundado por um proeminente homem de negócios da sociedade carioca, o Visconde Ferreira de Almeida, rapidamente passou a receber subvenções públicas e a contar com o apoio de uma ordem de freiras Franciscanas, que cedia irmãs para cuidarem dos asilados. Em pouco mais de três décadas, ampliou enormemente sua capacidade: de 45 leitos, em 1892, para 260 leitos, em 1925. Para tanto, ampliou e modernizou suas instalações, numa série de obras financiadas com o dinheiro das subvenções e dos inúmeros donativos que a instituição recebia. Na enfermaria, os doutores J. Almeida Rios e Merval S. Pereira circulavam entre os velhinhos, realizando exames. Queixavam-se, porém, da dificuldade de fazer "os velhinhos se servirem da vasilha indicada" para colher urina. Ou de que tinham que amarrá-los às camas, pois custava convencê-los a tirar sangue. Mas tudo por uma saúde melhor para os internos!

O mais interessante da história do Asilo São Luiz foi a visibilidade social que a instituição alcançou, explica Groisman. E seu rápido crescimento foi acompanhado de novas imagens sobre a velhice nos jornais. Veja-se, por exemplo, a matéria sobre uma visita às suas instalações. Escrito na primeira pessoa, o relato se inicia quando o narrador ainda se encontra no bonde, observando a paisagem. Aproximando-se do destino, narra suas reflexões, que reproduzo com os comentários do sociólogo:

> [...] no domingo, o dia desde cedo mostrou-se belo, claro e alegre. Dispus-me a ir até a praia do Caju, [...] O bonde passa ligeiro, por esse canto da cidade. A praia do Caju é um local cheio de contrastes, que impressionam vivamente. De um lado, o cemitério, com sua aparente expressão de morte: do outro, o mar, a baía, onde

as lanchas apitam, as barcas passam velozes, os navios despejam e recebem cargas. De um lado, o aspecto de paralisia e morte, do outro, a vida intensa, a agitação constante. Um perfeito contraste.

Nesse ponto, porém, os devaneios do nosso narrador são subitamente interrompidos. Entre o mar e o cemitério, "[...] o visitante olha, repara, e tem uma impressão de tristeza, de algo que ao longe lhe anuncia qualquer coisa. A praia do Caju termina com uma elevação pronunciada. No cimo está edificado um vistoso e grande edifício. Olhando o mar, olhando a terra, olhando o cemitério, esta casa parece mais um castelo feudal, invocando recordações de distantes épocas. Dentro dela quem habita?". O jornalista compartilhava sua curiosidade com os leitores. Era preciso apresentar aquela casa, esclarecendo a que se destinava. E assim ele prosseguia: "Fui até sua entrada e perguntei: que casa é esta? O Asilo São Luiz, respondeu-me uma voz sumida [...] não é no Asilo São Luiz que a velhice desamparada encontra a caridade? Sim, é aqui, disse a boa e delicada freira [...]. É aqui que noite e dia olhamos esses desventurados, estas desiludidas criaturas".

A eleição da velhice, enquanto alvo de uma prática assistencial, se inseria no contexto da filantropia, em uma época em que a sociedade estava preocupada em assistir aos "realmente necessitados" e coibir aqueles que "se aproveitavam" da caridade alheia. Notícias de jornal buscavam alertar a população para o drama da velhice desamparada, diferenciando-a de outros segmentos da população pobre. O jornal *A Noite* de 1º. de janeiro de 1917 reproduziu o discurso do diretor da instituição, proferido na festa de Natal do asilo:

> Meus velhos! Mais do que a vossa velhice inválida, mais que a vossa pobreza indigente, compunge-me o vazio, o deserto do vosso coração devastado. [...] Que é de vossas famílias? Desapareceram, levadas pela corrente de outros destinos; os amigos morreram, os amores extinguiram-se, a vaidade desfez-se... E vossos lares? Ruíram-se.

Se não havia culpados pelo desamparo da velhice, a responsabilidade pelo seu amparo deveria ser uma obrigação da sociedade.

A *Gazeta de notícias* de 26 de agosto de 1912 sublinhava a questão, responsabilizando a "humanidade" pelo drama da velhice. Referindo-se ao asilo, diz o jornalista: "[...] uma casa onde velhos de ambos os sexos encontravam o bem-estar e a tranquilidade em vez da fome e do desprezo que a humanidade, em geral, inconscientemente reserva aos animais que não podem mais com a carga".

O drama da velhice não discriminava suas vítimas – prossegue Groisman. Mesmo aqueles que foram abastados poderiam vir um dia bater à porta do asilo. Não foram poucos os casos de ricos que se tornaram "desamparados". Um deles se tornou famoso, e *O Correio da Manhã* de 26 de agosto de 1908 contou: "[...] há tempos encontraram-se nos jardins, um velho de barbas brancas e uma velhinha preta: "a benção, sinhô!" Saudou a pobrezinha. O homem espantou-se, olhou e reconheceu a antiga escrava. Desde então o velho fugia da antiga serva, doía-lhe aquele encontro".

E conclui Groisman: a "moral" da história parece ser a de que a velhice é para todos. "E o encontro do senhor com sua ex-escrava diz muito sobre o asilo: no naufrágio desses velhos, tudo o que foram na vida desapareceu". Pobres e abandonados, donos de escravos e escravos eram vistos como iguais.

Leia-se, ainda, o artigo do jornalista Carlos de Laet para o *Paiz*, sobre o Asilo São Luiz:

> naquela casa não há trabalho obrigatório. Não é uma penitenciária, é um lugar de refrigério e repouso. Tem-se falado muito no jardim de infância; aquilo é o jardim da velhice. Trabalha quem pode e quer. Nem tampouco há reclusão. Os asilados é que quase não saem, porque em nenhuma parte estão melhor do que ali. Pelos amplos e ajardinados terrenos, circunvizinhos ao edifício, livremente eles passeiam, espairecendo a vista – os que ainda vêm! [...] Que bela ocasião para ver coisas que nos falam do céu: a caridade que de lá desce, e os pobres velhos que para lá vão subindo!

"Subindo"? Numa leitura irônica, poderíamos até imaginar Laet propondo um procedimento de morte assistida. Nem morrer entre os seus se admitia mais. O asilo prenunciava a morte que, mais algumas décadas à frente, o velho encontraria no hospital: sozinho. Sem vozes de entes queridos e vizinhos, sem padre para dar extrema-unção, sem choro nem vela. O higienismo, como veremos adiante, também afastaria o moribundo de sua casa e família. A partir daí, a velhice terminaria num mundo cheio de fantasmas e nostalgia. Em silêncio.

Nos jornais do país, pipocavam as notícias. Quando foi publicada a lista de Despesas Gerais da República dos Estados Unidos do Brasil, sancionada pelo Congresso, lá estava a doação de 20.000$000 reis para o já conhecido Asilo São Luiz. Pedidos de ajuda financeira eram publicados regularmente, e não faltaram padarias ou fábricas de alimentos que acudiam com doações A Igreja católica foi parceira tanto na direção das instituições quanto na mão de obra de irmãs de caridade, que cuidavam dos velhinhos. No Ceará, os Estatutos da Sociedade da Velhice Desamparada publicavam regularmente seus regulamentos, para que a sociedade os aprovasse. Em João Pessoa, Paraíba, recolhiam-se os idosos "alquebrados e famintos". Em Brusque, Santa Catarina, a "desvelada direção do Reverendo Heising acolhia pedintes", entre outros exemplos. Por toda parte, a mensagem: era preciso "ter coração de pedra", para não atender a velhice desamparada. A caridade tinha uma função na sociedade burguesa e dava prestígio a quem, pessoa física ou jurídica, a praticasse.

As mulheres da elite sempre estiveram envolvidas com atividades de filantropia, especialmente com a fundação de asilos. Desde o final do Império, elas reconheciam a vulnerabilidade em que ficavam as velhas pobres quando abandonadas pelas famílias. A tradição teve continuidade na República Velha, até porque era possível encontrar contemporâneas de damas da elite nos asilos. Caso da Condessa de Barincourt, uma septuagenária de olhos azuis e cabeça branca, acolhida no Asilo São Luiz e que, do alpendre que dava para a baía, costumava dizer: "Haverá melhor consolo do que este de vir morrer diante deste quadro, depois de haver peregrinado pelo mundo?". Ou o de Dona Francisca de Athaíde, de 84 anos, outrora fazendeira rica em Minas Gerais. Morreu aos 104 anos de uma queda, invocando seu santo de devoção.

Organizados por "senhoras e senhorinhas", multiplicavam-se chás beneficentes, rifas, coleta de doações, quermesses, concertos, cheques polpudos e até doações de prédios, como fez certa Dona Rita dos G. Reis, que "se escondia na penumbra dos atos piedosos" – dois imóveis anexos ao Asilo São Luiz. Tudo virava notícia nos jornais durante as primeiras décadas da República Velha. O legado do nome para a posteridade, a constituição de uma rede de relações, a aquisição de notoriedade, tudo se misturava nas ações inspiradas pela compaixão pelos velhinhos desamparados. Não havia Natal em que, nos jornais, não chovessem pedidos de presentes. Afinal, era a festa da família, do lar, dos que se queriam bem. Mas os velhinhos nada tinham. Por que não lhes levar uma contribuição para a festa ou um mimo? Deus abençoaria a quem ajudasse, afinal, Ele era velho também...

Havia os velhos pobres e, na outra ponta da sociedade, os "Petrônios". Quem eram? Segundo a revista *Fon-Fon* de maio de 1925, eram criaturas nascidas nas sociedades modernas, moradoras dos grandes centros e frequentadoras da vida agitada das "altas sociedades". Eram "cavalheiros de meia idade", mantidos por esposas ricas ou por heranças generosas. Nunca trabalharam ou estudaram, vivendo em eterna despreocupação. Como todos os desocupados, adoravam todas as mulheres, menos as suas. Sua preocupação máxima era o alfaiate, a manicure, o barbeiro e "as esposas dos outros". Mas... má notícia! Petrônios envelheciam. "Já dobrando o cabo da Boa Esperança", pouco a pouco sentiam desmoronar a estrutura física. As mãos se encarquilhavam, o rosto se cobria de rugas, os cabelos prateavam e o corpo encurvava. Eram motivo de riso e ridículo porque o deles destoava do comportamento que um homem de "meia-idade" deveria ter. As categorias etárias começavam a se distinguir mais e mais.

Porém, *Fon-Fon* logo seria considerada uma revista velha. Afinal, contava com colaboradores velhos, como Olavo Bilac. A revista jovem seria a *Klaxon*. Uma buzina muito mais forte: "uma buzina literária fonfonando nas avenidas ruidosas da Arte Nova [...] Toquem o klaxon! Fon Fon!", o jovem escritor Menotti del Picchia explicava aos leitores.

Junto com os incômodos trazidos pela idade, nascia a ciência capaz de estudá-los. Ainda balbuciante, a pré-geriatria era conhecida, desde 1818, no meio médico dos Estados Unidos, graças ao livro sobre senilidade publicado na Filadelfia, pelo cirurgião da Real Academia Inglesa e médico de príncipes, Anthony Carlisle: *Essays on the desorders of old age and the meanings of prolonging human life* [Ensaios sobre os transtornos da velhice e os significados do prolongamento da vida humana]. Essa obra permitia entender o valor que os estrangeiros antes davam a nossa água limpa, aos ares puros, à alimentação sem exageros, às roupas leves e à atividade física, características da vida longa tão louvadas pelo britânico. A senilidade dava os primeiros sinais aos 60 anos. Mas Carlisle antecipava: ninguém morria de velhice, e sim, de doenças.

O médico norte-americano Stephen Katz acrescenta que já existia um "discurso sobre a senescência", ou seja, sobre a percepção de uma nova categoria social – os velhos – portadora de um estado fisiológico específico. Ele sublinha que já eram conhecidos os trabalhos dos franceses Jean Martin Charcot (1825-1893), François Broussais (1772-1838) e, especialmente, Marie François Xavier Bichat (1771-1802) sobre o reconhecimento do corpo envelhecido, sua identificação com um corpo em decomposição e o consenso de que caberia à Medicina identificar sintomas desses processos. Se, até então, a longevidade era percebida como algo milagroso ou mágico e a velhice, estudada à luz da filosofia, os avanços da Ciência no século XIX lhes daria outra interpretação: a longevidade possuía limites biológicos insuperáveis, e a velhice era a etapa necessária da vida na qual o corpo se degenerava. A morte? O resultado de doenças específicas da velhice.

Preocupações com a senescência deram origem à geriatria. Mas a disciplina, como veremos adiante, só apareceu por volta de 1910. Foi o médico austríaco-norte-americano Ignatz Leo Nascher que lançou as bases para a identificação da velhice. Por meio de observações, Nascher formulou características biológicas, conceituou o tratamento médico a ser dispensado aos velhos e introduziu o termo "geriatria" na literatura médica. A diferenciação científica entre a velhice e as outras etapas da vida se consolidou.

A passagem do Império para a República apontou o fim de um estilo de vida, de um tipo de economia, da mentalidade das grandes famílias nas quais quem mandava eram os velhos. Essa foi época em que revoltas sociais e tensões políticas tornavam o céu cinzento, mas, sobretudo, os problemas econômicos se abateram como tempestade sobre muita gente. Além dos arruinados pela jogatina da Bolsa, dos comerciantes endividados, das riquezas construídas e destruídas pelo Encilhamento, havia ex-fazendeiros falidos que esvaziavam os salões de suas casas graças aos leilões. Nascia a "pobreza envergonhada" da decadente elite do vale do Paraíba. Valia o ditado popular "Pai rico, filho nobre, neto pobre".

Também foi o momento do nascimento da velhice como categoria social. Uma velhice que se confundia, na mentalidade da época, com um retorno à infância, ou com uma "segunda infância". Que, em 1905, incentivava o *Correio da Manhã* a elogiar a boa atuação das freiras no cuidado à velhice: "Oh! As boas e amáveis senhoras – as irmãs dos pobrezinhos [...] Como não se cansam de cuidar dos velhinhos – verdadeiras mães dessa infância decrépita!".

Na virada para o século XX, a velhice infantilizada se distanciava da velhice honrada, digna, enérgica de tantos registros do passado. Da velhice autônoma de patriarcas e matronas à frente de sua gente. Agora, os protagonistas se tornavam dependentes. Eles continuavam longevos, como observou o correspondente do *Jornal do Brasil* que encontrou "à sombra de uma velha árvore um grupo de velhos: uns de 80, outros de 90, outros de 100 anos". Mas já eram outros tempos, e já eram novos velhos, que não tinham mais o suporte simbólico de antes. De avós ativos ficaram reduzidos a netos débeis.

No novo século, os velhos sentiram o novo olhar que a sociedade passou a ter sobre eles. Doravante seriam "doentes", pois a velhice virou uma doença. Velhos também podiam significar o passado, a memória, o que ficou para trás com a queda da monarquia. Dali para a frente seria "Ordem e Progresso", lema da bandeira da jovem República do Brasil. Vieram mudanças e a velocidade entrou definitivamente em suas vidas. A do trem, a dos bondes, a dos primeiros automóveis. Mas como acompanhar, se eles não tinham mais agilidade e as pernas não respondiam? E a chegada do fonógrafo, da telegrafia e, dali a pouco, a do telefone? O que fazer quando não tinham mais audição? Apenas, se enxergavam bem, viam balões dirigíveis cruzando os ares e aterrissando nas praias.

Muitos tiveram que se mudar de onde moraram toda uma vida, pois projetos de reurbanização orientados pela abertura de largas avenidas e a imitação de prédios europeus levou os poderes públicos a desalojarem milhares de famílias pobres, expulsando-as de áreas centrais. Cresciam os subúrbios, cortados por loteamentos clandestinos ou favelas. Para muitos, afastados de familiares e da vizinhança, se tornou impossível ir de um lugar ao outro. As políticas públicas voltadas para o "saneamento" da sociedade poderiam colocar o país em nova rota: a do sucesso. Bastava europeizar-se e adotar métodos científicos nas escolas, cidades, prisões e asilos. Algum consolo ou "progresso" para os velhos? No novo tempo que nascia apressado, só lhes caberia ter paciência.

■ Desenho de Debret, que explicou: "O desenho representa o interior de uma habitação de uma velha viúva desafortunada, deixada só com uma filha e uma mulher negra".

■ Jean Baptiste Debret: "Um empregado do governo sai para passear com a família". O marido, barrigudo e de cabeça branca. A mulher, gorda e precocemente envelhecida.

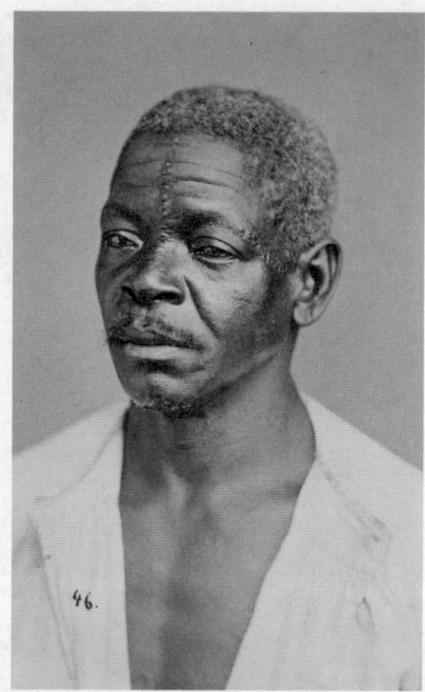

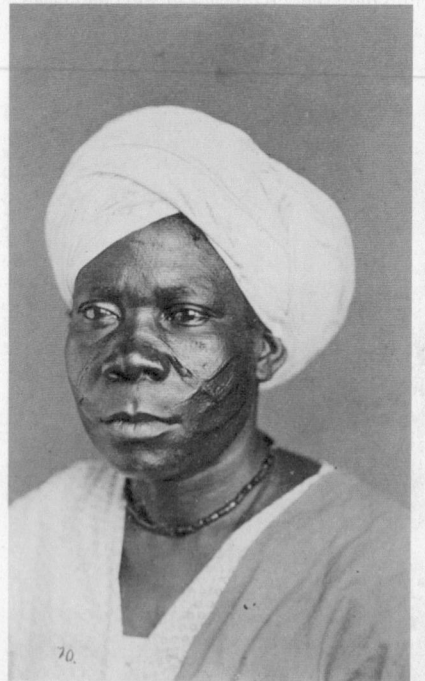

Negros baianos nas lentes de Alberto Henschel.

■ "Senhora indo à missa", de Joaquim Cândido Guilhobel, 1819.

■ "Negro pobre carregando cesto", de Joaquim Cândido Guilhobel, 1816.

■ Na prancha de Rugendas, a velha alcoviteira e os jovens namorados.

■ "Painel da Relíquia", parte do Painel de São Vicente de Fora, fins do século X.

- Pedro Gê Acaiaba Montezuma, Visconde de Jequitinhonha.
- João, "o velho chefe *munduruku*". Retrato feito por Biard.

- O banquete antropofágico; ao fundo, a selvagem de seios caídos.

- Retrato da Baronesa de Araraquara, de José Ferraz de Almeida Júnior. Viúvas jovens levavam o retrato do marido ao pescoço ou usavam medalhões e anéis com cabelos do finado.

- Retrato da Baronesa de Limeira, de Ernest Paff, 1900. Vicente de Sousa Queirós, o Barão de Limeira, falecera em 1872.

- Anúncio de seguros e pensões em jornal de 1914.

① "Proteção à viuvez, à orfandade, à invalidez e à velhice.

② Prever o futuro e semear para colher o tempo."

- Charge crítica da *Revista Ilustrada* sobre a lei dos Sexagenários.

- Anúncio de motocicleta híbrida Motosacoche, por volta de 1910.

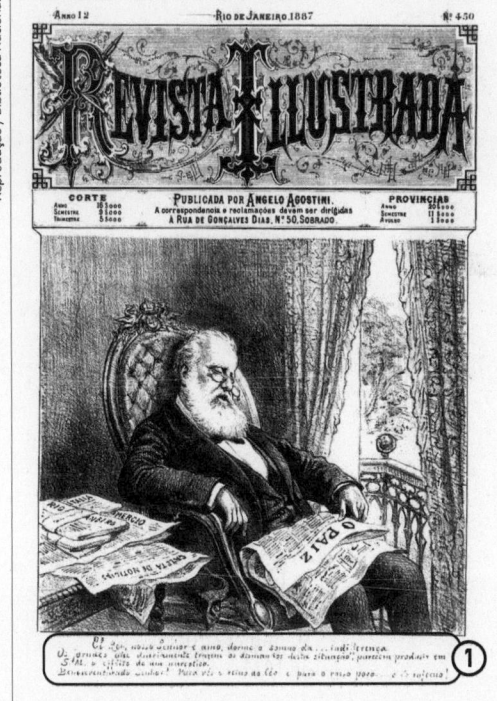

- Pedro II tira uma soneca.

① "El Rei, nosso Senhor e amo, dorme a sono da... indiferença. Os jornais, que diariamente trazem os desmandos desta situação, parecem produzir em S. Al. o efeito de um narcótico."

■ *Revista Ilustrada*, dezembro de 1890.

① "Se a retórica continuar, os membros do congresso que para ali entraram moços, sairão encanecidos."

② "E por falarmos em velhice. Quando pensamos que também havemos de ficar velhos e que para respeitar as nossas respeitáveis cãs não devemos mais deitar um idílio?! Ah! adorável leitora, desanimamos e lembramos mesmo de pôr um ponto final na vida."

■ "A beleza do rosto", *Revista Feminina*, ano II, número 10, março de 1915.

■ Quadro do pintor gaúcho Pedro Weingartner, *Má colheita*, 1889.

■ Museu da Vida Fiocruz – Oswaldo Cruz e sua jovem equipe.

Parte III
Velhos numa República Velha

Primeiro dia de meu 69º aniversário.
Uma cifra bem agradável no amor.
Na idade, mau negócio.
Paul Léautaud

Outros novos tempos

"A Monarquia tinha suas vantagens. Era mais bonito e mais solene. Não vá pensar que sou um inimigo da República. Mas recorde, por exemplo, um dia de audiência pública do Imperador. Que bonito [...] os ministros tinham uma farda bonita e o Imperador, saia de papo de tucano. Bom tempo aquele!", lembrava o jornalista João do Rio em 1909. O Império tinha ficado para trás. Agora, era diferente. O golpe republicano que levou ao exílio D. Pedro II, aos 64 anos, marcou o que se convencionou chamar de "República Velha". Saíam os velhos barões de café, senadores e outros personagens públicos, entravam outros. Muitos deles velhos também, quando não doentes. A República chegou tão cansada, que nem lembramos seus primeiros presidentes. O historiador Rodrigo Vizeu os exumou. Vamos lembrar.

Ao assumir, Deodoro da Fonseca já era idoso e doente. Tinha 62 anos. Governou por dois anos, se afastou da vida pública e, cheio de desgostos, morreu dois anos depois, aos 69. Foi substituído pelo vice, Floriano Peixoto, o Marechal de Ferro, assim conhecido por ter esmagado, sem dó, a Revolta da Armada e a Revolução Federalista. Diferente de Deodoro, ele preservou as relações com os civis, reabriu o Congresso e teve o apoio da poderosa elite agrária paulista. Floriano inventou a aliança "político-militar" para consolidar o regime, concluiu o mandato de Deodoro e, apesar do apoio popular, deixou a política para morrer aos 56 anos. Recolhido a uma estação de repouso em Cambuquira, Minas Gerais, magro e doente, nem pôde assistir à posse do primeiro presidente civil, Prudente de Moraes.

Aos 53 anos, sisudo e discreto, representante da cafeicultura paulista, Prudente foi ignorado ao chegar ao Rio de Janeiro para a posse. Teve que ir de carona para a cerimônia num palácio sem mobília. Eleito pelo voto direto – homens com mais de 21 anos, alfabetizados, e sufrágio aberto –, enfrentou o ressentimento dos militares, problemas econômicos, a guerra civil no Sul, a Revolta no sertão de Canudos, além de sofrer um atentado que teve a bala desviada graças à sua cartola. O tiro partiu de um florianista. Mas o que mais o atingiu foram as crises renais. Ele se afastou várias vezes do cargo para tratá-las. Depois de deixar o cargo, trabalhou como advogado em Piracicaba, falecendo, tuberculoso, aos 61 anos.

Sucedeu-o Manuel Ferraz de Campos Sales, republicano de raiz, distante do povo e a favor de austeridade com o dinheiro público. Aos 57 anos, trazia bem aparada barba branca no rosto mestiço – "nariz carnudo, beiços grossos e cor de prato de pó de pedra", na pena de José do Patrocínio. E muita disposição para contornar a crise econômica, que resolveu graças a um empréstimo de dez milhões de libras de bancos ingleses e a um eficiente sistema de alianças entre o governo federal, os estaduais, chegando até aos municipais. Nasciam os coronéis e o voto de cabresto. Morria a oposição.

Ele também estruturou o rodízio entre paulistas e mineiros no poder: a política do "café com leite". Impopular, semeou impostos, mas deixou a "casa em ordem" e faleceu de embolia cerebral aos 73 anos. Na época, atravessava dificuldades financeiras.

Campos Sales fez seu sucessor, Rodrigues Alves, nascido em Guaratinguetá, no Vale do Paraíba. Sua simplicidade levou a revista *O Malho* a ironizar: "com as suas calças cor de pinhão, com o seu chapeuzinho de coco, com o seu ar pacato de provinciano solene. Ninguém diria, se não fosse todo o engrossamento do pessoal que ali estava, o presidente da República: parecia simplesmente o presidente da câmara municipal de Guaratinguetá". Pois com a mesma simplicidade, assim que assumiu, Rodrigues Alves enfrentou a revolta dos alunos da Escola Militar. Convidado a se esconder, respondeu: "É aqui o meu lugar e daqui só morto sairei". Saldo? Centenas de mortos e feridos e a revolta esmagada. Respaldado por Oswaldo Cruz, enfrentou a Revolta da Vacina contra a varíola. Dirigiu, com Pereira Passos, o Bota-Abaixo que transformou a capital numa Paris à beira-mar. Não ratificou o Convênio de Taubaté, plano de empréstimos à cafeicultura, que ia mal. E ganhou o apelido de Soneca, com direito a charges e marchinha de Carnaval.

Em 1911, entre o primeiro e o segundo mandato, que acabou não exercendo, João do Rio o visitou:

> Atravessamos as salas onde o conselheiro, depois do jantar, lê os jornais e conversa com as filhas e com os seus íntimos. É impossível esconder o prazer que me causa o vigor do homem venerando. Aquele vigor, após uma grave moléstia e o trabalho exaustivo da presidência, é como a esperança para os que como eu respeitam na figura o criador do Brasil Novo. Vivo, cheio de cintilação, moderno, o conselheiro começa a falar... conversamos de literatura, de arte, de teatro. O conselheiro lembra-se do passado remoto, lembra-se do presente e do futuro. Não sei se falo a um ancião de 1848 ou a um jovem cheio de esperança e fé. [...] Seu pai morreu quase centenário em Guaratinguetá e sua mãe ainda vive na idade em que a bondade é a cristalização de uma longa vida de dedicação, amor e nobreza.

Em 1º de março de 1918, Soneca, que não dormia no ponto, foi eleito para um novo mandato, tornando-se o primeiro presidente a ser eleito por duas vezes pelo voto popular. Em outubro, próximo à posse, caiu de cama. Em novembro, a saúde piorou. Ele faleceu em janeiro de 1919, sendo velado em casa e depois, levado em um trem especial a Guaratinguetá, onde foi celebrada missa de corpo presente na igreja matriz e feito o sepultamento no cemitério da Irmandade dos Passos. A *causa mortis* foi "assistolia aguda (parada cardíaca) no decurso de uma anemia perniciosa". Mas pairou o fantasma da gripe espanhola. Falso. As historiadoras Heloísa Starling e Lilian Schwarcz esclarecem: o boato foi uma maneira de mostrar que era possível um presidente morrer da mesma doença que matava seu povo.

Entre a primeira e a segunda eleição de Rodrigues Alves, a presidência foi ocupada pelo mineiro Afonso Pena. Aos 59 anos, depois de uma longa carreira no Império antes de aderir à República, ao contrário de seu antecessor, o novo presidente abriu as torneiras das verbas públicas para cafeicultores, construiu ferrovias, instalou telégrafos sob a batuta de Cândido

Rondon e interiorizou o país. Durante sua presidência, os ministérios foram ocupados por políticos jovens que respeitavam sua autoridade. Esses jovens receberam a alcunha de "Jardim da infância". Isso porque o poder seguia nas mãos dos mais experientes – leia-se "de mais idade" ou idosos.

No dia 14 de junho de 1909, o editorial do *Jornal do Comércio* anunciava: "Faleceu ontem, às 2h30 da tarde o sr. dr. Afonso Pena, presidente da República... A sua longa e afanosa vida pública ficará como um brilhante exemplo de abnegação e de zelo pela causa do país. Havia nele o temperamento daqueles velhos de outro tempo, pioneiros entusiastas que fundavam cidades e abriam resolutamente novas sendas. Essa espécie de ardor juvenil era o traço saliente do seu caráter". Apesar de sua energia, aos 62 anos, atacado por uma pneumonia fulminante, Pena fechou os olhos. Foi substituído pelo vice, o jovem "mulato" Nilo Peçanha, primeiro chefe de estado com a cor do povo brasileiro.

A imagem de Nilo, elegante e sofisticado, encantava. E estampava o fosso geracional entre nossos políticos. João do Rio deixou um retrato: "Entra a sorrir, com uma palavra amável para cada um. Não está cansado. Nunca esteve cansado. É a mesma impressão de saúde e juventude... Jovem estadista, despertador de energias do país... ímpeto de empreendimento e iniciativa... ele vê num relance o que outros não veem em vários dias". Nilo tinha apenas 41 anos. No curto tempo que teve, o mais jovem presidente fez excelente administração, mas teve que ceder o lugar às velhas raposas Pinheiro Machado e Hermes da Fonseca. Elegeu-se Hermes, liderança das Forças Armadas que queriam limpar o Brasil da "corrupção". Considerado "burro", Hermes valia-se dos conselhos de Pinheiro Machado, que queria fazer o Rio Grande do Sul entrar no baile de paulistas e mineiros.

O choque com a velha e arraigada "política dos governadores" e a tentativa de substituir na marra lideranças locais por sangue novo foram fatais para Hermes. Ele enfrentou a segunda Revolta da Armada e a do Contestado, que deixou dez mil mortos. Motivo de piada na boca do povo, foi mais ridicularizado quando, viúvo, resolveu casar-se com a jovem Nair de Tefé, de 27 anos. Nas fotos, Hermes contrastava com a robustez da jovem esposa, que não hesitava em desenhá-lo nu, pernas abertas, barriga em avental, sexo à mostra, pelos no peito e careca. Hermes não conseguiu refundar a República ao gosto dos quartéis e perdeu, na eleição de 1914, para o grupo "café com leite" e seu candidato, o mineiro Venceslau Brás. Cabelos bem cortados, bigodes aristocráticos e bochechas rosadas, Brás era o clichê do mineiro pacato e de fala mansa, segundo Rodrigo Vizeu. Desejou um governo de "pacificação dos espíritos", porém, teve que enfrentar a Grande Guerra de 1914-1918, uma greve geral no país em 1917 e, depois, a gripe Espanhola. De início tratada com canja de galinha, a epidemia virou morte em massa no Rio, Santos, Recife e Salvador.

O ano de 1919 foi saudado com grandes manifestações de alegria nas ruas. O país se alinhava entre os vencedores da Grande Guerra. A Espanhola, que matara entre 20 milhões de pessoas ao redor do mundo, dava sinais de arrefecimento. Com o fim do governo Venceslau Brás, iniciou-se um novo ciclo da política. Mas o presidente reeleito, o velho conselheiro Rodrigues Alves, agora com 70 anos, nem chegou a tomar posse. Foi vítima da Espanhola, falecendo no dia 16 de janeiro. O vice, Delfim Moreira, que assumiu aos 50 anos, também estava doente. Segundo boatos, sofria de doença mental. Tinha comportamentos bizarros que permitiam pensar em sífilis, mal de Alzheimer, esclerose ou senilidade precoce. Não à toa, Ruy Barbosa desabafou sobre ele: "Que estranho país o Brasil, onde até um louco pode ser presidente da República e eu não posso!". O vice que virou presidente morreu em julho de 1920.

A constituição determinava a realização de novas eleições. A campanha política começou imediatamente. Ruy Barbosa era o candidato da oposição. O situacionismo ainda não se pronunciara, mas a luta política já incendiava as páginas da imprensa carioca. Enquanto Ruy, um frágil septuagenário, percorria o Brasil em campanha, seu adversário, o paraibano Epitácio Pessoa, chefiava a missão brasileira na Conferência de Versailles, na qual se definiam os termos do pós-Primeira-Guerra.

Sem sair de Paris, Pessoa ganhou as eleições. Ele não tinha pretensões à presidência, mas representava uma barreira às ideias liberais de Ruy Barbosa. No poder, Pessoa enfrentou o Tenentismo e a emergência da classe média em ascensão, composta por funcionários públicos, operários, profissionais liberais urbanos e militares, unânimes em acreditar que a vida política era regida por casacas e oligarcas rurais. A eleição seguinte confirmaria a situação. Elegeu-se Artur Bernardes, símbolo da ordem apodrecida contra a qual se levantaram e foram quase todos mortos os "Dezoito do Forte de Copacabana". Com mal de Parkinson,

Epitácio Pessoa faleceu vinte anos depois de ter deixado o governo. Seu sucessor, o mineiro Bernardes, teve que governar com pulso de ferro. Aos 47 anos, enfrentou a guerra civil no Rio Grande do Sul e a Revolução Paulista de 1924. Importante: foi ele que sancionou o embrião do que seria a Previdência Social, que hoje ampara tantos velhos. Teve vida longa, voltou à política e faleceu aos 80 anos.

A República Velha se fechou com um presidente nem moço nem velho, assim descrito pelo jornalista Gilberto Amado: "espadaúdo, musculoso, lustroso bigode, espesso cavanhaque, cabelos abundantes [...] no esplendor de uma maturidade robusta". Era o paulista Washington Luís, que assumiu aos 57 anos. Um galã. Representante da modernização conservadora, enfrentou a emergência de ideologias que ganhavam o mundo – o fascismo, o nazismo, o comunismo em oposição ao liberalismo burguês – e o *crack* da Bolsa York. Em meio a cobranças de cafeicultores, operários, jovens militares e políticos regionais, ele não percebeu que o Brasil mudava. Ao tentar fazer sua sucessão com um paulista, Júlio Prestes, Washington Luís enfrentou a ira de Minas Gerais, Rio Grande do Sul e Paraíba, cujo candidato era Getúlio Vargas. Sem perda de tempo, políticos e militares se lançaram numa conspiração. Preso no Forte de Copacabana até que Getúlio assumisse provisoriamente o governo, Washington Luís partiu depois para o exílio nos Estados Unidos e na Europa. A República velha cairia de velha, e seria assim desqualificada pelo novo regime que a sucedeu.

Velhos na República Velha

Especialistas no envelhecimento em outros países, como Tamara Hareven, lembram que a estabilização das categorias etárias variou dentro das diferentes culturas, mas uma maior uniformidade se pode observar dentro de grupos marcados por ritos de passagem. De fato, ser criança, adolescente ou adulto constitui grande parte da identidade dos sujeitos modernos. A crescente institucionalização das etapas da vida e o processo de identificação das pessoas com as categorias etárias atingiram praticamente todas as esferas da vida social, fazendo-se presentes no espaço familiar, no domínio do trabalho, nas instituições do Estado, no mercado de consumo e nas esferas de intimidade.

Porém, nas primeiras décadas do século XX, entre nós, os cronistas foram mais criativos. Ao definir as faixas etárias, imaginaram vidas em fatias a escolher. Num jornal, lia-se: "Meia Idade, de 35 a 42; Idade madura, de 43 a 49 anos; O declínio da vida, de 57 a 63 anos; A velhice de 64 a 70 anos; A decrepitude, de 71 a 77; Idade de favor: de 85 a 91 anos; Idade de maravilha: de 92 a 98. Fenômeno: de 99 a 105 anos". E, entrevistados, médicos respondiam: "O que é a idade? É a expressão do valor fisiológico do indivíduo". Os anos ainda não eram o único critério. E concluíam: "Hoje, se está velho aos 30 anos. Antigamente todos viviam mais de cem anos. Só se morria de velhice".

Na época desse confuso diagnóstico, Carolina Nabuco registrava que a Primeira Guerra Mundial foi o fim de uma era.

> Sofríamos profundas mudanças nos hábitos sociais e familiares. Maior tolerância e relaxamento tomaram a sociedade. Tudo parecia contribuir para a fusão das classes e das idades. O "você" se tornou de uso corrente abolindo as diferenças de idade e posição. A publicidade nascida da promoção de interesses comerciais teve parte efetiva para solapar os costumes da antiga sociedade e a desabar os muros que protegiam a vida privada.

Caíam as últimas muralhas de usos e costumes de uma sociedade patriarcal. O progresso material avançou. Bondes elétricos e Fords Bigode se cruzavam nas novas avenidas. A telegrafia trazia informações do que acontecia fora do país, inclusive o voo de Santos Dumont em volta da Torre Eiffel, em Paris. Do gramofone, passou-se ao rádio. Ele penetrou em todos os lares, e o grande sucesso do Carnaval de 1917 foi *Pelo telefone*, samba de autoria de Ernesto dos Santos, mais conhecido como Donga.

O Rio de Janeiro crescia nesse meado de século, não só por abrigar os órgãos da política e da administração, mas também em função de atividades comerciais com capitais oriundos do recém-extinto tráfico negreiro. Os bancos organizavam seus serviços, surgia a iluminação a gás, o telégrafo, o cabo submarino. O controle social passou dos senhores de escravos para o Estado. Salvador e Recife concentravam atividades portuárias e funcionavam como locais de trocas e distribuição de mercadorias. E São Paulo – que abastecia grande parte do mercado mundial de café –, centro de investimentos do capital cafeeiro, concentrava as linhas férreas que atendiam aos interesses agroexportadores, tornando-se um incontornável polo econômico. Vale lembrar que as elites paulistas controlavam a política da República Velha. Todas as decisões passavam por suas mãos. Não à toa, os bondes que circulavam pela cidade ostentavam cartazes dizendo que "São Paulo era o maior centro industrial da América do Sul"!

Gente como Carolina Nabuco, testemunha das primeiras décadas do século XX, foi envelhecendo junto com as mudanças. Mas foi uma velhice diferente daquela da geração anterior. Ela não se localizava mais no interior da família, discreta, misturada à vida dos filhos e netos. Ela ganhou um novo sentido social com a emergência das aposentadorias ou outro tipo de proteção social. Os aposentados passaram a se identificar por condutas, crenças, hábitos e formas de pensar. Quem envelhecia na vida pública, sobretudo funcionários e operários, misturava-se com seu grupo específico. Nos bairros populares havia sempre uma "Rua dos Aposentados". E diferente dos velhos que trabalhavam até morrer, dali em diante os aposentados se tornariam obsoletos. Nem úteis, nem eficientes. Se antes eram vistos como fortes, sobreviventes, conselheiros, doravante seriam encarados como dependentes e frágeis. Rompia-se um véu. Atrás dele, a cara da nova velhice do século XX.

A começar pelo impacto do meteorito que caiu na vida dos velhos: a aposentadoria. Ela virou um rito de passagem, como antevia Tamara Hareven. O mundo se dividiu entre "ativos" e "inativos", produtivos e improdutivos. O tempo que contava para a aposentadoria era o mesmo que marcava as horas no relógio de pulso, na parede da repartição ou no apito da fábrica. João do Rio ironizava: "Hoje somos escravos das horas, dessas senhoras implacáveis que não cedem nunca e cortam o dia da gente numa triste migalhadaria de minutos e segundos [...] O relógio era um objeto de luxo. Hoje, até os mendigos usam um marcador de horas, porque têm pressa, pressa de acabar". Por toda parte, relógios contavam o tempo, mas também no calendário os dias feriados e os aniversários passaram à frente das festas religiosas. Os anos escorriam de forma diferente em direção ao que passou a se chamar "senescência" – conceito desenvolvido pelo citado Nascher e que não encontrei mencionado nos jornais da época.

Do latim *anniversarius*, os aniversários, ou seja, "que voltam todos os anos", foram perseguidos pela Igreja Católica como uma manifestação de orgulho. Por isso, Santo Agostinho os transferiu para o dia do santo do nome da pessoa. Na verdade, muita gente nem sabia a data do nascimento, logo, não comemorava. Nessa época, porém, a cerimônia se tornou pouco a pouco mais profana do que religiosa. Era a festa de si mesmo. Se os aniversários marcavam o inelutável distanciamento do nascimento, logo, a inelutável aproximação da morte, por que tanto celebrar? A cada natalício avançava-se para outra faixa etária, daí os votos de "muitos anos de vida!". A entrada numa nova década – de cinquenta para sessenta e daí por diante – podia até causar certa apreensão. Mas sobreviver dava ótima impressão. Aniversariantes longevos ganhavam logo um retrato no jornal louvando-lhes a boa forma, caso da Sra. Juliana de Souza Ribeiro, que, aos 92 anos, "andava desempenada", cortava lenha e não temia raparigas na disputa por lavar uma roupa "bem lavada". Ou, no alto da página: "Comemorou-se no último dia 30, o centenário do Sr....". Nos escritórios e repartições, festejavam-se os anos do chefe com brincadeiras de salão e mesa farta de doces, como registrou Thiago de Melo.

Já o aniversário de políticos poderosos se transformava em festa com banda de música, missa na catedral e exposição de presentes de funcionários públicos que se uniam para demonstrar afeição ao chefe. O senador Antônio José de Lemos, intendente da República, preocupado em fazer de Belém do Pará uma "Paris n'América", apesar da gordura, cabeça e bigodes brancos, era apresentado nas fotos como um "homem jovial". E usava festas de aniversário para reforçar a imagem de poderoso administrador, humilhando correligionários ou opositores. Sua festa contava com "clubes de honra", o dia virava feriado popular, choviam telegramas, cartões, poesias, notas de júbilo nos jornais, música do Corpo de Bombeiros e discursos. Até o cardápio do almoço oferecido por amigos era publicado. O encontro servia para consolidar a "política de favor", retribuída com concessões de obras e exploração serviços urbanos – conta a historiadora Maria de Nazaré Sarges.

Eram aniversários onde não faltava o palavrório subserviente, como se ouviu, na Academia Brasileira de Letras, a 21 de fevereiro de 1934, na homenagem do imortal Humberto de Campos ao imortal Coelho

Neto, que fazia 70 anos. Depois de louvar a "imaginação poderosa, uma das mais ricas de todas as literaturas de seu tempo" e "o esplendor de sua glória", Campos se desmanchava: "E eu, que não lhe posso dar neste dia emoções minhas, ofereço-lhe este punhado de rosas. E estas rosas não são para a tua cabeça gloriosa que as mereces melhores, ó meu Amigo! Ó meu Mestre! São na sua humildade para teus pés...". Desde sempre, a amizade era uma força social que salvaguardava os interesses ou a sobrevivência dos amigos. E o aniversário, o momento de demonstrá-la.

Celebravam-se aniversários com música, mas velhos não podiam dançar, queixava-se Amílcar Botelho de Magalhães, general do Exército e carioca entrevistado por Gilberto Freyre; apesar de ter sido exímio dançarino na juventude, ele teve que abandonar as valsas: "Sempre lamento que o nosso meio social ridicularize os velhos que dançam [...] quando ouço o *Danúbio Azul* me aumentam as saudades de minha mocidade". Celebrava-se por ser aquela uma época em que os ritos de passagem tinham forte significação: batismo, comunhão, formatura, serviço militar, casamento, emprego, aposentadoria. E eles é que delineavam as faixas etárias. Era proibido dançar, mas a idade era uma experiência coletiva e geracional a ser comemorada. Era a força das "gerações".

Junto com a consolidação do mercado capitalista, da urbanização e da industrialização que impactaram a vida dos velhos, o que mais mudou? Desde 1889, o governo criou uma série de fundos de pensão para diversas categorias profissionais. Esse foi o ano em que o Decreto nº 10.269, de 20 de julho, criou o Fundo de Pensões do Pessoal das Oficinas de Imprensa Nacional. O Decreto n.º 221, de 26 de fevereiro de 1890, instituiu a aposentadoria para os empregados da Estrada de Ferro Central do Brasil, benefício depois ampliado a todos os ferroviários do Estado. A seguir, o Decreto n.º 942-A, de 31 de outubro, criou o Montepio Obrigatório dos Empregados do Ministério da Fazenda. E, depois, a Lei n.º 217, de 29 de novembro de 1892, instituiu a aposentadoria por invalidez e a pensão por morte dos operários do Arsenal da Marinha do Rio de Janeiro, conforme explicou a socióloga Cinthia da Penha Souza.

A entrada do Estado na gerência do sistema previdenciário brasileiro foi lento e gradual. O Decreto n.º 9.284, de 30 de dezembro de 1911, criou a Caixa de Pensões dos Operários da Casa da Moeda. O Decreto n.º 9.517, de 17 de abril de 1912, criou uma Caixa de

Pensões e Empréstimos para o pessoal das Capatazias da Alfândega do Rio de Janeiro.

Nas primeiras décadas do século XX, sem a participação do poder público, empregados de uma mesma empresa instituíam fundos de auxílio mútuo, nos quais também o empregador colaborava. Garantiam, assim, meios de subsistência quando não lhes fosse mais possível se manter no trabalho por doença ou velhice. O ano de 1923 foi um marco na história da Previdência Social no Brasil, pois então foi dado o pontapé inicial para o desenvolvimento do sistema previdenciário dos moldes de hoje. Segundo a economista Penha de Souza, a Lei Eloy Chaves, marco inicial da mudança, foi baixada durante a presidência de Arthur Bernardes. Ela inicialmente estabeleceu a criação de uma Caixa de Aposentadoria e Pensão (CAP) para ferroviários da época. Apesar das políticas e leis anteriores a 1923, esse marco abriu o precedente para que o benefício fosse desenvolvido para outros setores por meio de novos sistemas. Na época, para ter direito à aposentadoria, o trabalhador precisava ter no mínimo 50 anos de idade e 30 anos de serviço no setor ferroviário. O valor da aposentadoria era apenas um pouco inferior ao pagamento mensal de quando o beneficiário estava na ativa.

A Lei, aprovada pelas duas casas legislativas e sancionada pelo então presidente Arthur Bernardes, não foi bem recebida pelos empresários. No Senado e da Câmara, parlamentares denunciaram que vários patrões tentavam burlar a lei para não pagar as aposentadorias na forma prevista. Revoltado, o senador Irineu Machado (DF), que havia trabalhado na Estrada de Ferro Central do Brasil antes de entrar na política, subiu à tribuna do Senado e discursou:

> É natural que os funcionários ferroviários de idade mais avançada, nesse período da vida em que o homem começa a curvar-se para a terra em busca do túmulo, pensem em obter as vantagens da aposentadoria. De fato, os velhos servidores foram os que levantaram a ideia e recorreram ao coração generoso de Eloy Chaves, a quem coube a glória imorredoura dessa iniciativa. No entanto, quando entra em vigor a lei, surgem surpresas. Todas as empresas vão buscando interpretações capciosas e contrárias ao direito dos homens do trabalho.

A lei foi a resposta política ao crescente movimento de greves nas estradas de ferro. O país dependia das estradas de ferro. Em 1923, as pessoas e as mercadorias incluindo o café, base da economia nacional, viajavam de trem e navio.

Naquela época, a população idosa era de apenas 4% do total populacional do país. A partir daí, "velho & aposentado" se tornaram – quase – sinônimos. Uma burocracia se instalou para fazer funcionar a nova máquina. Cartas eram endereçadas à Delegacia Fiscal do Tesouro Nacional, nos moldes abaixo:

> Para o fim de requerer sua aposentadoria, vem pedir a V. Sa. que se digne mandar certificar, ao pé da presente, em face das folhas de pagamento e demais documentos existentes no arquivo dessa Delegacia Fiscal, o seu tempo de serviço, desde a data da sua nomeação em 25 de março de 1911.
> Pedro Calmon Freire de Bittencourt foi admitido como condutor diarista da Inspetoria de Obras contra as Secas, em vinte e sete de março de mil novecentos e onze, entrou em exercício no mesmo dia, em cujo lugar esteve em exercício até o dia trinta e um de dezembro do mesmo ano de mil novecentos e onze. Nomeado por Portaria do Inspetor de trinta de dezembro de mil novecentos e onze, condutor de segunda classe da mesma Inspetoria, entrou em exercício em primeiro de janeiro de mil novecentos e doze, em cujo lugar esteve em efetivo exercício até o dia trinta de abril do corrente ano de mil novecentos e trinta e um e em disponibilidade por ato do Governo Provisório a partir de primeiro de abril, digo, de maio do corrente ano de mil novecentos e trinta e um.

Juntava-se uma extensa papelada e se aguardava a pensão. Mas era sempre possível melhorar ou "cavar" o benefício, se houvesse algum conhecido no governo. Passados alguns anos, o mesmo coronel Pedro Calmon escrevia à filha no Rio de Janeiro:

"Soube, por telegrama ao Diretor da Secretaria do Tribunal Eleitoral, que faleceu aí um oficial que tinha sido nomeado para aqui, que eu conheci aqui, tendo vindo com o Diretor da Secretaria, e que voltou para cavar a volta para o Rio. Me seria muito agradável se conseguisse a minha promoção; pois teria a mais 250$000 mensais (600$ e 850). Hermínia uma ocasião me ofereceu os préstimos de um amigo de muito prestígio na situação política presente, portanto v. e ela me arranjem um 'bom arranjo'".

Em 1908, membros do Partido Republicano Mineiro discutiam as condições de aposentadoria nos jornais. O importante, segundo autoridades, era evitar abusos ou "bons arranjos". Ter cautela. Aposentadoria compulsória aos 65 anos? E quem ficasse impossibilitado de trabalhar antes dessa idade? Por invalidez, o aposentado receberia a totalidade da sua? Vencimentos deveriam ser integrais ou proporcionais, vitalícios ou não vitalícios?

A velhice deixava de ser uma mera fatalidade para ser um momento da vida que merecia organização. Junto com a "aposentadoria", era possível pensar em "pensões" e "seguros". Por toda parte, havia sempre um representante da "Muthualidade Cathólica Brazileira" ou de um "Banco Popular do Brasil". Na imprensa, multiplicavam-se anúncios de "Caixas Mútuas de Pensão Vitalícias", nas quais, com uma economia de 166 a 10 réis por dia durante dez ou vinte anos se poderia obter uma pensão vitalícia de 100.000 réis por mês. Parecia muito tempo para economizar? Não. A vida passava rápido como um meteoro. Era importante a confiança na instituição, por isso, "A Continental", num luxuoso anúncio de página inteira, se apresentava como "a unica sociedade de auxilios mútuos que, organizada em bases solidas, opéra com os mais bem combinados planos de seguros e varias modalidades de peculios". Antes apoiado na família, na parentela ou nas redes de ofícios, o velho agora tinha que prever outras parcerias.

Velhice, adiante, marche!

O aposentado exemplar, cumpridor de seus deveres e tendo feito carreira numa única seção da burocracia do Estado, se tornava conhecido na cidade onde morasse. Nas pequenas capitais, era rapidamente localizado. Trajando terno e gravatas escuras de feitio largo, não dispensaria bengala. Na saída do trabalho, pararia num lugar conhecido – uma confeitaria ou praça – para fumar provavelmente cigarros *Goal*, um cigarrinho de palha ou um charutinho de São

Félix. Tinha sempre um ponto de encontro favorito, onde parava para jogar conversa fora.

Nessa época, as memórias contam melhor que outros documentos a vida dos velhos. Elas desenham o velho de corpo presente: detalhes íntimos, impressões recordadas, sensações escondidas, evocações de assuntos transgressivos ou desprezados, confissões intermináveis junto com anedotas. As cenas vão do trivial ao especial, da violência ao desejo, da conivência ao proibido. Frágeis existências de papel, memórias aportam visões do corpo e da alma dos seus protagonistas.

Nas suas, Dante Laytano lembra de alguns aposentados que conheceu. Caso do "Índio Velho" Isolino Leal, vindo de Santana do Livramento: "Pele tostada de guarani, trabalhando na Companhia Previdência do Sul, pontual no seu horário de entrar no emprego. Trigueiro, meio escurão, fisionomia simpática, sorridente no cumprimento, apressado quando ia para o emprego e pausado na volta [...] vivia para a família e os seus amigos mais íntimos". Poeta e aposentado, Isolino frequentava o "Grupo da Praça da Harmonia" e o círculo de intelectuais reunidos em torno da Editora Globo, em Porto Alegre.

Na Contadoria da Central do Brasil, "uma caserna burocrática na qual se empregavam filhos e netos", o ex-chefe do escritor Agrippino Grieco foi assim descrito: "Viúvo e sem filhos, agora aposentado, de bigode tingido, lá segue ele a bocejar o seu tédio, como quem está sobrando e não sabe o que fazer do tempo. E, no entanto, consulta todos os meses o médico, com um medo danado de sair da vida que ele não vive". "Já o conheci de cabelo pintado" era expressão que designava um velho conhecido ou um conhecido velho.

Os menos eruditos do que o poeta Isolino Leal e que não queriam "ficar parados em casa" jogavam dominó nas praças, bilhar nos botecos, "flanavam" pelas ruas, frequentavam sindicatos e associações de cujas diretorias participavam. Circos armavam suas tendas ambulantes por todo o país, e eles podiam admirar as bailarinas no fio do arame ou acrobatas realizando proezas sobrenaturais. Nos coretos das praças públicas, em geral de fabricação belga, os idosos se reuniam para ouvir a música das orquestras ou os comícios de políticos. Muitos aposentados eram líderes de associações operárias. As bandas de música se multiplicaram, com seus velhos maestros e professores de música à frente.

Velhos podiam frequentar os cinematógrafos que se espalhavam pelas capitais, sozinhos ou levando netos. E, sobretudo, podiam ir assistir aos jogos do esporte que abalou os demais: o futebol. De Belém do Pará ao Rio Grande do Sul, a bola rolaria nos gramados bem cuidados ou nos capinzais das várzeas. Já existiam clubes como a Associação Atlética do Banco do Brasil, fundada em 1928, instalada na Rua do Ouvidor 155; seus jogadores, vestidos de azul e branco, participavam de torneios de futebol. O espírito de confraternização e convívio transformavam os aposentados em torcedores. O que não faltava era lazer para desocupados.

Cortadas por avenidas largas, as cidades começavam a se verticalizar. Nasciam a arborização e o ajardinamento de praças, a colocação de sarjetas nas ruas, a proibição de nelas circularem cães vadios, galinhas ou porcos. A vida social que antes fervilhava nas ruas estreitas e becos, reunindo homens a rir, discutir e bater papo nos bares e cafés, desaparecia. Circular livremente, morar e trabalhar no mesmo lugar ou em local próximo – condutas que caracterizavam as capitais antes das reformas urbanas – não era mais tão simples. Por isso, presos em casa, os aposentados remediados moravam na periferia ou nos subúrbios. Ali, a vida era outra. O tempo passava como antigamente. Quem quisesse, podia conversar com os vizinhos pelas janelas e colocar cadeiras nas ruas estreitas para ver quem voltava do trabalho. Podia-se criar passarinhos ou galos de briga para as rinhas. Gostava-se de comentar sobre as jovens que exibiam braços nus, decotes, nucas raspadas: era "de família" ou "da vida"? Os que possuíam rádios os colocavam na janela para o deleite dos demais. Havia, porém, quem confirmasse que as cidades modernizadas afastavam as pessoas. Isolavam velhas amizades. Agripino Griecco foi um deles: "Depois a cidade cresceu entre nós, interpuseram-se sombras suspeitas, veio a estúpida velhice semeadora de desconfianças, avessa às amizades feitas em dias de seda e sol, e quase não nos encontrávamos, ou, se nos víamos, era como se remexêssemos melancolicamente nas cinzas à procura da antiga brasa".

Então, vinha a saudade, uma saudade de falar de si, de se expor e de se afirmar: "Sentíamos necessidade de fugir um do outro, para buscar refúgio no 'eu' perdido de cada um, o eu do café Belas-artes, das noitadas gratuitas no Lírico, das deliciosas safadezas com duas rapariguinhas da Vila Isabel".

Esse "eu de cada um" era o individualismo, que emergiu timidamente em meados do Oitocentos e se afirmou no século XX. As memórias permitiam a cada autor dar luz a si mesmo por meio de recordações. As recordações demonstravam a vontade de deixar marcas na precariedade do vazio que a sociedade moderna já anunciava. Memórias permitiam a imersão na história de todos os outros que constituíam, eles também, a história do autor. Diversamente das autobiografias que hoje abundam, monologando autocentradas e surdas, as memórias escritas durante a República Velha escutavam os outros. Eram habitadas por dezenas de personagens que orbitavam à volta de quem recordava. Antes, os memorialistas pareciam escrever para dizer: "E se conversássemos?".

Graças às memórias, sabemos, por exemplo, que no Rio de Janeiro houve velhos que saíam para participar das reuniões do Círculo Católico, animadas por Carlos de Laet, doutrinador feroz e que, segundo as más línguas, misturava "água benta e vitríolo". Ou para frequentar Centros Positivistas, Espíritas, Presbiterianos ou as Casas de Santo onde reinavam velhos babalaôs, "matemáticos geniais, pais de santo veneráveis, sabedores de segredos" e, segundo João do Rio, sabedores do "futuro da gente". Em Salvador e no Recôncavo, a moda eram as mesas espíritas reunindo velhos médicos, advogados e padres. As diferentes crenças uniam fiéis e lhes ofereciam espaço para vida social. Convidavam momentaneamente os desgarrados a participar de um grupo. Integravam, ainda que por um dia ou uma ocasião. Não precisava ser praticante assíduo, pois o que valia era o encontro.

Na outra ponta do país, em Manaus, programa de velho era sentar-se no cais para assistir à partida dos navios do Lóide [*Lloyd*] do Brasil, conta Thiago de Melo. Nos transatlânticos, o som da orquestra de cordas e metais, os músicos, todos de branco, tocando peças europeias, o cais cheio de gente, o barco enorme se afastando devagarinho. Os velhos não perdiam o espetáculo. Pescarias nas praias e beiras de rio também distraíam.

As sociabilidades dos aposentados diferiam no litoral ou no interior. Em Paracatu, Minas, Gerais, nos anos 1930, ao lado da igreja da cidade existia "o famoso banco dos caceteiros". Por ali passava toda a vida da cidadezinha que dormia num canto do mundo. Muitos conchavos políticos se faziam ao lado dos fuxicos dos respeitáveis e intocáveis senhores de uma sociedade patriarcal e dominadora. Por exemplo, ainda que ausente, o coronel José da Silva Neiva se fazia presente. Seu lugar era respeitado. Ninguém o ocupava. Apesar das mudanças, como no passado, havia ainda muitos velhos patriarcas respeitados – quem conta é o memorialista Oliveira Mello.

Quando se encontravam, os aposentados aproveitavam para recordar os tipos caricatos da repartição. O chefe, que costumava dizer "Sejamos consentâneos!". O engenheiro, que usava colarinhos tão altos que pareciam os punhos no pescoço. O especialista em arranjos florais. O colega que só comprava bilhetes de loteria de número ímpar. O solteirão que, por motivo de higiene, "se descongestionava" mensalmente nos bordéis. O que sabia de cor a Divina Comédia. Os que traziam frutas de presente, depois de uma viagem de trem até Minas Gerais. O colega que queimou o couro cabeludo com tintura de má qualidade e foi parar no hospital. Ou o que se gabava de conquistar muitas espanholas, mas só se "deitou" com a gripe de 1918. Enfim, as memórias de Agrippino Grieco são um catálogo anedotas vividas nas repartições públicas com histórias sobre candidatos à aposentadoria.

Mas era bom ser um aposentado? Os sentimentos variavam. As vantagens do descanso e do final de mês garantido eram contrabalançadas pelo sentimento íntimo de inutilidade. Todos os registros da vida cotidiana se modificavam. Não se pulava mais da cama ou se corria atrás do relógio para tomar o trem ou o bonde. Ao contrário, os gestos demandavam mais tempo, falava-se menos, em tudo a velocidade diminuía. Um "emprego" significava tanto, que sua interrupção era uma ruptura. Era um corte raramente integrado na vida do ex-funcionário ou do ex-operário. O ócio o deixava desamparado.

Quem melhor resumiu o sentimento foi o político paraibano Pedro da Cunha Pedrosa, depois de longa carreira como deputado, senador, magistrado e jornalista: "Cheguei ao fim. Sou hoje um simples aposentado da Fazenda. Sei que de nada mais sirvo à sociedade e nada mais valho para o mundo em que vivemos". E não era pequeno tal sentimento de inferioridade, pois os exemplos dos antepassados eram esmagadores. Úteis até o fim, representavam a época em que o velho ativo era reverenciado. Agora, para aposentados como Pedrosa, a cama seria um refúgio; a cadeira, o lugar de onde não se levantavam. Para muitos, a vida se tornava um naufrágio.

Embora fosse preocupação permanente, ter boa aposentadoria não era certeza. Houve muitos casos em que o trabalho exemplar foi manchado por "maldades e golpes traiçoeiros". Uma fofoca entre superiores ou boletins de merecimento ignorados resultavam em carreiras destruídas e aposentadorias diminuídas. "Preferi entrar de todo na sombra. E deixar o caminho do funcionário público para outros. Talvez fosse essa a intenção deles..." registrou Mário Sette em suas memórias, sobre os tempos em que foi adido à Fiscalização do porto de Recife. E deixou o sabor do que representava um emprego público para muitos:

> Quando quis ser funcionário público e o consegui, aliás, mediante concurso de provas, o desempenho das funções desse cargo nos dava a sensação de liberdade e de altivez que aos temperamentos como o meu, sempre refratário ao quanto de déspotas agradava imenso. A revolução de 30, que pela voz dos seus arautos, vinha para corrigir e sanear não encontrou na verdade, desmandos políticos para punir... e voltou-se contra o funcionalismo público – bode expiatório do "Messias". Um dos primeiros atos dos novos governantes aumentava de seis para sete horas de expediente para as repartições federais. E um deles propôs até demitir de uma só penada todos os empregados públicos e nomear outros "não carcomidos". Com o Estado Novo tivemos o DASP – Departamento Administrativo do Serviço Público. E um DASP sob o figurino de organização nazista. Por isso coincidiu bem com o 13 de maio o dia em que soube do decreto que me aposentou.

Havia velhos com aposentadoria e outros sem. Sobretudo, no interior. Esses eram os que ganhavam a vida como podiam. Cassiano Ricardo lembrava seu pai com orgulho: "Em Vacaria, já ele se encontrava pobre; alegava, porém, que não queria dar maior despesa ao filho e fez-se finca-pé em que deveria ganhar o necessário para viver a própria custa. Não sei como consenti. Instalou uma espécie de tabuleiro para vender doces – os doces que entendeu fabricar – trabalhando por sua conta e risco com a ajuda de uma quituteira local. [...] Tentei várias vezes dissuadi-lo. Tudo inútil. Como fui admitir que meu pai – velho e rico fazendeiro em São José – tendo militado valorosamente em campanhas militares memoráveis, abrisse em Vacaria uma tenda de doces e guloseimas? Hoje lhe compreendo a verdadeira motivação... meu pai era impelido por um forte desejo de autoafirmação. Quem fora senhor e proprietário rejeitava a ideia de depender do próprio filho".

Órfão aos 11 anos, o memorialista Mário Sette foi morar com o avô, a quem chamava de Papai-Luna. Ele sustentava a família dando aulas particulares. Francês, gramática, leitura de autores renomados, caligrafia, pois ele era um devoto da letra bonita, além de exercícios de aritmética eram ministrados pelo ancião num quarto "impecável pelo asseio e arrumação". Junto com a energia para trabalhar, Papai-Luna representava uma parcela de velhos que não desistia de estar ativo e menos ainda de seus valores:

> Papai Luna hoje estaria deslocado no mundo como uma palmeira no polo Norte. Seu feitio severo, seus hábitos de disciplina e ordem, seus preconceitos de educação e de moral torná-lo-iam um "fóssil". E nós nos criamos à sombra dessas diretrizes... [...] as lições de meu avô materno com sua austeridade, hoje tão fora de moda. Educador que não permitia conversas de menores à mesa, que se impunha a um respeito absoluto mesmo dos adultos, a ponto de filhos ou netos e até velhos discípulos não ousarem fumar à sua frente. Impecável em tudo até no trajar.

Ou a entrevista de João do Rio com o mais velho cocheiro de tílburis da capital, Rio de Janeiro, a quem conheceu ainda menino. Era o gorducho Bamba. "Já não trabalho de noite; tenho setenta anos. Não vejo. Desde 1864 que estou no serviço. Outro dia, quase morro. Caí da boleia. Tenho as pernas duras. Mas que diabo vem fazer aqui, assim?. Resposta: – Sei lá!... É o cheiro, vossa senhoria, é o cheiro. Quando a gente começa nessa vida não consegue viver sem ela...". Em Salvador, fotografados por Alberto Henschel, Marc Ferrez, Bernardo Lopes Guimarães, entre outros, vemos os velhos "Pais Joões", pés descalços, malvestidos, barbas e cabelo branco, ainda trabalhando. Eram carregadores, pescadores, empregados domésticos, pequenos lavradores, entre outros ofícios. Eram rostos com muitas dores e nenhum sorriso, as marcas da escravidão.

Por hábito, orgulho ou necessidade, houve os que, seguindo a cartilha dos ancestrais, não pararam. Sem aposentadoria ou pensão, preferiam encarar a atividade possível. Possuíam "os velhos costumes dos homens antigos, de têmpera forjada com aço coado" – como se dizia então. Ou poupavam. A sovinice era uma característica dos antepassados. Ela lhes permitia uma economia extrema para evitar dependência. "Vintém poupado, vintém ganhado" ou "De grão em grão a galinha enche o papo" eram ditados correntes entre as famílias mineiras, nas quais se acumulavam "causos" de velhos avós que, para economizar, rachavam com o canivete os palitos de fósforo. Na hora de dar esmolas, escolhiam a moeda de menor valor. Quando matavam porcos, a fim de economizar sabão, davam as vasilhas com restos de gordura para os cães lamberem. Até folhas de couve eram contadas por quantas pessoas iam almoçar – contou em suas memórias José Itabyr Carvalho Kandratovitc.

Brincando com as idades da vida

Na imprensa dos anos 1920, liam-se bem menos poemas sobre a passagem do tempo. Bem menos conselhos sobre "como envelhecer". O *spleen* ficou para trás. O tom mudou. A melancolia foi substituída por frases enérgicas do tipo: "Ninguém é velho demais para gozar da sociedade". "Ninguém deve se dar por vencido". A publicação de fotografias para ilustrar propaganda de produtos passou a mostrar rostos idealizados. O que antes era sugestão, tornou-se solução: "Vivemos numa época de *eterna juventude* na qual nenhuma mulher pode se permitir o descuido de envelhecer. Portanto, uma senhora para conservar seu lugar proeminente na vida social, *deve parecer jovem mesmo quando de fato não o é*"! A juventude "deve ser conservada a todo custo". Ou o imperioso: "Não se usa mais cabelos brancos", ou "Acabou-se a velhice! Não se envelhece mais". O grito de guerra era diário no reclame [publicidade] dos produtos farmacêuticos ou outros. Aliás, o produto mais vendido na época, à base de nitrato de prata, o Juventude Alexandre, servia a escritores como o jovem Monteiro Lobato para ridicularizar a literatura parnasiana e passadista, cujas autores cobriam os cabelos brancos com... Juventude Alexandre!

Nascia outro olhar sobre o corpo do velho. Os achaques não eram mais tratados com remédios caseiros, mas pelo "fortalecimento dos músculos flácidos, o exercício constante, caminhar, andar a cavalo, remar, fazer ginástica". Ordem, saúde e tecnologia mudavam as regras e começavam ser oferecidos aparelhos como o *Veedee*, um vibrador que atingia os tecidos internos por eletrochoque. Ou tratamentos de eletro-galvano-terapia para velhice prematura e falta de memória. A *Motocyclette Mundial* era recomendada como o "melhor exercício para conseguir uma velhice duradoura". E cinco minutos diários de REMOSAN "afugentavam a velhice". Não se sugeria mais tal e qual remédio. Ordenava-se: "Velhos vigorosos tomam Salsaparrilha Ayer". A indústria química, engatinhando, propunha sínteses regeneradoras à base de pó de ópio, beladona, "arseniato de estricnina". Drágeas ou granulados vão substituir os xaropes feitos em casa. O objetivo? "Inverter a depressão das forças vitais". No lugar dos banhos e duchas do passado, agora era preciso se submeter ao "dinasmoscópe", que fazia vibrar os nervos do cérebro e da medula. Surgiam também os primórdios de uma preocupação que só cinquenta anos mais tarde chegaria à mesa dos velhos: a nutrição. Naquela época, era dirigida apenas a estudantes e trabalhadores, para aumentar seu rendimento.

Descobria-se que as praias não eram apenas depósitos de lixo, mas que velhos podiam ir lá caminhar. Elas, de paletó comprido e calças de sarja amarradas ao tornozelo. Toucas. Não era mais feio andar descalças na areia. Eles, vestidos de camisa de meia branca e calções de malha preta ou calças cumpridas de casimira. Entrar na água, de peito nu, era para os jovens. Velhos costumavam sentar-se, deixando que as ondas lhes lambessem os pés. E tomar sol era o eterno remédio para os ossos doloridos de ambos os sexos.

O aparecimento dos *sports* convidava os velhos a deixar o cansaço de lado. Eles podiam desfrutar de espaços de entretenimento, como hipódromos e velódromos que começavam a se instaurar, a exemplo do da Rua da Consolação, em São Paulo, que o jovem escritor Oswald de Andrade dizia ser "o nascedouro do esporte paulista". Mas as proezas, o recenseamento de recordes, o confronto entre os esportes só podiam fazer o velho se sentir mais cansado. Mais discriminado. A maioria não era um *player*, mas um simples espectador ou torcedor.

Para bem envelhecer, além de cuidar da saúde, era preciso ter uma cara-metade adequada. Por isso, médicos se preocupavam em discutir publicamente as vantagens do casamento sobre a vida celibatária. Alardeavam: a esperança de vida dos casados era de 59 anos e meio; para os solteiros, apenas 40 anos. Metade dos solteiros morria antes dos 30 anos; mais da metade dos casados passava dos sessenta. Para as mulheres também haveria vantagem para as casadas, com exceção dos 15 aos trinta anos, fase de reprodução. Os partos ainda matavam muitas. E de quarenta a cinquenta, "momento da menopausa", quando aumentava a mortalidade. Até 1965, a taxa de fecundidade no Brasil era de 5,8 filhos por família. Vantagem? Caberia a eles cuidar dos velhos pais ou trabalhar para eles. Nas camadas desfavorecidas, dizia-se: "Filhos são a riqueza do pobre".

Mas, em tempos de higienismo, os médicos se preocupavam também com a formação da família. Higienista importante, o doutor Eduardo Kehl lançou, em 1925, o guia *Como escolher uma boa esposa* rapidamente esgotado. A obra declinava as bases de um "amor civilizado" e ensinava "cautelas providenciais" ao casal para uma vida higiênica. Leia-se: como ter relações sexuais rápidas e eficientes. O sucesso foi tão grande que logo depois, ele lançou *Como escolher um bom marido*. Isso significava que os conselhos dos antigos sobre o par equilibrado como garantia de saúde e longevidade se mantinha atual.

Por aqui não deram certo as experiências de um médico russo, doutor Voronoff, que se propunha "restaurar a juvenilidade em organismos senis" pela substituição de testículos, em homens velhos, por outros de animais jovens, de preferência símios. Ofereceu tratamento gratuito aos que se apresentassem para um transplante. O candidato, proprietário de uma granja de frangos, pai de onze filhos foi operado num hospital na Tijuca, Rio de Janeiro. Sem as partes, o macaco doador voltou para a floresta da Tijuca. E o pai de família, sem resultado, para sua granja. Voronoff ficou imortalizado em modinhas cantadas pelos "velhos" – como contou o jornalista Sylvio Rabello:

> Voronoff vem aí!
> Ai! Prepara o saco
> Para receber, ó Chico,
> Enxerto de macaco!

A maioria dos velhos, se não era viúva, era casada ou recasada. E a celebração das "bodas de casamento" entrou na moda. Originárias da Alemanha e difundidas, no século XIX, pela burguesia francesa, bodas se comemoravam com festa: "de prata", 25 anos ou as "de ouro", 50 anos. Sempre com missa, bênção e renovação dos votos. Reflexo de uma longa viagem, a do casamento, com suas etapas, desafios e alegrias, passava-se das bodas "de papel" (1 ano) às de materiais mais sólidos, como o estanho (10 anos). Era possível viver o amor todos os dias ao longo da vida? Sim, o amor era uma lâmpada que não se apagava. E, sobre ele, diria Mário Sette:

> Estou a me lembrar do tempo em que a via, sentada em uma cadeira de vime, ao meu lado, numa conversação de noivado que jamais ficava terminada... Era diferente? Sem dúvida, no trânsito das idades. Não tinhas então esse cabelo mesclado com fios brancos, esses óculos, esse ar aparentemente severo de vovó. Essa diferença se esbate, se anula na força desse milagre mental a realizar a harmonia constante de nosso amor conjugal. Somos outros nos rostos, somos os mesmos na alma. Nada mudou em nosso sentimento. Trinta e cinco anos de um afeto que se apura, que se sublimiza, transformando-se de um arrebato de juventude na serenidade e estima outonal.

O político pernambucano Demósthenes Martins concordava, pois, em discurso, na comemoração de suas bodas de ouro, fez questão de dizer que foram "anos de luta entre esperanças e ilusões, ao sabor das mutações constantes". Mas o que seria dele sem Corila, "refrigério de minhas atribulações [...] guia da minha caravana". O reconhecimento do suporte da esposa era regra nessas ocasiões.

Versinhos publicados nos jornais, no dia das "bodas", confirmavam a importância da velha companheira: "Tantos anos de ventura são passados, ó doce companheira do meu lar, e hoje relembro os sonhos ideados, na luz serena do teu meigo olhar".

Nem sempre funcionava. Casais que não rimavam também não passavam despercebidos pelos familiares. Em suas memórias, o psicanalista Rubem Alves registrou que seus avós jamais trocavam palavras em público e parecia até que se detestavam. A razão? "Não existe forma mais segura de fazer com que duas pessoas se odeiem que prendê-las numa mesma casa", explicava.

Na República Velha, o Código Civil de 1916 direcionou a conduta ideal a ser adotada pelos casais. A padronização das ações e dos sentimentos dos dois sexos criaria uma unidade social e cultural, combatendo adultérios e concubinatos que manchavam a saúde da população. Porém, não era incomum que, no final da vida, a velha esposa tivesse que lidar com o aparecimento de filhos bastardos ou de velhas amantes. Até o fim, cabia à mulher ser a zeladora da ordem e dos chamados bons costumes, como foi Dona Corila. Ela era a base moral da sociedade. Afinal, o desquite, em qualquer idade, seria considerado uma solução moral degradante para qualquer senhora decente. Se por um lado o novo Código garantia o resguardo legal dos bens constituídos pelo casal em favor da esposa, maneira de valorizar o papel exercido pela mulher e o próprio casamento, por outro ela teria que continuar submissa. Só o marido podia autorizar que ela trabalhasse fora de casa. Acreditava-se que a vida moderna levava à promiscuidade.

Apesar das novidades para tentar garantir uma sociedade moralmente saudável, havia velhos que não desistiam, pois, como dizia o ditado, "Bode velho gosta de capim novo". O tema bíblico do Livro de Daniel sobre Suzana, uma prostituta que recusou a proposta desonesta de dois velhos, era a perfeita ilustração dos fatos. O prolongamento da vida sexual masculina favoreceu-se do grande número de bordéis e da prostituição que aumentou consideravelmente nas grandes capitais. As prostitutas estrangeiras, ditas *cocottes*, eram legião em toda parte e, cantadas pela crônica da época, invadiam o imaginário popular. Quem ainda podia ia conhecê-las – mas que não se animasse além da conta.

Bordéis eram fechados por falta de higiene, e a sífilis abundava. Algumas décadas antes, Aluísio de Azevedo, em *O Cortiço*, reproduziu uma parte da clientela da dupla de prostitutas Pombinha e Juju: "Eram vistas por toda parte onde houvesse prazer; à tarde, antes do jantar, atravessavam o Catete em carro descoberto [...]; à noite, no teatro, em um camarote de boca chamavam sobre si os velhos conselheiros desfibrados pela política e ávidos de sensações extremas, ou arrastavam para os gabinetes particulares dos hotéis os sensuais e gordos fazendeiros de café, que vinham à corte esbodegar o farto produto das safras do ano, trabalhadas pelos seus escravos". Em São Paulo, coube a Hilário Tácito, no romance *Madame Pommery*, publicado em 1920, descrever a vida de uma prostituta francesa e o sucesso de seu bordel, ponto de encontro de homens e mulheres de diferentes extratos sociais, velhos literatos, jornalistas, políticos, fazendeiros, comerciantes, tornando-se passagem obrigatória para aqueles que queriam aprender os hábitos da vida noturna da capital.

A liberdade fora de casa foi o refúgio de muitos. O avô de Rubem Alves, capitão Evaristo, amava a vida, o prazer, as mulheres, os bailes, a comida, o vinho, o carteado. Acostumou-se a entrar no Hotel Avenida, onde se hospedava na Av. Central do Rio de Janeiro, ao som de sua música preferida, *Ça c'est Paris* [Isto é Paris], que a orquestra do bar tocava especialmente para ele.

O Estado reagia: por que se preocupar em gastar o dinheiro dos cidadãos "honestos" a fim de sanar gratuitamente os males dos "libertinos"? Doença vergonhosa, a sífilis era vista como um merecido castigo à "libertinagem", palavra que tirava o sono de médicos e pacientes. Preservativos de látex só começariam a ser usados a partir de 1930. Os círculos religiosos insistiam: a prática da abstinência era a mais segura. Os homens deviam ser mais contidos. As meretrizes eram controladas, e uma política antivenérea tomou conta do país, sobretudo nas capitais do litoral, onde bordéis cresciam com a urbanização. O médico e escritor Pedro Nava, em 1916, as resumiu: "As fêmeas eram legião. Havia velhas hediondas e meninas de uma beleza radiosa e apodrecida". No Rio, durante muitos anos, da Glória ao Catumbi e das ruas centrais à Praça da República, enfileiravam-se os bordéis. "Ali alguns satisfaziam seus desejos e fantasias, outros se iniciavam na vida sexual, combatiam as tristezas e reuniam-se com outros homens e mulheres para alegres noitadas tão ao gosto da época!".

Mas não era só o Estado que reagia. Como no século anterior, em certas localidades, as críticas aos libertinos eram publicadas no jornal da cidade, como viu acontecer em Cumamu o memorialista Heráclio do Rego. Quem pôs a nota foi seu pai, o coronel Chico Heráclio:

> Capitão Né Gonçalves. Venho pedir-lhe para refletir e pensar no erro que vosmecê está cometendo na sua idade, de namorar

mulher casada. Não sabe, 'seu Né', que quem olha para mulher dos outros está com os pés na beira da cova da sepultura? É possível que depois de bisavô, arriscando a vida e sem cuidado, de mangas de camisa e revólver de fora! Seu Né, o marido dela não tem medo de vosmecê. Cuidado, seu Né. O amigo que avisa em tempo.

A comunidade também vigiava seus membros.

Outros tantos preferiam trocar os prazeres da cama pelos da mesa. Caso de José Maria da Silva Paranhos Jr., ou Juca Paranhos, o Barão do Rio Branco, que, depois de muitas noitadas alegres, com o passar dos anos optou pelo gosto exagerado pela boa mesa. Se para mulheres seu paladar era francês, nas panelas ele preferia a feijoada brasileira ou a peixada lusitana. Dizem que, dessa forma, o grande político se resguardava da bisbilhotice das amantes. De moço louro e galante se tornou pesado, gordo, careca, ventre enorme apertado no paletó, o rosto redondo a exibir bigode branco, os olhos afundados atrás das bochechas.

A terceira opção seria assinar revistas como *Comichões*, ao preço de 1$200 réis pelo correio – "Álbum só para homens – encontram-se aí as mulheres mais belas em seus misteres de alcova" – ou comprar, na mesma editora *A família Beltrão – Grande conjunto de sensações amorosas que fazem levantar até o mais bojudo frade de pedra. Retumbantes gravuras feitas do natural e das cenas mais saborosas*!

Hoje temos estudos associando o alcoolismo ao vazio deixado pelo fim da vida profissional. Fenômeno que os radares não captam, ele foi objeto recorrente de teses das Faculdades de Medicina até 1920. Nas primeiras décadas do século XX, o antialcoolismo foi tema de reiteradas campanhas, tanto na imprensa como em diversas instituições. Sob a ótica da eugenia, a "embriaguez" produzia "doentes mentais". Adjetivos como "demônio da humanidade", "diabólico" e "gênio da degeneração", entre outros, fizeram parte do arsenal retórico utilizado por setores mais radicais, em uma verdadeira cruzada higiênica empreendida com a intenção de retirar o consumo de "parati [aguardente] do cotidiano da população brasileira". O médico Evaristo de Moraes, comentando uma possível sobretaxação das bebidas alcoólicas no Brasil, criticava: "pouco se consegue, devido à intervenção dos produtores de álcool que, por meios nem sempre confessáveis, dominam o Congresso".

A Liga Brasileira de Higiene Mental, criada na década de 1920, publicava incansavelmente artigos sobre os malefícios do álcool assinados por médicos, psiquiatras e magistrados.

Caso exemplar foi o de João Henrique Lima Barreto. Mulato, filho de uma escrava liberta e de um português que não lhe reconheceu a paternidade, falava francês e queria ser médico. Premido pela necessidade, abandonou os estudos e aprendeu o ofício de tipógrafo, muito valorizado. Um dos jornais para os quais trabalhou foi *A Reforma*, do Partido Liberal, que tinha entre os sócios o conde Afonso Celso. Em homenagem a ele, deu o mesmo nome ao filho, Afonso Henriques. Alcóolatra, João Henrique foi internado várias vezes no hospício e acabou aposentado como doente mental. Desde 1911, seu filho, igualmente etilista, começou a ter delírios paranoicos. Internaram-no com o diagnóstico, comum à época, de neurastenia. Em 1917, novo internamento, e o médico que o recebeu escreveu no prontuário: "É um indivíduo precocemente envelhecido, de olhar amortecido, face de bebedor. Diz-se escritor".

Talvez Lima Barreto não se visse velho, mas sabia reconhecer quando via um. Em seu *Diário do hospício*, anotou a companhia de certo Ernesto Menezes, "o velho que, dizem, matou a mãe...". Com menos de quarenta anos, o genial autor de *Triste fim de Policarpo Quaresma* parecia mais velho, cabelos brancos, alquebrado. Teve alta, mas continuou bebendo e falando frequentemente da morte. Pai e filho morreram com dois dias de diferença.

Sabe-se que a preocupação maior era com a mão de obra de operários na indústria nascente. Encontrados caídos nas ruas, faltavam ao trabalho. Crimes passionais também eram atribuídos ao consumo exagerado de álcool, cuja ingestão indiscriminada escondia a má alimentação das classes trabalhadoras e pobres. Quantas greves contra a carestia de produtos não foram feitas! A fome voltou e era quase naturalizada. A falta de uma reforma agrária depois da Abolição deixou as terras na mão dos grandes latifundiários que, em várias partes do país, adotaram um modelo de semiescravidão. A institucionalização de políticas de alimentação e nutrição só chegaria com o primeiro governo de Getúlio Vargas, de 1930 a 1945.

Mas e quando se aposentavam, continuavam a beber? Nos núcleos urbanos, onde começou a corrida pelo dinheiro, a venalidade, a violência, o alcoólatra via o tempo se retirar como a maré, deixando na praia as lembranças do emprego, da estabilidade e do salário que ajudava a manter a família. Melhor seria perguntar quantos *não bebiam*. Atualmente temos respostas. Na época, não.

A velhice "civilizada", urbano-industrial, capitalista e agrária como queria a República encontrava seu lugar nas capitais do Sudeste, onde as mudanças se aceleravam. O progresso da industrialização, dissolvia famílias, pois carregava os filhos para longe, para a formação técnica, para a faculdade, para o trabalho ou o emprego em outras cidades. Evidenciava-se o fosso geracional. O jovem artista Di Cavalcanti, por exemplo, deixou o bairro de São Cristóvão, onde morava com a família, para estudar Direito em São Paulo. Nunca se dedicou aos estudos. Queria mesmo desligar-se "de parentes que não compreendiam minha personalidade de artista e perseguiam-me com mediocridade (essa terrível mediocridade do conservantismo burguês, que quer tudo dentro de uma norma estreita) como se vivêssemos num úmido corredor de casa velha [...]".

Nem todas as famílias eram "conservantistas burguesas", e a da educadora Áurea Nardelli, de imigrantes, não teve o que ela chamou de "crise de gerações". Já eram "modernos". Os quatorze filhos tinham liberdade para falar com os pais, contar as preocupações que os afligiam e mais "maluquices". Em Mar de Espanha, Zona da Mata mineira, a neta de português e filha de italiano era capaz de perguntar ao pai, um viajante comercial, rindo, quantas namoradas tinha pelas Minas Gerais: "Guloso como o senhor é, deve namorar as viúvas donas de pensão para desfrutar melhor passadio". Achava graça quando, depois de beijar uma mulher velha, ele pedia um copo de vinho para "tirar o gosto de mulher feia". Quando escreveu suas memórias, já era bisavó, mas tanta informalidade a teria ensinado a "ser jovem com os jovens, adolescente com os adolescentes".

Se antes, ao casar-se, filhos continuavam a morar com os pais, agora era o ditado: "Quem casa, quer casa, longe da casa onde mora". Jovens mulheres se lançavam no mundo do trabalho, evitando assim o jugo da matriarca ou da sogra. A sabedoria da velhice, somada à experiência, diminuía diante do conhecimento adquirido nas escolas e faculdades. Os velhos passaram a ser objeto de interesse secundário, e não se acreditava mais que a sabedoria e a experiência valessem alguma coisa. Ao contrário: elas não serviam ou não cabiam mais nos novos tempos.

Houve quem, como Mário Sette, que entendeu a mudança dos ares. E o proclamava sem ressentimentos: "quando éramos meninos ou mais moços, ouvíamos falar tantas vezes na sabedoria da velhice. Sorríamos com razões por que dávamos a essa sabedoria um sentimento presunçoso de mais alto e verdadeiro acerto, [...] somente os velhos sabiam pensar e agir, eles teriam a única razão em tudo. Duplo engano. Hoje, conhecemos aos 63 anos a verdadeira sabedoria da velhice e ela nos convence da distância a se formar entre gerações, mesmo quando as ligue os mais sólidos e sinceros afetos. A diferença de interesses, os desentendimentos das idades, a intromissão de novos laços afetivos geram esse afastamento irreprimível. Não há como contê-los. É inútil porque se submete às condições naturais dos pensamentos e dos costumes [...] as diferenças das gerações são invictas. Nós as sentimos mesmo entre pais e filhos por mais amigos e dedicados eles sejam". Sábio pai e avô.

Velhice, um país

Nas primeiras décadas do século XX, ficou visível a luta do novo contra o velho. Do hoje contra o ontem. Palavras como jovem, moços, juventude e novo estavam em toda parte. No mundo das artes e das letras, louvavam-se os "poetas moços" como o paulista Guilherme de Almeida; "A fulgurante jovem geração"; Revistas como *L'Esprit Nouveau*; as "vanguardas"; O Futurismo e o Modernismo. A Academia Brasileira de Letras, fundada em 1897, já era considerada antiquada por eles. Uma "morgue literária". E não faltava quem perguntasse "Por que não aproveitar o fardão dos acadêmicos mortos como pano de mesa de bilhar?!". Era preciso enterrar a velha geração para dar lugar à nova.

Ilustrações nas revistas semanais exibiam jovens mulheres com cabelos curtos, bocas pintadas, corpos longilíneos, seios de adolescentes livres do espartilho, vestidos colantes e até... maiôs! A belíssima Patrícia Galvão, ou Pagu, era a musa inspiradora. Tinha então dezesseis anos. Nasciam "as criaturas novas que em São Paulo se dão ao vício de bem sentir e bem pensar".

Mário de Andrade, numa saudação aos "Mestres do Passado", lhes agradecia com flores depositadas "na tumba onde dormis o sono merecido! Sim, sobre a vossa tumba pois vós todos estais mortos". E encerrava com um definitivo "Que a paz esteja convosco". E num artigo de 27 de maio de 1921, no *Jornal do Comércio*, Oswald de Andrade se fazia o arauto das mudanças diárias e formidáveis na metrópole, cidade "de gente ávida, de gente viva que pensa outras ideias". De uma juventude que não dava ouvidos "ao chamado aflito dos velhos sineiros celebrantes de cultos vencidos. Da juventude que extravasava nas escolas, nas calçadas, nos jardins citadinos". Juventude desejosa de uma arte nova no mundo do pós-guerra! Não se honrava mais a herança dos antepassados. Afinal, deles não sobrava "Nada! Nada! Nada!" martelava Mário de Andrade. Ele e Oswald eram a voz do "grupo dos novos"!

Se em São Paulo os jovens atropelavam os velhos, no Rio de Janeiro, estes resistiam: Coelho Neto, Olavo Bilac, Júlia Lopes de Almeida comandando salões, circulando nas confeitarias e livrarias, dando as cartas nas redações, não excluindo os jovens. Havia convivência. Tudo indica que, embora idosos, aceitavam os valores que evoluíam. Não deixavam as novas gerações se esquecerem dos benefícios que lhes foram dados pelas gerações passadas. E, de longe, eram os autores mais lidos da época.

Aos poucos, contudo, a relação com os avós mudava. As "Cartas ao meu avô", versos de Manuel Bandeira, são um bom exemplo de como os tradicionais laços estavam se desfazendo. O amor dos seus resultou em um "fruto sem cuidado", no neto que "inda verde apodreceu". E que, envergonhado e triste, "enquanto anoitece/ Vou lendo, sossegado e só/ As cartas que meu avô/ Escrevia a minha avó." Cada vez mais, os jovens se pareciam menos ou queriam distância dos seus antepassados.

Mas o Brasil era grande demais para se submeter a uma única regra. Enquanto nas cidades as mudanças andavam rápido apagando seus velhos, nos sertões, a figura dos "chefes" e coronéis seguia praticamente intocada. A corrida para o progresso pouco alterou a vida social de muitas populações no interior. Lá escorria uma vida lenta, despreocupada, no ritmo dos trabalhos agrícolas ou do pastoreio do gado. Velhos formidáveis e terríveis resistiam, e suas realizações não permitiam que a idade os definisse. Eles impunham uma forma de justiça viril, que não aceitava desculpas e recusava o diálogo com os mais jovens, filhos ou netos. Eles opunham a tenacidade e o imobilismo dos antigos costumes e de seus princípios inabaláveis à modernidade que arranhava seu território.

No Nordeste, depois do fim das casas-grandes, por exemplo, o interior se tornou o bastião de uma tradição agrária na qual sobreviveu o velho patriarca. Nele, o sertanejo "singelo e forte", filho da natureza, representava a reserva dos valores tradicionais. Sempre capazes de uma reação viril, representavam o macho duro e rústico que não aceitava desaforos. Um valente. Como bem explicou o historiador Durval Muniz Albuquerque Júnior, eles sentiam seus espaços tradicionais ameaçados. O sertanejo, o brejeiro, o senhor-de-engenho, o coronel pareciam estar ficando para trás por se mostrarem incapazes de recuperar o espaço que já haviam ocupado na política e na vida nacional. Os velhos continuaram a representar o mundo de ontem, no qual se glorificavam as lutas fratricidas e se fazia a apologia de homens épicos de uma cultura masculina.

Mas essa mesma cultura estava em transição para dar lugar à sociedade da lei, da norma, da Ordem & Progresso. Tais velhos viram as usinas comprarem engenhos, o senhor ser substituído pelo patrão, os cangaceiros, por moços de terno e gravata. Mas patriarcas seguiam existindo. Os velhos que o historiador e memorialista Ulysses Lins de Albuquerque encontrou na infância e na juventude comprovavam que "não se faziam homens como antigamente". E que eles estavam longe de se assemelhar ao aposentado das cidades litorâneas:

> 12 de dezembro de 1954! Respiro, satisfeito, por ver que o velho coronel Joaquim Cavalcanti Ingá conseguiu finalmente chegar aos cem anos! Quando o vi em setembro, notei que estava arrastando os pés, falando baixo, a palidez acentuada – ele que até pouco era corado – indicava que o velho *roble* das caatingas não resistiria a uma rajada mais forte dos redemoinhos que passam a uivar na ribanceira dos rios secos do sertão. Mas, velho político desde os tempos da Monarquia, correligionário dos meus avós do Partido Conservador na terra braba do Moxotó, o velho Ingá apareceu naquele dia na vila do Rio da Barra, município de Sertânia por

saber que eu ia realizar um comício [...] Inteirado da hora em que devia subir à Tribuna improvisadas próxima ao lado da feira, o velho Ingá me disse que ia logo seguindo para o local "pois gostava muito de me ouvir falar...". E lá se foi acompanhado de seu servo fiel Gregório que lhe arranjou um tamborete para sentar-se [...] E quando desci da tribuna, ele, erguendo-se com dificuldade, veio abraçar-me dizendo: "No dia da eleição, se eu não morrer daqui prá lá, venho dar-lhe meu voto". De fato, soube que compareceu ao pleito sem se aperceber que era, talvez, o eleitor mais velho do Brasil, a "disparar na urna seu bacamarte que nunca mentiu fogo", conforme disse ao regressar da sessão eleitoral.

Os exemplos são legião. O capitão Manuel Bem, prefeito de Alagoa de Baixo, fechou os olhos aos 80 e tantos anos, fazendo política local até morrer. Conhecido por emboscar cangaceiros que se tornavam seus inimigos, fazia questão de transportar seus corpos em redes até a cidade mais próxima para enterrá-los. "Era um velho bem branco, olhos azuis, corcunda de andar macio e fala branda, valente e voluntarioso. Homem de brio, caiu em extrema pobreza, mas sempre respeitado por gregos e troianos", conta Ulisses Lins.

Ou a figura do coronel Chico Bernardo, que se reunia em tertúlia na casa de seu pai, o Coronel Né, Manoel Lins de Albuquerque, junto como outros velhos que vinham de suas fazendolas para a missa aos domingos, em bons cavalos. Chico Bernardo, conhecido como "O homem mais rico do sertão", era proprietário de muitas casas na vila. Dono de algumas bolandeiras de descaroçar algodão, de fazendas de gado, com muito dinheiro nos bancos, gozava a vida como queria. "Bem trajado, usava sempre chapéu coco, correntão de ouro com uma enorme caçoleta cravejada de brilhantes atravessada no colete, guarda-sol de seda com cabo de ouro preso entre as mãos, ali estava a pontificar no seu vozeirão que infundia respeito e no seu português que para mim era uma delícia" – conta Ulisses Lins. Ao examinar a crise que assolava o sertão, castigado pela estiagem dizia ele solenemente: "*Direitamente*, se não houver um *mioramento*, é uma coisa de horror! É um *vurcão*!". E todos concordavam com o que o velho caboclo afirmava do alto de sua suficiência. Homem caritativo, era também uma espécie de banco ambulante na região.

Muita gente lhe solicitava empréstimos a juros de 2% ao mês, e ele abria o cofre atendendo às necessidades dos amigos, que, para garantia do banqueiro, lhe assinavam um "fica" cujos dizeres eram os seguintes: "FICA em meu poder como fiel depositário a importância de X, pertencente ao Sr. Fulano, a qual lhe entregarei quando for reclamado".

Às domingueiras da casa paterna compareciam outros personagens, como o velho Patu, alto e corpulento, a engrolar frases latinas; o velho Tomás do Maxixe, a discorrer sobre os milagres do Juazeiro e a afirmar, categórico, que a palavra do Padre Cícero era um evangelho; o velho Severino, loquaz e erudito, que depois de adquirir um dicionário, dizia que "para ser padre só faltava saber tabuada"; ou o velho patriarca, coronel Manuel Inácio, protetor de arbitrariedades, assassínios e roubos praticados por seus protegidos e que, na sua original filosofia, explicava a guarida que dava aos bandidos: "Meu filho, os bons já são protegidos por natureza. Os maus é que precisam de proteção". E esteve até morrer sob a proteção de sua "guarda de cangaceiros", respeitado ou temido naquela zona sertaneja. Seu exército era constituído de criminosos que vinham de toda parte, recomendados pelos amigos, que lhe pediam "que os acolhesse sob o pálio protetor", contou Ulisses.

Depois de descrever seu avô, presença de gigante, cujo poder era de uma força da natureza capaz de subjugar homens e animais, capaz de derrubar no chão uma novilha, sangrá-la e esfolá-la com as próprias mãos, o escritor Graciliano Ramos concluía que não havia mais como ser velho assim. O avô era "homem de imenso vigor, resistente à seca [...] reconstruindo corajoso a fortuna [...] o olho azul perdido na capoeira familiar, percebendo sinais invisíveis ao observador comum". Em suas memórias dos anos passados na fazenda, Graciliano conheceu outros tantos velhos que tinham, segundo ele, "uma vontade obscura de viver". Nada os detinha. Juntavam força, valentia, rigidez. Comparava-os com seu pai, "um homem débil", fraco, medíocre. Porque, segundo Graciliano, a modernidade engolia tudo. O mundo desses antepassados perdia densidade e espessura, deixando vingar uma gente fraca. Aliás, fraca como ele, Graciliano, que, aos 50 anos, extremamente magro, quase sem carnes, lábios e dedos amarelados por conta do cigarro, poucos cabelos, rosto anguloso, era o retrato do que, nos anos 1940, se associava à decrepitude e à velhice.

Na República Velha, anciãos extremamente importantes na vida política e econômica do país se despediam dos antigos costumes. Seu mundo, centrado na sociabilidade tradicional, na família, na "sua gente", começava a ser substituído pelo indivíduo, que emergia. Um indivíduo desvirilizado, se comparado ao avô. Desterritorializado, pois, integrado à cultura nacional. Dito civilizado e, se possível, poliglota. Um "novo-velho". Seu protótipo foi o nosso já conhecido José Pereira da Graça Aranha, escritor, velho diplomata, ministro e membro da Academia Brasileira de Letras sem ter publicado um livro. Di Cavalcanti registrou o dia em que se conheceram na livraria do amigo modernista Jacinto Silva: "vinha belo, elegante, perfumado de lavanda". Ou, na descrição de Rubens Borba de Moraes: "um senhor britanicamente vestido de flanela cinza. Na cabeça trazia um daqueles leves feltros *Gelot* que se enrolam como um canudo e se desenrolam sem amassarem. Era baixo, usava bigode curto e grisalho".

Graça Aranha quis conhecer "os novos" e se articulou perfeitamente com o grupo modernista de São Paulo. Foi um dos organizadores da Semana de 22, defendendo num discurso que música, arte e poesia tivessem algo do "Espírito Novo". Em 1924, rompeu com a Academia Brasileira de Letras, "uma reunião de espectros, um túmulo de múmias, um império de todas as velhices", a qual acusou de total imobilismo literário: "Tudo vive espiritualmente. Só a Academia traz a face da morte". Ali se produzia a literatura dos velhos, dos consagrados, dos guardadores da tradição e do classicismo da linguagem. Ele chegou a declarar "Se a Academia se desvia desse movimento regenerador, se a Academia não se renova, morra a Academia!".

Outro velho moderno foi Paulo Prado, mecenas, poeta, cafeicultor e investidor, elo entre o mundo dos negócios e os artistas, que permitiria à Semana de 22 ser "a operação cirúrgica necessária à eclosão definitiva do Modernismo brasileiro", como cravou Di Cavalcanti. O próprio Paulo, encarnação do velho moderno e cosmopolita, abriu fogo num artigo contra o que considerava "o Já Visto, a Velharia, a Caduquice e o Mercantilismo". A Semana fizera soar "clara e vibrante a nota do talento e da mocidade". Era a velhice caminhando ao lado da juventude.

No Rio Grande do Sul, então o terceiro estado do país em força política, a escritora Júlia Lopes de Almeida descreveu encantada o misto de estancieiro de bombachas e botas, estadista, poeta e fundador do Partido Libertador Joaquim Francisco de Assis Brasil: cabeça e bigodes totalmente brancos, diplomata na Argentina, em Portugal e nos Estados Unidos, instalado em seu Castelo de Pedras Altas, construção medieval, com uma biblioteca de quinze mil volumes de clássicos em inglês, francês e latim e uma sala para concertos de piano. Era outro "velho-moderno", capaz de associar tradições gauchescas e pesquisa científica de ponta sobre raças bovinas e adubos que não eram produzidos no Brasil. A introdução do gado zebu, que deixava de queixo caído os técnicos europeus que visitavam nossas fazendas, incentivava tais experiências adaptadas ao nosso capim e solo. Cosmopolita, Assis Brasil era, ao mesmo tempo, um nacionalista, pioneiro na pesquisa agronômica por aqui.

Havia outros velhos jamais esquecidos. Eram os professores. Dura profissão! Fora das Universidades – a Universidade de São Paulo seria fundada em 1932 –, recebiam pouco ou tinham seus próprios estabelecimentos, nos quais juntavam crianças e jovens de idades variadas numa mesma sala. Isso, sobretudo, no interior. Ulisses Lins se recordava da figura do professor José Barbosa da Cunha Moreira, magro, asmático, de barba cerrada, carrancudo, áspero, o tipo do "mestre carrasco". Não permitia que os alunos desviassem os olhos da leitura, batendo com a régua na cabeça dos que lhe infringiam as ordens ou aplicando-lhes, com a "Mariquinhas", palmatoadas que lhes inchavam as mãos. Sobre a mesa, a palmatória dava medo. Com toda essa braveza, Ulisses ficou pesaroso com a morte do velho, fulminado por um ataque cardíaco. Sua morte deixou a cidade consternada. Era muito querido.

Ulisses se lembrava também de Mestre Antão, um dos inúmeros professores afro-mestiços que ensinaram nossos antepassados. Antão Alves de Santana, tipo alto, espigado, que vinha descalço, diariamente, do sítio Maxixe, onde residia, a algumas léguas da cidade. Mas ao chegar à Pedra Grande, a trezentos metros da escola, calçava os sapatos e acabava de chegar no seu andar ligeiro. Depois de acender seu cachimbo de barro de cano cumprido, sentado na cadeira de braços junto à mesinha do professor, mestre Antão ia tirando baforadas, calmo e pachorrento, passando logo a corrigir nossas escritas, para mais tarde chamar-nos à lição. Quando um menino espirrava, ele mandava que os outros lhe dissessem *Dominus tecum* e ensinava também ao "espirrante" como agradecer em latim. Também era professor particular, tendo ensinado algumas gerações pelas fazendas.

Desde os primeiros anos da década de 1810, o príncipe regente D. João, futuro D. João VI, emitiu um decreto ordenando que os professores régios de filosofia e das escolas de primeiras letras tivessem aposentadoria ativa. Depois, professores podiam se aposentar apenas por tempo de contribuição, sem idade mínima. Eles fizeram parte da trajetória dos personagens importantes que ascenderam nas primeiras décadas da República Velha. Testemunhos revelam alunos gratos à formação que tiveram, apesar dos castigos físicos com que eram normalmente punidos. Eram tão respeitosos dos velhos mestres que, ao entrar e sair da escola, tomavam-lhes a bênção com um gesto reverente, erguendo a mão direita à altura do rosto e dizendo *bênção, fessor*. Quando este entrava em classe, todos se erguiam com um *bom dia* ou *boa tarde, professor*, lembrou José Ferreira de Novais, paraibano, na entrevista que concedeu ao livro *Ordem & Progresso*, de Gilberto Freyre.

Se ministros e projetos para a escola mudavam, a relação com o velho mestre era intocável. Que o diga Thiago de Mello sobre a noite no Ginásio, em Manaus, quando da homenagem ao seu velho professor Vivaldo Lima:

> Chegou sozinho e, ladeado pelos alunos, foi subindo vagaroso os degraus da escadaria, que a hidrocele volumosa demandava esforço. Todo de branco, a gravatinha borboleta de laço caída a seu gosto, o velho mestre, já de cabelos completamente brancos, mas de coração rico de juventude, parou emocionado quando ouviu os aplausos dos alunos que irromperam espontâneos, prolongados, assim que entrou na sala. [...] então o professor começou, com um tom de companheiro mais vivido que já passara por poucas e boas no seu convívio com os homens, começou a conversar a com a gente. Guardo a força do silêncio com que o escutávamos. Contou coisas de sua mocidade, lembranças de figuras que o marcaram, fez revelações em torno da hipocrisia que manchava a vida política e fez questão de acentuar três sugestões, porque conselhos ele não dava a ninguém. A primeira, que de vez em quando déssemos uma volta sem pressa pelos bairros habitados

pela gente pobre de Manaus para que víssemos e aprendêssemos como era a vida dela. A segunda lição é que a verdade sempre vale a pena, mesmo que no começo a gente pareça perder. Finalmente ele nos conclamou a estar sempre do lado da justiça. "Já até pareço macróbio", disse mestre Vivaldo, "e tenho esses culhões que não me ajudam a andar melhor, mas garanto a vocês que ainda tenho forças para lutar e sou capaz de sair correndo para defender a causa da justiça humana".

Se no Império o colégio tinha a função de preparar alunos para o ensino superior, entre 1911 e 1915 chegaram novidades. Nascia o "grupo escolar", quando as classes passaram a distribuir os alunos por idade, em séries. Pertencer à mesma classe significava formar-se junto. A estrada percorrida consolidava a amizade que, como bem disse Mário Sette quando de um reencontro com colegas: "teve um sabor especial, porque tínhamos os três atingido a casa dos 60 e sentimos uma cristalização de afeto a uma comunhão de pensamentos capazes de transformar os nossos corações em um só".

Verdadeiros palácios nas cidades e pardieiros no subúrbio, nas salas diferenciadas dos colégios nasceu o critério de "faixa etária". Nas décadas de 1920 e 1930 surgiu o "Escolanovismo", tendo à frente o baiano Anísio Teixeira, que defendeu com afinco a laicidade, a gratuidade, a obrigatoriedade e a coeducação no ensino público, lentamente adotada no imenso país.

A feminização do magistério aumentou no século XX. E velhas professoras também eram lembradas. Uma delas marcou José Itabyr Kantorovich. Maria José Guimarães, por alcunha Maria Capitoa, foi a primeira a se formar em São João del-Rei, a lecionar no distrito de Santana de Garambéu, Minas Gerais. Em 1920, montou uma escola no porão da casa do pai, único sobrado da vila. Por ser filha de um capitão e por tratar os alunos com extrema severidade, ganhou o nome de Capitoa. Mais velha, se casou com um dos seus alunos, quase trinta anos mais novo que ela, pois tinha medo de ficar viúva. O marido morreu e deixou-a viúva e sem filhos.

Ou a história de Dona Romana Muniz de Calmon Bittencourt, fidalga, nascida em berço de ouro, criada na Corte imperial, amiga da Princesa

Isabel, cuja fortuna perdida a transformou em professora no interior da Bahia. Foi dar aulas para prover o sustento da família numerosa. Como contou seu filho, Pedro Calmon, na festa que lhe foi oferecida depois de 26 anos de dedicação ao magistério: "Tempos difíceis, foram, para ela, aqueles. Era mister fazer jus a um lugar ao sol, para sua família, pagando o alimento e teto com a moeda do trabalho. O que é certo é que muito lutou. Lutou com admirável tenacidade e energia. [...] Maior expressão, nesse episódio de sua vida atribulada, parece ter sido, justamente, o fato de permanecer, já passada a tormenta, no terreno que com tanta pertinácia cultivou". Dona Romana foi professora até o fim. Todos podiam se aposentar por tempo de contribuição e sem idade mínima.

O magistério era visto como uma extensão da maternidade, o destino primordial da mulher. Era uma atividade de doação, e a escola era seu lar, segundo a historiadora Guacira Lopes Louro. As professoras gritavam e castigavam os alunos como a mãe ao filho. Representadas como mulheres de poucos sorrisos, para não incitar qualquer forma de sensualidade, eram de preferência solteiras e, logo, "solteironas". Eram proibidas de tocar nos alunos. Tinham que levar vida correta e "limpa". De óculos, coques, costas retas, pés unidos, roupas abotoadas e mangas cumpridas, eram assim retratadas para inspirar as alunas. A Escola Normal formava as jovens, que logo abandonariam a profissão pelo casamento. As professoras que permaneciam lecionando eram mulheres mais maduras e, de preferência, sem idade, como Dona Romana ou Maria Capitoa.

Depois de aposentadas pela vida ou pelo emprego, mulheres também envelheciam. Muitas se recusavam a se abater. As recordações dos memorialistas as descrevem sempre em casa. Ulysses Lins, por exemplo, aos oito anos foi levado, a contragosto, do "casarão de taipa, com oito quartos, onde pontificava minha avó materna, a velha Carlota de Siqueira – Siá Santa, como a chamavam, cercada da grande família que controlava com sua bondade de eleita". Casinhas rústicas ao fundo da casa-grande davam um ar de arraial à fazenda Pantaleão, que existia desde 1877, onde ex-escravos dos avós ficaram morando depois da Abolição: "entre tanta gente humilde e boa que aí vivia e continuava a viver à sombra da velha Santa, adorada por todos".

Ulisses contou que, todas as tardes, Siá Santa sentava-se na grande latada que sombreava a frente da casa, ora fazendo renda na almofada, quando, vez por outra, cantarolava uma canção dolente ou, de mãos queixo, pensativa, olhava lá para a estrada

> onde antigamente vinha meu avô, depois das ausências longas que fazia com seus negócios de gado nas feiras de São Caetano da Raposa ou Santo Antão da Vitória, no sertão pernambucano. E ali viveu a velha Santa, com o gadinho que ainda lhe restava, com suas cabras e ovelhas. Criando porcos, galinhas, perus e guinés, ao lado dos dois filhos e algumas pessoas que lhe prestavam serviços, e assim se manteve até o fim da vida, sem passar aperturas, deixando alguns bens para os filhos.

Resistiu como respirava.

No outro lado da medalha, a avó de Rubem Alves, mineira sem senso de humor, autoritária, intransigente, arrogante, que tinha um sádico prazer em alfinetar as pessoas que a contrariavam. Gostava de caçoar, recurso que muito se usava naqueles tempos. Não tinha vocação nem para as obrigações da casa nem para a maternidade. Nunca aceitou o papel de avó. As crianças lhe eram um estorvo. "Nunca me pegou no colo ou me contou estórias, nunca conversou comigo ou me deu presente, mas várias vezes apertou meu braço com força [...] há pessoas que são duras por terem medo de que a ternura as amoleça", registrou o memorialista. "Penitenciava-se do permanente mau humor em sessões espíritas que realizava aos sábados em casa, quando distribuía pacotes de macarrão para as mulheres pobres. Mas não as despachava. Sentava-se com elas e conversava".

Mas ainda bem que Rubem Alves teve duas avós, pois a outra provou que também para as avós chegavam tempos modernos. Em 1917, numa cidadezinha do interior mineiro, Dona Sophia Alves do Espírito Santo começou como negociante de tecidos, armarinhos, ferragens, calçados, chapéus, louças, perfumarias, couros e molhados. Em 1927, já era correspondente dos bancos do Brasil e Comercial e revendedora de automóveis Studebaker no Brasil. Vale a pena conhecê-la:

> Do retrato de minha avó Sophia eu tenho memória nítida. De perfil, nariz decidido e forte, como aquelas efígies cunhadas nas

pratinhas de dois mil réis. Impassível, sem uma ameaça de sorriso, cabelo esticado para trás, terminando num coque, gola de renda. Dir-se-ia que ela estava fora do tempo [...] Dona Sophia nasceu num tempo errado. O tempo das Dores de Boa Esperança era o tempo da "moagem": palavra que os próprios filhos da terra inventaram. Moagem de moer. Ficar rodando, como a moenda. A moenda que mói a cana, quando não era movida pela água, era movida por um burro preso à trava da atafona que andava em círculos o dia inteiro. Andava devagar. Não tinha pressa. Seu caminho levava a nada. Era circular. Voltava sempre ao início, girando, girando, andando sem sair do lugar, assim é o ano, o tempo girando, voltando ao princípio, sabedoria do Eclesiastes, o que foi, isso é o que será, não adianta se afadigar, geração vai, geração vem, o sol nasce, o sol se põe, os rios correm para o mar e depois voltam ao seu início, tudo roda, o pão que joguei no rio ontem voltará a mim amanhã pois os rios também giram. Tempo do Eterno Retorno de Nietzsche ou do tempo circular de Einstein. Quem navega nesse tempo circular sabe da inutilidade de tudo o que se faz, assim só cuida de que amanhã seja igual a ontem. Melhor é se abandonar ao manso ir das águas. Altino Alves do Espírito Santo, marido de dona Sophia, se inspirava no burro e se abandonava a uma tranquila preguiça, própria de quem sabe da inutilidade de tudo o que se faz. Dona Sophia arrebentou a trava da atafona. Recusou-se a andar em círculos. O seu tempo era outro. Queria apressar o rio. Remava. Não aceitava a pachorra da natureza. Era uma mulher moderna. [...] o tempo da dona Sophia não girava. Era o tempo do progresso, dos "novos tempos", das novidades.

Mário Sette conheceu as duas bisavós maternas, bisavós do jeito antigo de ser, Dindinha Joaquina e Dindinha Tété:

Eram diferentes no físico e no temperamento. A primeira, gorda, bonachona e alegre. A outra magra, doente, impertinente. Dindinha Joaquina, vaidosa com suas matinês bordadas, cabelos bem penteados cheirando a jasmins. Dindinha Teté tomava rapé, simplória, negligente no trajo. Eu gostava muito da primeira e escondia a tabaqueira da segunda... E quando Dindinha Joaquina chegava para passar tempo conosco, era uma festa. Contava histórias, fazia adivinhações, brincava comigo. E não queria que eu desse lição...

Muitas mulheres trabalhavam até o fim da vida por necessidade, para manter a família, pelo prazer de ganhar dinheiro. Thiago de Mello conheceu mulheres que se aposentaram depois de muito esforço, caso de Messody Henriques, dona do primeiro instituto de beleza em Manaus, orgulho da cidade provinciana onde fazia cortes, penteados, pintura de cabelos e unhas. "Foi a própria Messody quem me contou, agora esquecida e envelhecida, mas cheia de sabedoria, que as mulheres da chamada Zona também tiveram o direito de frequentar os recursos de embelezamento do Instituto". E que ela recebia pessoalmente telefonemas das senhoras da nata reclamando. Resposta: "Minha filha, o teu dinheiro é igualzinho ao delas". Mulheres como Messody sabiam se defender da vida e defender os valores que lhe davam sentido.

Ulisses Lins se lembrava da velha Anastácia, sertaneja de índole revolucionária, que certa vez, num de seus assomos de rebeldia, saiu-se com esta "declaração de princípios": "Matar para ser temido, roubar para ser querido. A velha era um raio de Celebrina! Baixinha, rosto enrugado, viva e saltitante sempre a mastigar... viúva de um João Cabrinha já tinha passado pelo dissabor de ter três filhos, ladrões de bodes, assassinados. Analfabeta, mas muito inteligente, se não era poetisa, dava impressão de ser, pois para tudo tinha uma quadrinha. Suas réplicas fulminantes confundiam aqueles com quem discutia. Foi independente e ativa até morrer" – contou Lins.

Na outra ponta do país, Cecília de Assis Brasil registrava a admiração pela "velha preta Tia Bárbara", que, além de ter carregado sua mãe no colo no tempo em que era escrava de seu bisavô, depois da Abolição, nunca deixou de procurar a família de seu antigo senhor. Foi dos muitos ex-escravizados que mantiveram relações com a casa onde trabalhavam ou que seguiam trabalhando para os patrões. Tia Bárbara tratava a todos com viva afeição. Ganhou poemas de versejadores da família: "Em cada ruga uma esperança morta/cada cabelo branco é uma saudade". Segundo Cecília, era alta, esguia e trêmula, mas sabia "falar-nos ao coração, ela nos contava histórias interessantes prendendo a atenção por horas". Tiroteios entre jagunços, a mortandade do "primeiro cólera", a festa das "farinhadas", o descaroçamento de algodão feito num aparelho primitivo puxado por escravos; as festas dos escravos quando o senhor voltava da feira com fazendas para vesti-los e presentes para todos; a quadrilha na casa-grande e os cocos na casa dos escravos.

> Tudo isso Tia Bárbara nos contava, terminando com lágrimas nos olhos, lembrando-se da sua mocidade! E nós ficávamos emocionados! E exercia uma certa ascendência sobre os demais ex-escravos que diante dela ficavam submissos, recebendo com respeito as admoestações que por vezes lhes fazia...É que a preta possuía qualidades, meio fidalga que sabia ser, nos modos e nas ações. Fora notável sambista no tempo de moça.

Sim, as mulheres envelheciam. E, como hoje, se viam velhas no olhar do outro. Agrippino Grieco tinha o dom de as fazer sentir o quanto os anos tinham passado. Sobre a atriz e diva feminista Cinira Polônio: num retiro de artistas, encontrou-a "emurchecendo mais e mais" e "fechada no orgulho de quem achava que não colhera glórias suficientes". Ou com a bela Lucília Peres, paixão antiga de quem recordava "o ronron de felino voluptuoso". Ele ficou arrasado de "reencontrá-la, quatro decênios depois, em ruínas a adestrar jovens candidatas numa sala escura do teatro Ginástico!".

Se as vedetes saltitantes e incansáveis, cuja celebridade encantava os espectadores, não tinham direito de envelhecer, o que diria o comum das mulheres, como certa Maria Luiza, que Sylvio Rabello namorou um dia: "E aí foi impossível entender-me com ela, o rosto redondo, os olhos pretos, prometendo tudo na distância que nos separava. Aí é que notei a devastação que aqueles anos fizeram na pobre moça. Há pouco tempo tornei a vê-la: uma velhinha já sem idade. Ia de luto. Contou-me histórias tristes [...] fugi atarantado".

Mas foi Carolina Nabuco, falando de si, que deixou a lúcida síntese do envelhecimento feminino na primeira metade do século XX. Reproduzo seus parágrafos, pois são de grande sabedoria e trazem conforto para as idosas aflitas da atualidade. Ela era uma mulher culta, solteira, cuja situação social havia mudado junto com o país e a morte do pai. Tinha 83 anos ao escrever:

A velhice chega às vezes tão lentamente que nem a vemos chegar. Nosso primeiro contato com ela pode ter uma causa mínima como sentir um braço amigo oferecendo-nos apoio num caminho onde não existia embaraço, ou ouvir uma voz amiga murmurar "olhe o degrau", num aviso dispensável. O importante na velhice é poder encher tempo e pensamento com ocupações adequadas à idade. Diz Cícero que a ocupação mais confortadora para ele foi a jardinagem. [...] Mamãe distraía-se conduzindo uma luta absorvente contra as formigas de Petrópolis, que às vezes, numa só noite, depenavam a roseira... Ocorreram-me muitos outros recursos dos quais os velhos podem se valer [...] Conheci nos Estados Unidos uma nonagenária, ativa, saudável e de grande fortuna, cuja paixão era o teatro. Não perdia uma só peça que merecesse ser vista, valendo-se da grande escolha que Nova Iorque sempre oferece... Como não ficaria bem a uma grande dama sair à noite desacompanhada, tinha como hóspede permanente de sua casa um senhor de meia idade e de boa aparência (creio que parente seu) que se achava sempre pronto para envergar seu *black tie* para lhe servir de *escort* quando ela saia para ver um espetáculo ou uma exposição.

A velhice inteligente é a que aceita suas condições sem reclamar contra as misérias e dissabores da idade, aproveitando as oportunidades que possam surgir... para quem chega ao fim da corrida, os contratempos ou erros perdem muito a significância. Quando as contas de nossa vida já estão feitas e concluídas, um fracasso a mais ou a menos desaparece entre os créditos registrados. Acontece o contrário com os prazeres menores, inclusive os da comida. Estes muitas vezes adquirem graça nova.

A redução do calor humano e com ele, do poder de atrair e de ser atraído, de amar e ser amado, traz o espectro do isolamento, uma das maiores cruzes da velhice. Os anos tendem a diminuir ou destruir nosso interesse pelas coisas que vão pelo mundo e por nosso próximo... E esse desinteresse encontra sempre, para seu castigo, o desinteresse dos outros por nós.

Os velhos carregam o peso de uma bagagem de experiência e de detritos que os separa do mundo e os impede de acertar o passo com os que palmilham a estrada ainda limpa. Podemos evitar a solidão se soubermos fazer doação de nossa experiência de modo a interessar, não a entediar o ouvinte.

Feliz entre todas é a velhice assistida pela afeição dos jovens... Perdida a beleza do rosto, a graça e a esbelteza da figura, só pode restar a homens e mulheres a dignidade do porte e a bondade no trato. E os anos têm a infeliz tendência de emprestar dureza a muitas fisionomias. A graça da velhice deve ser tranquila. Considero uma benção do céu uma velhice agradável como foi a da Baronesa de Bonfim. Tão alva de cabelo quanto de cútis, tão fina de traços quanto de mãos e gestos, sua beleza serena tinha a suavidade de uma luz de vela, iluminando o salão onde reunia amigos e admiradores de todas as idades.

A maior tristeza que a velhice pode nos trazer é a de nos desiludir sobre nós mesmos, de verificarmos que não somos quem pensávamos.

A década do meu cinquentenário foi a da Segunda Guerra Mundial. Os anos pouco me haviam pesado. Meus poucos cabelos brancos perdiam-se no azulado então na moda. Adquiri um carrinho Chevrolet hidramático e continuei a dirigir até passados os 70 anos, quando desisti do volante para tranquilidade de minha família".

Sábia, sapientíssima Carolina Nabuco.

Filhos viam mães envelhecer... e como reagiam? Rubem Alves não esqueceu quando viu os primeiros cabelos brancos na cabeça da mãe – dormiam juntos no mesmo quarto. Perguntou: "Mãe, por que os cabelos ficam brancos?". Reposta rápida: "Os cabelos das mães ficam brancos por causa da desobediência dos filhos...". Pais também viam filhos encanecer. Em suas memórias, o jurista e político Afonso Arinos de Melo Franco se mostrou surpreso em reencontrar o seu primogênito, que não via há poucos anos, "grisalho".

Apesar das mudanças pelas quais passaram as mulheres na República Velha, para as idosas, mães ou avós, a vida não mudou muito. Enquanto as filhas trabalhavam atrás dos teares da indústria têxtil, fabricavam tamancos, sabão ou chapéus nas fabriquetas que se espalharam pelo país, preenchiam cargos de secretárias, balconistas, telefonistas ou recepcionistas nos escritórios que cresciam, estudavam na Escola Normal, participavam de greves contra a carestia, queriam vestir-se como as artistas que viam nas páginas de *Cinearte* ou na *Revista do Rádio* e participavam, direta ou indiretamente, do movimento sufragista pelo voto das mulheres, mães e avós seguiam parecidas com suas avós e bisavós. Embora suas vidas pudessem mudar, balançar, virar de ponta-cabeça, elas pareciam viver numa doce indiferença frente às mudanças que as cercavam. Talvez acreditassem que nada de novo iria lhes acontecer.

Ao descrever sua juventude, Zélia Gattai, escritora e anarquista, recordou sua mãe na cozinha, ouvindo rádio, saindo exclusivamente para levar a caderneta ao mercadinho onde comprava fiado e explicando, a quem perguntasse, que se houvesse voto feminino, votaria em quem o marido mandasse. Carolina Nabuco recordava sua mãe, entretida com os filhos adultos, "acompanhando de perto a vida de cada", e realizando "afazeres tranquilos". Uma velhice feliz – concluía. A casa e o lar continuavam como o ninho que ia se esvaziando à medida que os filhos partiam. Mulher velha só, pelas ruas, sem companheiro ou sem a companhia dos filhos, era mulher abandonada ou louca. Se viúvas, em geral moravam com irmãs, primas, sobrinhas ou filhas solteiras. No interior ou no subúrbio, cercavam-se de vizinhas. Ricas, cercavam-se de criados.

Mas quando elas mesmas falavam da idade, ouvíamos vozes assertivas como a de Maria Isabel Silveira, aos 80 anos:

> Certa vez, a passeio numa estação de águas, estando eu rodeada por uma porção de senhoras choronas, destas senhoras que passam a vida em lamúrias, sempre queixosas de alguma dorzinha, resolvi ultrapassá-las em matéria de desgraças e confessei num suspiro: Ai de mim! Eu então que perdi todas as minhas crianças! [...] As crianças crescem, e somos facilmente destronados por uma bicicleta, um namoro, um curso ou mesmo pela necessidade de estudar, de trabalhar e ganhar dinheiro.

Quando o ticket perdia a validade

Se não tenho números precisos sobre o número de idosos na Velha República, sabemos quais os vilões que os adoeciam. Em 1902, o prefeito Pereira Passos nomeou, para a direção da Saúde Pública, o jovem médico Oswaldo Cruz. Ele iria lutar contra a febre amarela, a peste bubônica e a varíola, pandemias que chegavam em vagas e matavam milhares.

A varíola gerou a lei n. 11.261, de 31 de outubro de 1904, que dava às autoridades sanitárias poderes para aplicar multas a quem não tomasse a vacina. A peste bubônica foi resolvida com intensificação da limpeza urbana, notificação compulsória dos doentes, vacinação e desratização: os funcionários destacados para a função tinham que recolher 150 ratos por mês, pelos quais recebiam 60 mil-réis. Depois a Diretoria Geral de Saúde Pública passou a comprar ratos mortos, dando origem à profissão de "ratoeiro". A guerra aos ratos virou motivo de piada, e uma polca, composta por Casemiro da Rocha, integrante do Corpo de Bombeiros: *Rato, rato*, foi sucesso no Carnaval de 1904.

Debruçada sobre os pacientes velhos e moribundos, uma constelação de jovens médicos e sanitaristas: Oswaldo Cruz, um gênio que partiu aos 44 anos; Carlos Chagas, sanitarista que combateu doenças tropicais e descobriu a "doença de Chagas"; Miguel Couto, na faixa dos 40 anos quando das grandes epidemias, sanitarista lúcido que dizia "No Brasil, só há um problema: a educação do povo"; Vital Brasil, que tinha 22 anos quando a peste bubônica chegou ao porto de Santos; o não tão jovem Barata Ribeiro, que ordenou a grande "operação de limpeza", demolindo estalagens anti-higiênicas e cortiços no centro da cidade do Rio de Janeiro. Jovens médicos saídos das faculdades de Medicina da Bahia e do Rio de Janeiro, em diferentes partes do Brasil sentiram o cheiro da pele, do sangue, do suor, testemunhavam a dor e a pequena chama que se acendia no fundo do olho do doente quando a febre se afastava. Ou viam a luz se apagar na pupila do agonizante.

Anúncios fúnebres foram outra forma de comemoração, sobretudo quando se tratava de protagonistas importantes, cuja nota de falecimento vinha recheada de elogios. A morte de Afonso Pena, a 14 de junho de 1909, noticiada pelo Jornal do Comércio, insistia na qualidade mais valorizada na época: "faleceu ontem, às 2,30 da tarde, o Sr. Dr. Afonso Pena, presidente da República [...] A sua longa e afanosa vida pública ficará como um brilhante exemplo de abnegação e zelo pela causa do país. Havia nele o temperamento daqueles velhos de outro tempo, pioneiros entusiastas que fundavam cidades e abriam resolutamente novas sendas. Esse ardor juvenil era o traço saliente do seu caráter". Em seguida, multiplicaram-se os anúncios de aniversários de morte de uns e outros, nova forma de marcar a passagem do tempo.

Além das pandemias, do beribéri e da pelagra que levavam velhos, conta Gilberto Freyre que o fígado foi o vilão máximo no grande drama da insalubridade, sem que os pulmões, estômago e intestinos deixassem de representar papéis importantes. A tuberculose ou "peste branca" não tinha piedade e matava, no início do século, para ficar num só exemplo, uma pessoa por dia em Porto Alegre. Ou seja, 60% da população. Além de feridos pela malária, pelas infecções, os vermes e a tísica, não faltaram aos brasileiros doenças "dos nervos". Ruy Barbosa era dado a ataques em que puxava toalhas da mesa, jogando longe a louça. Seu secretário, Tobias Barreto, assistiu e registrou tais manifestações terríveis de ira, que faziam crer que ele sofresse de sífilis. Aliás, eu não ousaria reproduzir a lista de sifilíticos feita por Freyre, com medo de ser processada pelos familiares. Só gente graúda.

Se os números são difíceis de apurar, não faltam relatos de como as pessoas partiam. Alguns surpreendiam pela rapidez com que eram levados. Humberto de Campos, por exemplo, contou como, numa sessão da Academia Brasileira de Letras, encontrou colegas despreocupados de si, sem sinal de doença. Entre eles, João Ribeiro e Augusto de Lima, que lhe deu uma medalhinha de Santa Teresinha do Menino Jesus, pois ambos estavam preocupadíssimos com a intervenção cirúrgica que ele, Humberto, bem mais jovem, faria dali a alguns dias. Pessimista, Humberto temia não escapar da operação. Ironia do destino: ao voltar à ABL, ambas as cadeiras estavam vazias. "E como lembrança deles ali, apenas a sua sombra na minha memória".

Outras mortes eram esperadas, como a de seu mentor e amigo Coelho Neto: "Há muitas semanas esperava a notícia terrível do desenlace fatal. E ao recebê-la chorei. Os soluços vieram-me à garganta. Sobreveio, porém, a reflexão, A morte, comparada àquele resto de vida era um bem, uma esmola de Deus". Sobre outro imortal: Graça Aranha, "Não conheceu a decadência do espírito que amesquinha, nem a velhice do corpo que envergonha. Aos sessenta anos era tão jovem como aos vinte. O vinho de sua alegria não azedou. Foi com ele que rezou inteira a missa da vida". Morria-se um pouco com cada amigo que desaparecia.

Outras mortes ainda se tornavam companheiras de caminhada, e avisavam suas vítimas, caso do poeta tuberculoso Manuel Bandeira, que registrou: "Quando caí doente em 1904, fiquei certo de morrer em pouco tempo; a tuberculose era ainda a "moléstia que não perdoa". "Mas fui vivendo, morre-não-morre". Perguntado o médico quantos anos teria de vida: "Pode viver cinco, dez, quinze anos... quem poderá dizer". "Continuei esperando a morte para qualquer momento, vivendo sempre como que provisoriamente. (sentimento de inutilidade). Este só começou a se dissipar quando fui tomando consciência da ação de meus versos sobre amigos e sobretudo desconhecidos... Foi à força de testemunhos de gente quase toda alheia à literatura que "principiei a aceitar sem amargura o meu destino". "Hoje, na verdade me sinto em paz com ele e pronto para o que der e vier". "Agora a morte pode vir – essa morte que espero desde os dezoito anos. Ela encontrará "a casa limpa, a mesa posta, com cada coisa em seu lugar". Ele partiu aos 86 anos!

Por pudor, muito doentes se escondiam dos familiares e do mundo. Caso da poetisa e educadora Cecília Meireles, que não saía mais. A doença má prendeu-a em casa. Não queria se mostrar. Não porque ruísse sua beleza exterior, quando já era avó. Mas porque não tinha forças para enfrentar os amigos. Explicar-lhes o fim que se aproximava. Contou Dante de Laytano: "Cecília conformara-se. Nós é que não". Edgard Roquette Pinto, médico, escritor e criador da Rádio Sociedade no Rio de Janeiro, foi atacado por uma doença que destruiu sua aparência. Não aceitava aparecer em público. Poucos e privilegiados amigos o viam. A dupla, velhice e doença, era alvo de todo preconceito. Já começava o que hoje chamamos "agismo".

Outros preparavam o próprio enterro com pragmatismo, como o avô de Ulisses Lins, chefe respeitado na região, conhecido como o Titã de Moxotó. Quando, aos 75 anos, adoeceu gravemente, mandou preparar o caixão e exigiu que o pusessem dentro para ver se se ajustava bem ao seu corpanzil.

A violência contra velhos também matava. Denúncias anônimas levavam delegados a prender filhos que espancavam seus pais. Ou os próprios idosos recorriam às delegacias. "Um agrediu a pau o pai e outro quase matou a mãe a cacete", estampava *A Razão*, em 1917. Velhos podiam ser empurrados nas ruas, pois andavam devagar. Podiam ser atropelados por trens ou carros. E tantos, como hoje, eram ludibriados por emprestar dinheiro que não lhes era restituído. Houve idoso que foi capa de jornal por reagir a tiros quando se sentia roubado. Ou por ter sido friamente assassinado, como no caso contado por José Itabyr. O marechal de campo do Exército Brasileiro, José Armando Carvalho, casou-se, mas não teve filhos. Adotou uma menina, filha de uma empregada sua. Moravam num palacete de escadaria de mármore no bairro da Tijuca. A filha adotiva casou-se e, com o marido, passou a residir no sobrado junto com o marechal. Este, depois viúvo e muito doente de reumatismo, só se locomovia numa cadeira de rodas. Irritados com as impertinências do velho, o casal empurrou a cadeira de rodas escada abaixo. Ele quebrou o pescoço e morreu. Alguns empregados que presenciaram o ocorrido foram calados por alguns contos de réis. Ficou tudo como se tivesse sido acidente.

Velhos se suicidavam? Sim. Também dava no jornal: "às 11 horas da manhã, no Passeio público do Rio de Janeiro, uma senhora de 70 anos, decentemente trajada, mas sem chapéu, ingeriu um vidro de ácido fênico". Morta a voz da família. Morta a voz dos amigos. Restava o silêncio. Homens, mais do que mulheres, sobretudo os desempregados. Viviam na indiferença dos próximos, mergulhados na solidão da cidade e no anonimato. Despossuídos de seu papel social de provedores e chefes, sentindo-se marginalizados, preferiam desaparecer. A receita é válida para os dias de hoje, quando a média de homens suicidas é três vezes maior do que a de mulheres. Outra razão: a perda da integridade física, que se tornava intolerável ou se prolongava indefinidamente. Os suicidas não temiam a morte. Escolhiam a noite ou o dia? Não encontrei informações.

Não havia, como hoje, distância do morto. Até crianças iam se despedir dos avós que partiam. Era normal a intimidade entre mortos e vivos. Aos doze anos, Mário Sette viu o avô adoecer gravemente. "Infelizmente, seu coração não nos daria a surpresa de reagir à morte. Dir-se-ia que me esperava para que o visse morto. E eu não tinha ainda idade para aquilatar o amigo que perdera...". Ou Thiago de Mello: "Com meus pais e minhas irmãs maiores vi pela primeira vez uma pessoa morrer: o meu avô paterno Gaudêncio José, o longo corpo estendido na rede na sala de visitas, o olhar doente passeando o seu amor pelos parentes".

Rito obrigatório, o velório em casa, com visitas tomando cafezinho e comendo bolo dava um ar de perfeita naturalidade ao evento. Se o enterro não era no mesmo dia, a casa ficava cheia a noite toda. Os mais importantes não prescindiam de lamentos gritados, de conversas com o defunto, de cochichos e de copos de água de melissa para senhoras que desmaiavam. Ao regressar do enterro, a família tinha que encontrar a casa limpa e arrumada como antes. Depois do enterro, a família se recolhia. Todas as janelas da casa eram fechadas e assim ficavam até a missa de sétimo dia. Ninguém saía à rua, e os homens não se barbeavam. Toda a prole se vestia de preto. Elas, de mangas cumpridas e decotes discretos, e eles, até o sapato com meias. Elas, de luto fechado por um ano para demonstrar que eram "mulheres honestas", que ainda não haviam esquecido, que não estavam à caça de um novo marido. Uma viúva de vestido colorido não podia ser "mulher honesta".

No interior, era comum ver moças bater palmas à porta das casas e, se atendidas, convidavam para o enterro e pediam flores dos jardins. Velha solteirona era enterrada vestida de branco como se fosse noivar. Casadas ou viúvas, de roxo, cor de Nossa Senhora das Dores; e homens, com o melhor terno e gravata.

A dor de quem ficava variava de intensidade e modo. Recusava-se a perda, o desaparecimento, o esquecimento. Só a presença do morto pacificava. As mães idosas não reagiam, e houve quem, como certa velhinha, cuja dor pela perda do filho foi tão grande

> que, mesmo depois de ter lhe visto o cadáver e assistido à saída do féretro, não acreditou que o filho tivesse morrido. A transferência na caixa de madeira com fechos de prata para o cemitério representava apenas uma imprevista mudança de casa. Por isso, todos os dias, ia ao cemitério, sentava-se num banquinho e punha-se a conversar mansamente com ele, como era de seu costume, quando era vivo. Dava-lhe conselhos, fazia-lhe recomendações, fornecia-lhe notícias dos amigos.

Ou a dor do filho que viu partir a mãe, como Cassiano Ricardo, cuja vida de jornalista o impediu de chorá-la: "Sofri muito com a perda da minha mãe e só sinto hoje que deveria ter sofrido mais, muito mais, pois nenhuma dor estaria à altura do que ela merecia de mim. A vida não para, o tempo não tem entranhas para quem trabalha e sofre, o rumor das máquinas rotativas soava aos meus ouvidos, a obrigação exigia sacrifícios de toda ordem". A amargura veio no dia seguinte, quando ele se deu conta de que o objeto amado não existia mais. O luto não escolhia o sexo, e homens choravam. Pedro Calmon chorou ao longo do cortejo funerário de seu tio Miguel ao cemitério São João Batista. Ele começou a morrer olhando o mar, sentado num banco da praia de Ipanema. Porém, quando se tratava do falecimento de homens públicos, impressionava a facilidade com que "a gente nova, a mocidade" esquecia o desempenho dos políticos que um dia foram jovens também. Esquecer rápido e não olhar para trás seria o lema do novo século.

Houve mudanças na morte e no morrer. As emoções ruidosas feitas de choro, tristeza e cólera ainda eram vividas nos subúrbios e no interior. Nas capitais, tinha início a medicalização da morte. Os médicos não contavam mais aos doentes que seus dias tinham terminado. Ocultavam a verdade dos diagnósticos. Poupavam o indivíduo e a família. Pareciam querer erradicar a morte, e acabaram por transformá-la numa doença. Os pacientes se transformavam numa categoria nascente: os terminais. O acompanhamento social de filhos e amigos que cercavam o moribundo até o fim, muitas vezes segurando-lhe a mão, desaparecia lentamente.

O historiador da medicina José Leopoldo Ferreira Antunes lembra que, ao lado de estudos sobre a importância e organização dos cemitérios, emergiam critérios sanitários para sepultamentos, debates sobre as vantagens e desvantagens da incineração de cadáveres, estatísticas sobre mortalidade no país, importância de emissão de atestados de óbito para o controle de doenças infectocontagiosas ou da desinfecção de ambientes e objetos. Não havia consenso sobre várias medidas como a cremação, defendida por higienistas ou a preocupação com a verificação da morte, para evitar enterro das vítimas de "morte aparente".

O Dr. Agostinho José de Souza Lima, em 1916, era um que alertava: "O que me apavora e acovarda é a possibilidade de uma inumação antecipada, ainda com um resto de vida latente!". Ele sugeria "procedimentos técnicos" para diferenciar a morte real da aparente e reivindicava um serviço de assistência pública para prestar cuidados aos mortos. E se tropeçava em problemas: despesas, custeio de pessoal, brigas entre clínicos e "verificadores de óbitos". Porém, diante de casos alarmantes, códigos sanitários começam a dar atenção à morte aparente. Na Bahia desde 1916. Em São Paulo, desde 1918.

A viagem silenciosa

Na primeira metade do século XX, a melancolia da velhice ia sendo substituída. Longe de queixas e paixões tristes dos tempos do Império, os velhos se adaptavam. Havia serenidade em comentários como o de Carolina Nabuco: "Após regressar dos Estados Unidos comecei a notar que grande parte do meu tempo era ocupado por enterros e ofícios fúnebres. Pensei a princípio em mera coincidência, mas não tardei a perceber que minha geração está partindo de um mundo onde eu me demorava".

A vida mudou radicalmente, porém Mário Sette se negava a falar em "saudosismo, ceticismo ou romantismo". Dizia poder sentir saudade, sem "saudosismo". Eram sentimentos diferentes. Aqui estamos longe do *spleen* de Nabuco, por exemplo. Era possível ter saudades de determinada situação, sem o desejo de regredir até ela. E se os velhos eram capazes de participar do bem-estar moderno, permaneciam fiéis à educação que receberam. Era preciso aceitar as diferenças geracionais, dizia Sette. Por mais amigos e dedicados que fossem aos filhos, era preciso não cair na pretensão de se opor às novas tendências. Tentar não se isolar nos assuntos de "seu tempo". A sabedoria da velhice implicaria em reconhecer as contingências e respeitá-las, "sem o quixotismo de querer mudar o mundo atual, nem tão pouco o cômico de se submeter a ele, para não parecer ou querer ser velho". Valia a pena buscar uma "sabedoria da velhice que fosse racional e serena". E como dizia Sette, "não aquela de superioridade e pretensão que imaginávamos quando moços. Poderemos sim – e tantas vezes – considerar a moldura de nosso tempo mais bela que a de nossos filhos e netos. Estaremos talvez certos em outras impressões quando embalados por nosso egoísmo. Mas não profanemos a nossa sabedoria de velhos, pretendendo encurtar as distâncias entre as gerações". Em outras palavras: era deixar os jovens viverem e não querer tomar seu lugar.

A receita era viver bem a idade, estar adequado ao seu tempo, pois a velhice agora trazia até descontração. A modernidade tinha introduzido a possibilidade de expansão dos sentimentos. Velhos passaram a sorrir, pois antes, não era assim – dizia Carolina Nabuco. Houve uma evolução, e ela explicava, "no meu tempo de menina muitos homens de idade, pelo menos no Brasil, zelosos do decoro, ou evitam o sorriso ou lhe reduziam a amplidão... O sorriso ubíquo que dá às revistas de hoje um aspecto de anúncio de dentista, me parece ter sido criação dos norte-americanos. Àqueles servem de lubrificador dos contatos dos *business*. Já se foi o tempo em que o sorriso não era como hoje, coisa de todas as horas".

Se Carolina estranhava a mudança de comportamento, Cassiano Ricardo a aplaudia. Descrevia o sorriso de Getúlio como uma risada "colorida". Getúlio ria ao ouvir a mais recente piada sobre ele, que interpretava como um "recado do povo para o chefe". "Queria identificar-se com o povo para com ele comunicar-se... sua risada era um neutralizante sobre qualquer possível ressentimento ou crítica mais séria à sua pessoa ou à sua política administrativa". A risada virava um fio condutor para a solidariedade coletiva, praticada nos lazeres urbanos, nas rodas de conversa, onde houvesse ocasião. Ela também quebrava as barreiras de idade.

Houve uma intensificação do sentimento de família e uma tendência a aumentar a ternura entre adultos e crianças. O sentimentalismo, herança da literatura europeia, entrou na moda. O patriarca enrijecido do século anterior, que levantava a mão não para afagar, mas para bater, se tornava um sentimental. Nas classes média e alta, mais do que um incômodo, avós iriam se tornar sinônimo de ajuda. O contato com eles ajudava a socialização dos netos, além de serem educadores complementares. Férias? Na casa dos avós, sobretudo se esses moravam longe dos pais. Às avós cabiam os preceitos de religião, bons modos e, se alfabetizadas, ajudavam os netos a estudar. Os avôs passavam uma filosofia de vida: trabalho, educação cívica e política. Entre os pobres, mães que criavam sozinhas os filhos tendiam a deixá-los com os avós enquanto trabalhavam. Ninguém ousaria chamar seus avós de "velhos gagás".

A chegada dos netos era uma festa. Que o diga o médico João Daudt Filho, que, em suas memórias, só se referia ao neto como "um querubim digno do pincel de Fra Angelico", gabava-se que como o seu não havia igual no mundo e levava-o a passear, para cima e para baixo, "na cacunda" – nas costas. Autointitulava-se "vovô coruja". Afonso Arinos de Melo Franco derretia-se com o seu, que comparava a "um anjo de Guido Reni". Confessando não ter paciência para desvendar a linguagem do pequenino, encantava-se de vê-lo dormir nos seus joelhos. E não hesitou em coletar suas pequenas histórias: no terraço da biblioteca, o pequeno aponta no céu a meia lua. "Que é aquilo?". "É a lua" – o neto, sem tirar os olhos do alto: "Quem está dirigindo?".

Ao anúncio de uma gravidez, as agulhas entravam em ação. Fosse no tricô, fosse na costura, era preciso preparar o enxoval ainda feito em casa. Fotografias de pequeninos, festas de batizados e de aniversários e anúncios nas revistas femininas de produtos para bebês estavam em toda parte. Pediatras escreviam sobre "alimentos adequados", enterrando o hábito tradicional de dar comida de gente grande aos bebês. A puericultura entrou na moda, e as receitas caseiras iam sendo abandonadas. Para surpresa das avós, o leite de vaca substituiu o leite humano. Usar ou não chupeta? Vovó não sabia responder... Era artefato muito moderno.

No barômetro da alma dos avós, temperatura máxima. Em janeiro de 1935, nascia o primeiro neto de Mário Sette:

> Vivemos um clima de expectativa dos mais doces e extremosos de nossa vida. Um berço em nossa casa. Há quanto tempo não víamos esse móvel sob nosso teto! [...] E chega a noite de véspera. 25 de janeiro... aguardamos a todo o momento a vinda dessa criancinha tão ansiosamente esperada... correm as horas. Chove, relampeja, troveja forte. Madrugada de 26. De repente, um gemido mais forte de Lúcia. Maria Laura do quarto anuncia: – Nasceu! É uma menina!... começara a bater por ela o coração do Dindinho. Rodeamos o berço, quase numa adoração. Éramos avós! E que avós!

Ainda se faziam partos em casa, embora a medicina tivesse feito progressos consideráveis em relação à fisiologia feminina.

E quando acolhidos com amor, os netos devolviam. As páginas do escritor Pedro Nava são preciosas sobre os seus, a quem dedica um dos seus livros, *Baú de ossos*. E sobre eles escreveu, tão poeticamente: "A memória dos que envelhecem é o elemento básico na construção da tradição familiar. Esse folclore jorra e vai vivendo no contato do moço com o velho [...] Só o velho sabe daquele vizinho de sua avó, sem lembrança nos outros e sem rastro na terra, mas que ele pode suscitar de repente para o menino que está escutando e vai prolongar por mais cinquenta, mais sessenta anos a lembrança que lhe chega não como coisa morta, mas flor olorosa e colorida". Tutores sem ditar leis, gestores de laços de cumplicidade entre gerações, autores de uma relação de confiança e afeto, os avós também rejuvenesciam com os netos.

A expectativa de vida tinha aumentado ligeiramente e, com ela, melhorado as relações intergeracionais. Nos anos 1900, era de 33,4 anos, e em 1920 passou a 34,5 anos. Só para dar uma ideia do contraste, em 2019 pulou para 76,2 anos. A possibilidade de ter avós vivos aumentava a cada década. Das grandes famílias à antiga, quando todos moravam juntos, passou-se à família nuclear, avós ativos e recebendo aposentadoria, morando separados dos filhos mas dispostos a agir. Exemplos de avós dedicados não faltam na literatura. Tinha os que brincavam junto, os que rezavam junto, os que contavam histórias e os que liam junto. Tinha, também, os que davam presentes generosos. Gilberto Amado, tido por parcimonioso sobre dinheiro, não hesitava em tirar dobrões de ouro de cofre para dar de "presente de padrinho". E a eles ainda se pedia a bênção, com beijo na mão e na face.

Para alegria dos avós, Getúlio Vargas, a Medicina e a Igreja católica se deram as mãos numa política natalista. O país precisava de braços. Precisava de soldados para proteger as fronteiras e de trabalhadores para produzir e povoar o imenso território. O discurso eugenista estabelecia, como medidas urgentes para o melhoramento da raça, o incentivo à família e à procriação dos indivíduos sadios. Já para aqueles considerados perniciosos e inúteis, a ação do Estado devia ser preventiva e punitiva, como mostra a historiadora Ana Paula Vosne Martins. Getúlio distribuía "abonos" para que famílias grandes pudessem alimentar e educar os filhos. A atenção às crianças era a preocupação das instituições, da família, do Estado.

A neta de Mário Sette e outras milhares de crianças cresceriam sob os ventos que sopraram do Sul. A chamada "República dos fazendeiros" foi substituída por um Estado forte, centralizador, paternalista, patriótico e gestor da economia. São Paulo tentou reagir pegando em armas na Revolução Constitucionalista, em 1932. Em vão. O conflito, porém, teve um protagonista que galvanizava: Pedro de Toledo. Indicado interventor do estado, mudou de lado e, cercado de jovens secretários, liderou o movimento contra Getúlio em favor de uma nova Constituição e contra o autoritarismo do regime.

> Aclamado governador de todos os paulistas, numa apoteose cívica sem precedentes... Vi o espetáculo assombroso. Era o povo, gente de todas as categorias sociais, manhã plena, horário de trabalho, tarefas urgentes a terminar no vaivém que sempre marcou São Paulo, era o povo que ali estava em torno de uma só ideia: apoiar o governador aclamado, gritando: Viva a revolução! Viva Pedro de Toledo. Coisa extraordinária. Velho em idade, Pedro de Toledo era talvez o mais idoso dos soldados paulistas. O mais idoso? Cronologicamente, sim. A idade real o apontava, porém, como o mais moço de todos. Realmente era o mais moço de todos dentro daquele "sentido paulista da vida" que teve a revolução de 32.

Contou Cassiano Ricardo, cronista do evento, encantado com o velho herói.

Nasceu a Constituição de 1934, reconhecida pelos historiadores como um documento bastante progressista para o momento. A promulgação da nova Carta também contou com uma eleição indireta que reelegeu Vargas para um mandato de quatro anos. Apesar do incentivo à industrialização, da criação dos ministérios do Trabalho, Comércio e Indústria, Educação e Saúde e da constituição do voto secreto e do feminino, durante quinze anos encheram-se as prisões, e pouco a pouco se estabeleceu o chamado Estado Novo. Era a caça aos comunistas e aos inimigos políticos. Tinha velhos na prisão? Entre os aproximadamente 35 mil prisioneiros, com certeza. E os que foram confinados envelheciam rapidamente. Aos quarenta e três anos e três meses, Graciliano Ramos conta que estava tão bambo, tão murcho, que os soldados lhe davam 65 anos. Idade com a qual concordou; "Se pudesse me ver num espelho notaria medonhos estragos, devastação. A morte se aproximava, surrupiava-me de chofre vinte e dois anos". Outros presos, como Vanderlino, já tinham cabelos brancos ou usavam óculos e tinham respiração comprometida, como "o velho Eusébio' ou o "velho Marques". Velhos prisioneiros tinham o respeito dos demais e até da administração prisional, que, segundo Graciliano, "receava desgostá-los".

Enquanto isso, os subúrbios cresciam à medida que a migração do interior para as cidades se intensificava, respondendo ao aumento dos serviços ou da indústria. Muitas dessas populações, como sublinhou o historiador José Octavio de Arruda, só foram absorvidas pelos hábitos urbanos lentamente. Conservaram velhos padrões de compadrio e vizinhança, muitas delas se fechando num universo próprio de festas, clubes, cultos religiosos e convivência. As tranquilas reuniões nas calçadas, à noitinha, permitiam quebrar a solidão. Os bairros tinham vida própria, e era difícil para idosos sair dali para ir ao centro. Eram longas viagens de trem ou de bonde, cujo acesso, para muitos, era difícil. Daí a importância da praça e da janela na vida dos velhos. Eles iam se sentar na praça para conversar ou jogar cartas ou dominó. Elas, da janela, controlavam a vida do bairro.

Em vários pontos do país, passava-se de uma sociedade entre o rural e o urbano para uma sociedade de massas, com seus problemas de poluição, ruído e valores. O som do sino, típico das igrejas distribuídas pelas cidades, foi abafado pelo carrilhão dos edifícios públicos ou pela sirene das fábricas. A sociedade foi sacudida pela chegada de batalhões de jovens, filhos de ex-escravos ou imigrantes em busca de oportunidades. Eles tinham pressa de subir na vida. As ruas deixaram definitivamente de ser lugar de encontros para se tornar sinônimo de trabalho. A motorização da sociedade eliminou o andar pachorrento dos bondes em proveito do automóvel, do ônibus, do lotação. O fortalecimento da classe média constituída por profissionais liberais e integrantes da burocracia pública levou à adoção de novos esquemas de lazer, cada vez mais individuais. As coisas de ontem iam ficando para trás. Para situá-las, uma palavra: antigamente.

Rubem Alves explicava:

> Quando eu era menino, os grandes, nas rodas de conversa de que eu participava, viviam repetindo "antigamente, antigamente". Perguntei quando era "antigamente", eles me deram respostas indefinidas, sem data certa. Agora eu sei: antigamente é um tempo que se foi, mas que se recusa a ir de vez e fica dentro da gente, atormentando o coração com saudade. Agora, eu também falo do "antigamente", o passado ausente, o "naqueles tempos", (havia a expressão "no tempo do Onça"). Era um antigamente mais antigo do que o antigamente. O antigamente vai mudando. O antigamente de meus pais era mais antigamente do que

o meu antigamente agora. O meu "antigamente de agora", o meu "naqueles tempos" é fogão de lenha, galinhas ciscando no quintal, velas e lamparinas, penicos debaixo da cama, colchão de palha de milho, Emulsão de Scott em julho, purgantes para limpar os intestinos, os humilhantes chás de bico.

Para acentuar a diferença entre o passado e o presente, entre os anos 1930 e 1950 consolidou-se a idade de ouro da juventude. Nos anúncios, nas fotografias, no cinema, nas ruas, no esporte, milhares de imagens de jovens. De forma inédita, segundo a historiadora Monica Schpun, trintenários escorregaram para a categoria de idosos. Envelhecer passou a ser o sinal de uma exclusão totalmente inédita. O avanço da idade – sublinha Schpun – suscitava mais sofrimento às mulheres do que aos homens. Nas revistas femininas, que se multiplicavam, a ordem era: "saber envelhecer. Nada de esforços para prolongar a aparência juvenil". Ou, como havia dito Mário Sette, "sem o quixotismo de querer mudar para não parecer ou querer ser velho". A difusão dos discursos higienistas associava as novas gerações ao futuro do país, enquanto outras faixas etárias pertenceriam ao passado.

A velhice feminina, então, era alvo de representações muito negativas. Sinal dos tempos, as idosas desapareciam completamente dos retratos. E não se tratava apenas de desinteresse pela faixa etária, mas de novos conceitos de juventude e de velhice em plena mudança. Se antes as mulheres exerciam importante papel na família, na comunidade, e a idade não diminuía sua dignidade, a vida moderna as afastou das atividades produtivas. E as aproximou do espelho e da balança. Se não fossem exemplares de sedução e beleza, passavam a expressar a consciência amarga da perda de prestígio e do afastamento do convívio social. Como diz Monica Schpun, marginalizar a velhice para transformá-la em fonte de angústia feminina serviu também para difundir as técnicas de manutenção da aparência jovem – portanto, bela. Se hoje as mulheres se queixam de que se tornam invisíveis aos 50 ou 60 anos, naqueles anos, isso acontecia aos trinta!

Os homens idosos não apenas conservavam sua importância social, mas ocupavam lugar central na gestão do país: a idade avançada não despojava um homem do respeito que lhe era devido. Não precisavam mais pintar os cabelos, hábito que trairia o orgulho de ser quem eram. "Disfarçar as cãs da velhice envergonhada", diria Pedro Nava, era coisa de "coitados". Não importava se tinham 60, 70 ,80 ou 90 anos, e sim o exemplo do entusiasmo e do lugar que ocupavam.

Seus filhos e netos seriam os promotores das práticas esportivas que se disseminavam. Foram rapazes como Antônio Prado Júnior, fundador do Clube Athlético Paulistano, em São Paulo. Os esportes como tênis, equitação, turfe, ciclismo, remo e natação passaram a fazer parte do cotidiano das elites locais. Eles eram fruto de uma distinção simbólica que apontava para um lugar privilegiado na sociedade. Típicas das oligarquias, essas iniciativas contavam com o apoio das famílias, mas não renovavam a direção dos negócios políticos ou econômicos. Os corpos masculinos jovens podiam se sobressair nas quadras e piscinas, mas não mandavam nas empresas. O melhor exemplo foi o empresário Roberto Marinho, praticante de remo, boxe, natação e tênis. Quando seu pai, Irineu, morreu aos 49 anos de um infarto fulminante, não se sentiu à altura de comandar o jornal *O Globo*. Assumiu o secretário do pai, Eurycles de Mattos. Só com o falecimento deste foi que os irmãos Marinho assumiram a direção do periódico.

Geriatria: primeiros passos

Em 17 de agosto de 1933, o *Jornal do Brasil*, em artigo sobre "A GERIATRIA – prevenção e tratamento das doenças de velhos", atingia o ponto fraco. Velhos pobres tinham outra realidade:

> Os velhos caducam por falta de importância. Os ricos ou homens de posição não caducam, porque conservam sempre a mesma importância social, quando esta não cresce com a velhice. Sempre o mesmo respeito de quando eram moços. Ao passo que o velho pobre, que é um pobre velho, torna-se incapaz para exercer a sua atividade mais ou menos grosseira. Vê-se então isolado, os filhos já crescidos tomaram um rumo na vida. Os companheiros morreram ou o abandonaram. Ninguém mais liga importância ao pobre velho. Seu cérebro degenera sem exercício. E o velho começa a caducar.

E o articulista, doutor Nicolau Ciancio, se perguntava se seria mesmo necessária a invenção dessa nova especialidade. Afinal, os médicos não tratavam bem os velhos doentes? Sim, mas não era suficiente. Muitos eram medicados com remédios inadequados como o quinino ou o salicilato. Desconhecia-se o envelhecimento intestinal. A ingestão de açúcar tinha "ação tani-cardíaca" etc. Grande descoberta: remédios aplicados nos moços tinham outros resultados nos velhos! Era preciso somar os avanços da nova "Ciência que se preparava para aparecer com o nome de Geriatria". Sim, ela era de difícil compreensão, como foi, no início, a Pediatria. Mas, ao fim e ao cabo, todas as coisas novas tinham algo de velho. No caso, o conselho vindo da Escola de Salerno: "queres viver muito? Não te aborreças e mantém o bom humor".

Para idosos de ambos os sexos, a característica que trazia a maior rejeição era a gordura. Ligada à ideia do excesso de apetite, de falta de limites, a obesidade também podia estar associada à imoralidade, à falta de moderação, à decadência das elites. No romance que mais vendeu na época, *Mlle. Cinéma*, o autor Benjamim Costalatt usou repetidas vezes os adjetivos "pesadona", "estalando o colete", "pesados seios de glorioso passado", "grande barriga", "amplo lençol de gordura", "papada", para falar do casal, pais da protagonista. Gordura e feiura andavam de mãos dadas, e a *Revista Feminina* de setembro de 1923 cravava: "É feio, é triste mesmo ver-se uma pessoa obesa, principalmente se se tratar de uma senhora; toca às vezes as raias da repugnância". Além de gordos, nem todos os velhos eram asseados como Papai-Luna, por isso chamavam a atenção de Pedro Nava as cabeças brancas pousadas sobre colarinhos impecáveis, um discreto perfume de colônia no ar.

A luta contra a gordura não veio só. E graças à introdução da ginástica e da educação física nos colégios, cresceu entre militares, médicos higienistas e pedagogos uma preocupação com as práticas esportivas – mas não como lazer inofensivo. O esporte e o aprimoramento físico deveriam estar relacionados a ideais muito mais elevados. Fosse a melhoria do tipo racial, fosse a intensificação do sentimento cívico de dedicação à nação. E o elemento representativo da nacionalidade e da capacidade empreendedora do país veio a ser o futebol. Daí a disseminação do esporte que apaixonou todas as gerações em todas as classes sociais. Quantos netos não foram pela primeira vez ao estádio ver uma "final" de campeonato, levados pelos avôs, ou não foram aplaudidos por eles nos desfiles cívicos, comuns na ditadura de Getúlio?

Ainda não se imaginava os vovôs driblando no campo. Mas sabemos que deviam acompanhar os apaixonados debates que envolveram a prática do esporte na época. Eles começaram quando da Exposição do Centenário da Independência, em 1922 – contou o jornalista Ruy Castro. Foram então realizados os Jogos Olímpicos do Centenário, com competições entre atletas sul-americanos. O estádio do Fluminense acolheu o Campeonato Sul-Americano de Futebol e as competições de natação, atletismo, esgrima, boxe e polo aquático. Os debates refletiam a reação às novidades: o esporte seria uma forma de aprimoramento físico ou "está deseducando a mocidade brasileira" (título do livro do futuro jurista Carlos Sussekind)? No primeiro grupo, Coelho Neto, Júlia Lopes de Almeida, Gilberto Amado entre outros. Do outro, o sanitarista Mário Valverde, o historiador Noronha Santos e Lima Barreto, que acusava os esportes de despertar o espírito competitivo, o que havia de mais bestial no ser humano.

Vinte anos depois dos Jogos Olímpicos do Centenário, o lazer e os esportes se deram as mãos. Começaram a se democratizar. Getúlio apostou muito nos esportes como forma de unir o povo à ideia de uma nação moderna. Eles eram considerados fonte de educação social e saúde do povo. O "velho" Getúlio assistia aos desfiles, ia aos estádios, promoveu o futebol junto com o samba, criou o Conselho Nacional de Desportos, que centralizava todas as atividades desportivas, e até inaugurou a Academia de Capoeira do Mestre Bimba, reconhecida pela Secretaria de Educação, Saúde e Assistência Pública. Nasceu a crônica esportiva nos jornais. E, lentamente, os avós passariam das arquibancadas para o meio de campo. Da caminhada para o selim da bicicleta.

Nas cidades, sindicatos, associações de ex-funcionários, clubes esportivos ofereciam uma possível vida social. Alguns clubes reuniam só afro-mestiços que compartilhavam os mesmos espaços de trabalho, de festas, de futebol e de religião como o "Clube dos Cotubas" em Leopoldina, Minas Gerais. Tinham grupos de teatro amador, organizavam procissões e festas religiosas e bailes de carnaval. Nas diretorias e cargos importantes, os mais velhos. Sempre de acordo? Bem ao contrário.

As discussões, sobretudo durante novas eleições, acendiam fagulhas. Em 1969, segundo o IBGE, existiriam no Brasil 25 a 30 mil clubes recreativos, com imensa variedade de interesses – o que demonstra o desejo de sair do isolamento. Velho que não pudesse frequentá-los restringia seu tempo às atividades domésticas e à vida familiar.

Velhos inadequados sempre houve. No dia do matrimônio, na cerimônia civil, quando Érico Veríssimo assinava seu nome no registro, ouviu a voz pachorrenta do avô, que era surdo e não percebia o volume da voz: "No fim das contas – riu-se o velho -, o casamento é uma espécie de putaria social". Foi arrastado para fora da sala, enquanto desenvolvia sua tese irreverente.

Em Recife, quando o velho político e abolicionista José Mariano, morador do Poço da Panela, saía para tomar banho de rio, era uma gritaria de mães para filhas: "Entra já pra dentro, menina, lá vem Dr. José Mariano". E vinha mesmo, com suas barbas patriarcais, de chinelo de cara de gato, embrulhado num chambre cor de garrafa; vinha remando no seu passo de malandro e, por vezes, abria as abas do chambre, o sexo à mostra, assim que via uma cara de moça na janela!

Parte IV
A troca do velho pelo idoso

Nós não paramos de brincar porque envelhecemos.
Nós envelhecemos porque paramos de brincar.
George Bernard Shaw

O fim da Segunda Guerra Mundial trouxe outras mudanças. O Estado Novo teve forte influência de ideais fascistas até na Constituição, que iniciou institucionalmente o período e foi apelidada de "polaca" porque inspirada nas leis da Polônia e da Itália. O anticomunismo e o nacionalismo também eram fortes, assim como a propaganda a favor do governo, por meio do Departamento de Imprensa e Propaganda. Por outro lado, nesse período foi promulgada a Consolidação das Leis Trabalhistas (CLT), a Justiça do Trabalho foi criada, bem como diversas estatais, e o salário-mínimo foi instituído. Getúlio ampliou a legislação previdenciária e sindical do país e realinhou seus discursos, tendo nos trabalhadores o seu grande alvo. O Brasil também participou da Segunda Guerra, ao lado dos "Aliados", levando muitos velhos a chorar a perda de filhos e netos entre as baixas: 450 praças, 13 oficiais e 8 pilotos. Mas a tentativa de prolongar sua gestão fez com que os militares dessem um ultimato exigindo sua renúncia. Vargas deixou o poder e foi substituído, na eleição realizada em 1946, pelo General Eurico Gaspar Dutra.

Cinco anos depois da renúncia de Getúlio, a letra de uma marchinha deu o ritmo do Carnaval e da política:

> *Bota o retrato do velho outra vez*
> *Bota no mesmo lugar*
> *O sorriso do velhinho faz a gente trabalhar*
> *Eu já botei o meu*

E tu, não vais botar?
Já enfeitei o meu
E tu, vais enfeitar?
O sorriso do velhinho faz a gente se animar
O sorriso do velhinho faz a gente se animar

A letra da marchinha fazia referência ao uso do retrato dos presidentes nas repartições públicas – ideia, aliás, de Getúlio. Conta-se que Vargas não gostou de ser chamado de velho. Tinha 69 anos quando voltou ao poder, em 1951.

O retrato sorridente de Getúlio retornou às paredes, mas os anos seguintes seriam difíceis, acabando por levá-lo ao suicídio. Seu biógrafo, o jornalista Lyra Neto, os recapitulou e sublinhou: morreu o homem e nasceu um mito, pela forma trágica que escolheu de morrer. "Mas morreu como um mártir, dando à sociedade a leitura de que, mais do que um suicídio, cometera uma autoimolação, um sacrifício com tons políticos que o consolidou como herói popular". Foi chorado por milhões de pessoas, entre elas, milhares de aposentados e trabalhadores pobres beneficiados por suas leis. Um milhão deles se encaminhou ao Palácio do Catete para a despedida. Na entrada do palácio, cidadãos comuns esperavam a vez na enorme fila para ver o corpo do presidente. A visitação entraria pela madrugada e registraria cenas de desespero: desmaios, ataques de choro e crises nervosas. Apenas 67 mil conseguiram ver de perto o corpo do líder. Na manhã do dia 25 de agosto de 1954, uma enorme multidão seguiria o caixão até o aeroporto Santos Dumont, de onde um avião o levou para São Borja, no Rio Grande do Sul.

Segundo Lyra,

> O suicídio não foi um ato de um homem deprimido, um ato de desespero, mas um ato de coragem. Era um plano que vinha de muito tempo. Desde 1930, Vargas tinha cinco ou seis anotações em que colocava o suicídio como uma resposta aos seus adversários. Ele jamais admitiria passar à História como um derrotado, como um grande vexame, o que provavelmente teria ocorrido se não tivesse se matado.

Sabia que corria o risco de ser preso e, possivelmente, deportado. Preferiu executar seu plano. Ainda segundo Lyra, ele sabia que seu suicídio provocaria uma imediata reorganização de forças, que foi o que aconteceu. Sua morte garantiu a continuidade da ordem democrática por mais dez anos.

Nelson Rodrigues tinha saudades do grande enterro, como também foi o do barão do Rio Branco, que parou a cidade. "Havia uma excitação, uma euforia e uma massa inédita de coroas. Honras de chefe de estado. E na volta do cemitério, a cidade só deplorava que o barão não morresse todos os dias [...]". Explicação: "não há grande enterro, pois falta o grande defunto para enterrar, um Rui Barbosa, um Nilo Peçanha ou um Deodoro. Havia o grande homem e não há mais", gemia.

Eram tempos em que já se morria longe do padre, de Deus ou do Diabo. Pouco antes de morrer um "amigo velho" de Érico Veríssimo, ateu, alguém lhe pôs diante dos olhos um crucifixo. Leitor de Nietzsche, o agonizante olhou longamente para o Crucificado e depois disse: "preciso ter a paciência desse senhor".

Porém, ainda era hábito, presenciado por Afonso Arinos de Melo Franco entre amigos, separar em vida a roupa com que se pretendia ser enterrado: camisa, gravata, sapato, meia e terno preto. Ou determinar onde se queria ter os ossos enterrados. Ou falar do falecido ou falecida. Sobretudo, quando era gente importante. Sobre Carlos Drummond de Andrade, corria que a morte precoce da filha lhe foi fatal. Parou de tomar remédios para o coração. "Na verdade, ministrou-se a própria morte. Ele, que administrava tão bem sua vida, decidiu sua morte. Discretamente", anotou Affonso Romano de Sant'Anna.

Mas a dor da perda de entes queridos, essa foi igual em todos os tempos, embora dita de maneiras diferentes. Quando perdeu a esposa, Nelson caiu em si:

> Foi preciso que Célia morresse para que eu sentisse a minha própria aridez. [...] Ai de nós, ai de nós! Não fazemos outra coisa senão esquecer. E se alguém não esquece, pensamos logo em "tratamento psiquiátrico". É uma inversão cruel e estúpida. Os psiquiatras e psicanalistas deviam se incumbir dos que esquecem fácil. Sim, foi preciso que eu a visse morta. E me veio, então, tarde

demais, todo um fluxo de consciência. O que parecia morbidez era saúde. E o gemido, o soluço, o grito, as entranhas feridas, tudo, tudo, era graça.

O desaparecimento da esposa deu a muitos um sentimento de orfandade. Perdia-se a companheira, mas também aquela que cuidava da saúde do marido e das atividades domésticas. Além do desaparecimento desses recursos, chegava o aviso: você está só e o próximo será você.

Sim, porque como diz outro velho sábio, o poeta e imortal Carlos Nejar, "A dor de morrer é dor sozinha e sem idade".

Em meados do século XX, uma "nova capital", distinta do "velho Rio de Janeiro", emergiu no semiárido planalto central. A moderna arquitetura de Brasília, à base de concreto aramado, vidro, curvas e mármores, assinada por Oscar Niemeyer e Lúcio Costa, incentivou o apagamento de monumentos coloniais em nome do moderno. Do novo. Novamente, o novo pelo novo. Vindos dos Estados Unidos, chegavam novos valores para quem envelhecia: o culto do sucesso profissional e do acúmulo da riqueza como sinônimo de felicidade, o desejo de encarnar o *american way of life*, ter casa própria, Fusca e televisão, ou seja, a chance de integrar o processo de mobilidade social graças ao Plano de Metas de Juscelino Kubitschek ("Cinquenta anos em cinco", era o lema): 31 metas tinham que ser cumpridas em cinco anos! Aposentados teriam alguma chance de acompanhar a velocidade das mudanças?

Depois de Brasília e do presidente Bossa-Nova, Juscelino Kubitscheck, a novidade foi a instalação de um velho regime com nova cara: a Ditadura. Seus protagonistas eram os militares, junto com velhos dinossauros da política. Eles depuseram um jovem de 43 anos, Jango Goulart. Alguém disse que a guerra do Vietnã, a revolução sexual, a luta contra um capitalismo genérico animaram as batalhas geracionais. Porém, a luta final foi vencida pela gerontocracia: De Gaulle, na França, os dirigentes do Partido Comunista na União Soviética e, no Brasil, os militares que executaram o golpe de 1964.

A idade sempre foi um componente do poder. Viu-se isso em nosso passado. Anciãos eram chefes de clãs e mantenedores de tradições coletivas. A opinião pública identificava sabedoria com idade e experiência com a trajetória consolidada no tempo. Ninguém reclamou quando generais como Castelo Branco, 63 anos, Costa e Silva, 64, Médici, 64 e Geisel, 66 chegaram à presidência. Sabia-se que a Espanha era dirigida por Franco, com 82, e a China, por Mao Tsé Tung, com 81.

Na sociedade, os velhos sofreriam de apatia política? Salvo entre os profissionais das lutas partidárias, as ideias conservadoras predominavam. O desinteresse pelas coisas da política, as limitações pessoais e a rejeição à agenda de esquerda, personificada em grupos jovens que se sacrificaram na luta armada, explicam sua menor participação. Os chamados "Anos de Ouro, nos Anos de Chumbo" ofereceram aos velhos tantas oportunidades de consumo e mobilidade social, que seu apoio à Ditadura foi inequívoco. Ela era sinônimo de ordem e segurança, tudo o que eles desejavam num mundo que lhes provocava estranhamento. Inúmeros historiadores já provaram a adesão da classe média brasileira ao regime militar que vigorou até 1985. Para ela, a idade era símbolo de estatuto social. Velhos na política ou nos negócios "não eram jamais velhos".

Nessa época, a estrutura familiar ainda era, frequentemente, multigeracional, com várias gerações morando sob o mesmo teto, sobretudo nas classes médias e pobres. As pessoas idosas desempenhavam papel ativo, não só como conselheiros, mas na educação e formação das crianças e jovens. Porém, por mais que a sociedade brasileira tivesse uma visão basicamente respeitosa da pessoa idosa como fonte de sabedoria e experiência, o fato é que a velhice se tornou sinônimo de vulnerabilidade, com poucos direitos e assistência limitada de saúde e prevenção por parte do Estado, cujo sistema de previdência social era incipiente. A participação social dos velhos era restrita, e sua força de trabalho, idem. Também incomuns eram os abrigos ou casas de repouso, pois acreditava-se que cabia à família o apoio e o cuidado de seus velhos. E o preconceito por vezes se escancarava. Mais tarde, o próprio presidente Fernando Henrique Cardoso chamaria quem se aposentava com menos de 50 anos de "vagabundos". Era uma crítica, segundo ele, aos "marajás". Mas os velhinhos sentiram o golpe.

Entre os anos 1960 e 1980, o mundo se acelerou, aos olhos dos velhos. Tal como aconteceu nos anos 1920 e 1930, o fosso geracional se aprofundou. Unidos, o rádio e a televisão esvaziaram as bibliotecas, as praças, as igrejas. O aparecimento de formas de rebeldia não tardou, e o *rock'n roll* e a crítica à sociedade estabelecida pela tradição e às instituições – o *establishment* – criaram protagonistas. Nascia a "juventude trasviada", os "delinquentes cabeludos", a "Jovem Guarda". Os avós ficaram mais longe ainda dos ritmos frenéticos e do som pesado de quem gritava *I can get no satisfaction*. As saias ficaram mini, a boca das calças se abriu em sino, camisas masculinas ganharam cores e flores e estampas, algo impensável para quem ainda usava terno jaquetão escuro ou vestido na altura dos joelhos. O visual *hippie* parecia sinônimo de sujeira, e um cheiro que a maioria dos avós desconhecia – o de maconha – invadia o quarto dos netinhos! Se anteriormente várias fraturas ocorreram nas relações entre os mais velhos e os jovens, dali em diante a imprensa, o rádio e a televisão aprofundaram o fosso geracional, difundindo e divulgando as imagens da juventude brasileira nas ruas, nas praias, nos festivais de música, nas universidades. Alguns, pegando em armas contra a ditadura. Nada, porém, os impedia de pedir a bênção ou de chamar os mais velhos de "senhor" e "senhora", como registrou Caetano Veloso em seu *Verdade tropical*.

Afonso Arinos de Melo Franco criticava: achava as moças "complicadíssimas, eruditíssimas, chatíssimas. Fazem crítica estruturalista, praticam análise e amor em grupo, viajam nas 'fumaças', revoltam-se com a sorte dos operários nos bares da Barra (uísque, só escocês) e portam metralhadoras unissex". Era uma juventude tão, mas tão diferente, que o escritor e jornalista Nelson Rodrigues ironizava: nela "ninguém tinha espinhas como os moços das antigas gerações. Hoje, todo mundo tem uma pele ótima!". E sobre as moças de biquíni, ele vituperava: estavam tão nuas, tão oferecidas, que roubavam aos homens o desejo de despi-las. De descobri-las. E concluía: até as feias, quando cobertas, tinham algum mistério. Mas os "brotos" de biquíni, de tão nuas, se tornavam invisíveis!

O contraste entre gerações foi determinante. Durante a ditadura, uns dançaram, outros se sacrificaram na "luta armada", e os *baby boomers* – os nascidos depois da II Guerra – ganharam cabelos grisalhos. Não foi por acaso. Depois dos anos do milagre econômico com intervenção estatal e práticas keynesianas de investimentos, a sociedade empobreceu. Afinal, o milagre, que durou de 1964 a 1983, não atendeu a todos.

Numa sociedade mais pobre, os velhos se tornaram um peso. Antes mesmo da primeira crise internacional do petróleo, já se falava em "etarismo". Não foi por acaso: mais velhos na população, associados a mais pobreza, resultaram em incômodo.

Falando em "etarismo"...

Nas palavras do médico Mário Filizzola, especialista em gerontologia e geriatria, "etarismo é o preconceito de idade contra velhice. É uma espécie de racismo. E do mesmo modo como age o racista, guiado por seu preconceito, o etarismo é conduzido por preconceito contra o velho. O etarismo coloca o velho em situações de ridículo e delas extrai o motivo do riso". Expressões como "velho gagá", "velho de babar na gravata", "véio e véia", "coroa", "caduco" entraram na conversa, e eram impensáveis trinta anos antes. Palavras desvalorizavam as pessoas.

Em 1971, num artigo de página inteira do *Correio da Manhã*, Mário Filizzola anunciava em letras garrafais: "Aos 40 anos começa a nascer um marginal". Depois dessa idade, o indivíduo virava "um marginalizado". Ele enfrentaria situações novas na família, em seu próprio corpo, no trabalho, na vida social, na vida econômica e no amor. O prognóstico de Filizzola avançava em dez anos a velhice. Nos anos 1920, ela batia à porta aos trinta, lembram? O senso comum concordava com Filizzola. Nelson Rodrigues, por exemplo, consolou um amigo cuja filha de vinte anos queria se casar com "um velho, um velho de quarenta!".

Outra bronca de Filizzola: o secretário do governo do então estado da Guanabara, "exemplo do novo tipo de homens que surgem", resolveu desenvolver um programa assistencial que visava integrar menores de rua e colocar velhos e deficientes físicos em centros médicos-sanitários. Integração para uns, isolamento para outros? Ora, esmola ou polícia seria a mesma coisa. Bem-estar social na velhice tinha que ser bem mais do que isso. Passados os 40 anos de idade, "quando se ingressava na idade gerontológica", seria necessário o suporte da medicina curativa e preventiva. O resto era etarismo – cravava.

Ah, o etarismo chegou para ficar! E Filizzola denunciava que estatais como CNC, Embratel e Petrobrás não admitiam a contratação de maiores. Chefes de família marginalizados de 35 anos não entravam.

No Banco do Brasil, o máximo eram 25 anos. O INPS, a maior instituição de Previdência Social, declarava que, em sua escala de prioridades "não há lugar para a assistência específica aos velhos".

Com todo o boicote, a velhice passou a ser uma categoria cuja importância crescia significativamente. Guita Debert e Daniel Groisman, entre os maiores estudiosos do assunto, destacaram as décadas de 1960 e 1970 como das mais marcantes para a construção de um significado social da velhice. Ela adquiriu visibilidade e passou-se a valorizar a idade como fator de distinção, como categoria e como modelo de identidade para as pessoas.

Além das sucessivas crises econômicas, o fosso das gerações enfraquecia a imagem da velhice. Elas transformaram o velho num ser dispendioso, "careta" e pouco confiável. "Não confie em ninguém com mais de trinta anos", cantava Marcos Valle. Já Roberto Carlos suspirava em "O velho moço":

>   *Eu sou um moço velho que já viveu muito*
>   *Que já sofreu tudo e já morreu cedo*
>   *Eu sou um velho moço que não viveu cedo*
>   *Que não sofreu muito, mas não morreu tudo*

Não era só a diferença de anos, ideias e hábitos, mas a sensação de que não se podia confiar nos mais velhos. Eles não eram mais esteio de nada e eram culpados de tudo: a crise de energia, a volta da inflação, o regime de exceção, a censura nas artes e na cultura, tudo, enfim, que sufocava o país. Seria preciso esperar a vez de os jovens revolucionários se transformarem em velhos reacionários para eles começarem a falar em velhice.

Porém, sempre houve os resistentes e criativos. Os Velhinhos Transviados era um grupo musical que se propunha seguir uma linha e sonoridade jovens, embora seus integrantes já estivessem acima dessa "faixa etária". Tratavam com humor e jovialidade a interpretação de temas, às vezes até antigos. Gravaram uma dezena de discos e representavam a resistência à velhice triste e murcha. À época, nascia em Copacabana a Praça dos Insepultos, com placa pregada em árvore e caixotes para resistentes que quisessem sentar-se à sombra e conversar. Desde sempre, o remédio contra a solidão foi o saudável hábito da conversa.

Fugia-se assim da "fossa", palavra que não designava esgoto, mas, depressão psicológica. Diferente da melancolia ou do *spleen* dos séculos passados, sentimento individualizado e enrustido, a fossa reverberava nos sambas-canções de Tito Madi e Dolores Duran e era compartilhada. Chorava-se junto nas letras tristes que mencionavam isolamento e abandono, como nesta de Agostinho dos Santos: "A noite está tão fria/ chove lá fora/ e essa saudade enjoada/ não vai embora". A depressão e a dificuldade de encontrar um sentido para a vida sempre levou ao suicídio. As memórias de Affonso Romano de Sant'Anna revelaram um que abalou o Brasil:

> Dia 13, à noite, matou-se Pedro Nava com um tiro de revólver na cabeça, mais ou menos às nove da noite, a 50 metros de sua casa, junto a um pé de árvore. O país traumatizado, pois ele era bonachão e estava no auge de sua glória literária. Sobral Pinto, Ziraldo e Carlos Drummond de Andrade não querem aceitar, apesar do revólver ser do Nava, de ele ter pólvora nos dedos etc. Agora, torna-se público que ele era um deprimido e que o suicídio é um tema em sua obra. Em entrevista, sempre revelava que não gostava da vida [...] Numa entrevista ele já dissera que ninguém deve se admirar de velhos que, de repente, se dão um tiro na cabeça.

Na fossa, deprimido ou não, Nava matou-se. Foi gesto deliberado, voluntário e sem apelo. Matou-se porque estava sendo achacado por um garoto de programa, numa época em que ser gay era um crime. Sobretudo, em sua geração. O sacrifício foi mais leve do que carregar uma existência pesada.

Em 1970, junto com as críticas do Dr. Filizzola, surgiram os primeiros movimentos por reconhecimento e direitos específicos para a parcela da população constituída por idosos. Em 1978, foi fundada a Associação Brasileira de Gerontologia (ABG), um marco para a promoção do estudo e do cuidado aos idosos no país. Melhorias nas condições de saúde, redução da mortalidade infantil e maior acesso a cuidados médicos também significaram um aumento na expectativa de vida: de 52 anos, em 1960, para 57 anos na década de 1970, segundo dados do IBGE. O Brasil ainda estava numa fase inicial de transição demográfica, com uma proporção relativamente baixa de idosos – de 5,8%, conforme o IBGE – em comparação com a população total. "Quantos anos você tem?" passou a ser pergunta essencial quando, antes, era considerada falta de educação. Em pouco mais de uma década, o número de idosos passou de 3 milhões em 1960 para 7 milhões em 1975.

Longe ficavam os argumentos do Dr. Nicolau Ciancio, emitidos quarenta anos antes, sobre se era ou não válido "inventar" a gerontologia. Em 1972, uma circular de 17 de janeiro aos reitores das universidades brasileiras pedia sua inclusão como disciplina. Porém, a matéria ainda encontrava resistências. A Universidade de São Paulo respondeu logo que estava com o *curriculum* médico sobrecarregado. O "II Seminário sobre reintegração de grupos marginalizados e problemáticas da velhice" contou com nomes como Moisés Branak, Roberto Vilardo ou Haim Grünspun, pioneiros importantíssimos na disciplina. Porém, o seminário se mostrou tendencioso ao pressupor que "todo velho deve ter uma família com dever de assumir a responsabilidade por ele", censurou Filizzola. "Essa velha história de se jogarem os velhos na caridade pública tem provado há 400 anos ser completamente ineficiente no Brasil". "Velhos são produto de famílias destroçadas pelo tempo", explicava. De fato, a chegada da lei do divórcio em 1977, e a explosão deles, em 1980, ajudou a desmantelar a família tradicional em que o velho tinha apoios. Ora, a gerontologia se tornava disciplina cada vez mais necessária em meio às rápidas mudanças da sociedade.

Crescia o debate sobre onde colocar o "marginalizado" quando ele não tinha família ou esta não podia cuidar dele. Reduzido a um corpo decadente, o velho assumiu o papel de beneficiário obrigado a receber, sempre receber, tudo o que lhe faltasse. Perguntava-se: de quem era a responsabilidade de cuidar, da família ou do Estado? Hospitais gratuitos ou casas de repouso privadas? O INPS se negava a prestar assistência ao velho, que recebia pouca atenção dos médicos e invariavelmente saía da consulta com um vidro de xarope e uma receita de vitaminas. Não havia hospitalização, salvo em caso de doença grave. Na mesma matéria do *Correio da Manhã* sobre os "marginais" de 40 anos, a psicóloga Madalena Leo, de 58 anos – o jornal fazia questão de informar a idade –, advertia: "Não se dá importância ao velho porque ele mesmo não se dá importância. Muita gente se preocupa em fazer plástica para rejuvenescer, mas a mudança mais importante deve ser feita na nossa mentalidade". Era essencial pensar num futuro com liberdade e independência para os idosos, recomendava a doutora Madalena.

Gradualmente, a doença da velhice passou a ser entendida como um estado fisiológico específico. A geriatria, palavra então quase desconhecida da maioria da população, não só distinguia a velhice das outras etapas da vida mas também a definia como decadência física, explicou o demógrafo historiador inglês, Peter Laslett. Foi a partir daí que médicos e formuladores de políticas assistenciais passaram a utilizá-la como metáfora. Velhice tinha que ser tratada em fóruns competentes. Até as campanhas por direitos dos aposentados passaram a usá-la como estratégia na luta por mais políticas de atenção. Alegando serem carentes, dependentes e improdutivos, idosos passaram a exigir direitos, pensões e aposentadorias, cravou outro especialista, Steven Katz.

Nesse andar da carruagem, ou do velho, surgiu ainda outra categoria: a terceira idade. Seu aparecimento nos cenários francês e inglês se dá por volta de 1950. Mas o envelhecimento crescente nesses países levou o conceito a ser adotado, inclusive no Brasil, a partir de 1980. O sociólogo Remi Lenoir usou o tema da "invenção da terceira idade" para pensar uma nova categoria entre a maturidade e a velhice, mais adequada para descrever "jovens senhores", os *seniores*, e seu estilo de vida. O apoio do Estado, a multiplicação de serviços, o impacto das aposentadorias no consumo passariam a definir a "participação ativa" dos membros da terceira idade numa sociedade de serviços e lazer. Importante: eles poderiam ter a mesma idade, mas viveriam realidades diferentes. Na era do individualismo, nascia também "um velho singular", diferenciado dos demais. Sim, porque a velhice não era só um atributo ligado ao avanço da idade, um número na carteira de identidade: era também objeto de uma relação entre classes sociais.

Por isso mesmo, a antropóloga Clarice Peixoto, que estudou a viagem do conceito para cá, esclarece que "velho" passou a ser usado para as camadas populares. E idoso, mais respeitoso, para as camadas médias e superiores. A classe média aposentada, constituída por "jovens senhores", adotou então o rótulo "terceira idade", ajudando a difundir uma imagem nova da velhice. Ela surfaria em cima do consumo de novos hábitos, práticas e linguagem. Ou seja, a classe média repaginou o comportamento liberal de velhos, como fez o "novo velho" dos anos 1930. Separou o velho do apenas "envelhecido". Com dinheiro, membros da terceira idade passaram a ser alvos preferidos da "indústria do envelhecimento positivo": das academias de ginástica às viagens, dos restaurantes aos carros, dos remédios aos aparelhos ortopédicos e à roupa, do consumo do lazer ao prazer etc.

Em 1987, federações e associações que defendiam os interesses dos idosos se organizaram para participar da Constituinte de 1988. Muitas eram dirigidas por antigos líderes sindicais. Sua presença barulhenta nas galerias do Congresso Nacional comprovou que havia idosos que queriam discutir e reivindicar sua inserção na vida política. E a vitória de suas demandas ficou conhecida como "a revolta dos velhinhos".

Então, o Serviço Social do Comércio (Sesc), instituição voltada para o bem-estar e a qualidade de vida dos trabalhadores do comércio de bens, serviços e turismo, saiu na frente, desenvolvendo ações de lazer e recreação voltadas aos idosos. Nessa mesma década, com o fim do "milagre econômico" e da ditadura e a luta pela abertura democrática, nasceu o movimento pela oferta de um serviço público de saúde. O Serviço Unificado de Saúde, SUS, foi consagrado pelo artigo 6º da Constituição. Antes, hospitais universitários, organizações filantrópicas e quem tivesse "carteirinha" assinada era atendido pelo Instituto Nacional de Previdência Social (INPS), criado em 1966 e substituído em 1974 pelo Instituto de Assistência Médica da Previdência Social (Inamps). Mas quem não as tivesse não tinha acesso a consultas, exames, cirurgias. Idosos eram pouco e mal atendidos, ou ambos. Ao mesmo tempo, médicos sanitaristas e prefeitos de municípios pequenos se deram as mãos para atender às pessoas fora das grandes capitais, onde a assistência ainda era menor.

Tinha razão o Dr. Filizzola ao dizer que "envelhecer deveria ser um ato livre, mas infelizmente não é. A velhice é uma nova espécie de escravatura à espera da abolição. Escravizados à vida e agrilhoados a ela, teremos que viver todos os períodos neste mundo mesmo, porque não adianta morrer. A solução é viver em liberdade e ter liberdade para viver". O SUS foi passo importante para a tal abolição.

Outro mecanismo de suporte à saúde dos idosos foi a expansão da indústria farmacêutica, um dos setores mais rentáveis da economia global. Ela despejou no Brasil uma quantidade de ansiolíticos, antivirais, analgésicos, antitérmicos, remédios para emagrecimento e, em 1998, o famoso Viagra. Todos acompanhando o crescimento da propaganda na televisão, nos *outdoors* e em outras mídias. Em 1999, chegaram os genéricos, entre eles o sucedâneo da "pílula azul", custando menos que uma passagem de ônibus, segundo jornais. Curiosamente, hoje quem mais o compra são consumidores jovens, inseguros e com "medo de brochar", explicam urologistas à imprensa.

Velhice no feminino

Antes ausente do debate, a velha entrou na mira dos médicos nos anos 1970. Sem novidades, pois, tal como se fez por séculos, Filizzola invocava a menopausa como o marco de entrada na chamada "idade gerontológica": "Mas é justamente aqui que começa a doença da mulher, momento esse a partir do qual ela necessita receber assistência e proteção, carinho e bondade a fim de protegê-la contra o envelhecimento prematuro e contra as perdas e prejuízos trazidos pela velhice. Aqui [...] o nervosismo, a insônia, o cansaço, as dores pelo corpo são os sintomas de seu desespero, de sua angústia [...] que fazer agora, perda a beleza dos 20, 30 ou quarenta anos? Existirá uma beleza dos 60, 70 ou 80 anos?" Ele atacava as que queriam "camuflar" a idade e perguntava: "o que fazer para mulheres que depois de certa idade vivem, sem saber para que vivem?".

Numa série de entrevistas para seu livro, *A velhice no Brasil*, Filizzola ouviu figuras públicas sobre "como envelhecer bem". Uma delas foi Anésia Pinheiro Machado, aviadora e mulher independente: "A cultura física é um grande fator para retardamento do desgaste que os anos fatalmente irão trazendo". E aconselhava: seria muito melhor se a mulher fosse orientada desde pequena a se dedicar à ginástica e a uma atividade esportiva em vez de procurar lojas que vendem artigos para disfarçar a flacidez dos músculos. Olga Lacerda, mãe do conhecido político Carlos Lacerda, sugeria que governo do estado criasse "escolas de velhice, lugar onde se ensinasse os velhos a envelhecerem. Só é infeliz aquele que não sabe envelhecer".

Nem todas eram tão otimistas quanto Anésia e Olga. A escritora Clarice Lispector relatou outro lado do envelhecimento feminino, talvez o seu. E sua narrativa exibe protagonistas infelizes. Num conto publicado nos anos 1960, *Feliz aniversário*, nos apresenta a D. Anita, moradora de Copacabana com a filha Zilda, cujo aniversário de 89 anos seria comemorado. A chegada de parentes ao salão enfeitado como se fosse festejar uma criança, com balões e papéis coloridos, revela que a idosa é tratada como criança pela filha, que "[...] borrifara-lhe um pouco de água-de-colônia para disfarçar aquele seu cheiro de guardado". Ou, ainda, Cândida Raposo, de *Ruído de passos*, que decide consultar um médico porque, aos 81 anos, "seu desejo de prazer não passava". Já a personagem de Dona Maria Rita, de 77 anos, num diálogo com uma mulher de 37, revela tanto seu desgosto pela idade quanto a consciência do lugar que passou a ocupar na sociedade ao envelhecer. "Uma velha não pode comunicar-se" ou "Sou como um embrulho que se entrega de mão em mão" – pois Dona Maria Rita confessava que estava deixando a casa da filha para morar com o filho. Nem trinta anos tinham decorrido dos testemunhos sobre mulheres que envelheciam com a serenidade de Maria Laura, mulher de Mário Sette, ou a segurança de Dona Corila. Não sabemos se o Doutor Filizzola lia Clarice Lispector, mas ele bem que tentava compreender as mulheres.

Enquanto as jovens se exibiam de minissaia nos programas de TV, como "A jovem Guarda", ou de biquíni nas praias, ou dançando nas boates, despertando a reação – e, por que não, a inveja? – dos mais idosos, a protagonista Rosa Ambrósio, de *As horas nuas*, de Lygia Fagundes Telles, desabafava: "Estou ficando velha e me ralo de inveja dos jovens... Também quis segurar a beleza, quem não?... Mas ela escapou por entre meus dedos, água... Quero de volta a minha juventude!". Tarde demais. O tempo roeu seu rosto, suas mãos, seu corpo.

Uma das mais conhecidas cronistas do país, Carmem da Silva, em seus artigos na revista *Claudia*, espicaçava: "E quando a gente menos espera, completou *quarenta* anos. Pensando bem, ninguém teria de surpreender-se com isso. Já se sabe que o tempo passa. O tempo passa?". Recomendava, então, para as ansiosas, um exame sereno, livre de preconceitos para que se tornasse mais fácil a acomodação à meia-idade. Aos 40 anos, ninguém acordava "fresca como uma alface"! Ouvia-se a frase fatal: "Você deve ter sido muito bonita no seu tempo". E eis que a mulher de meados do século XX começou a se sentir "marginalizada" quando seus atributos físicos não eram mais os mesmos de antes. Mas, depois, a conselheira adoçava: havia saldos positivos. Acabavam-se os exageros. As tempestades em copos de água. Se não fosse imatura, ela já teria superado inibições, receios, constrangimentos. Descartaria influências negativas e não precisaria mais usar o termômetro do desejo masculino, para se sentir forte. Bastava-lhe o amor do "seu homem" E a certeza de que foi amada como uma pessoa singular e não uma boneca.

A historiadora Denise Bernuzzi de Sant'Anna revelou que não foi bem assim. O lado "boneca" não só persistia, mas alimentou o desenvolvimento da cirurgia plástica. A disciplina já estava integrada à Escola Paulista de Medicina desde 1933. Antes sinônimo de vergonha, um pecado cometido contra a obra divina, uma prova de vaidade excessiva, a "plástica" passou a ser apregoada nas revistas femininas, desde os anos 1960, como solução para as que emagreciam muito rápido. Na década seguinte, passou a se falar de "levantamento facial", em "prótese mamária" e em rejuvenescimento. A evolução da expectativa de vida convidava as pessoas a se manter fisicamente atraente depois dos cinquenta anos, estratégia que melhoraria a posição de cada um na concorrência com os mais jovens.

Segundo Denise, o fato de, à época, o Brasil ser um país majoritariamente jovem, a luta pela manutenção de empregos ou de maridos, especialmente para quem tivesse mais de 40 anos e fosse mulher, era muito violenta. A cirurgia plástica, com a ajuda da mídia e da propaganda, passou a ser uma prova de autoestima e um recurso para driblar a insegurança. O conselho de Carmem da Silva – de que bastava o amor do marido – não foi suficiente para as mulheres que relutavam em envelhecer. A prova do espelho continuava decisiva. Afinal, além de se ver, era preciso se olhar.

Houve, todavia, aquelas que envelheceram na confiança do amor bem nutrido e constante do "seu homem", como Anah de Melo Franco. O beijo antes de dormir era parte do ritual do casal até o fim. A devoção mútua durante décadas de convivência fazia Afonso pedir a Deus que ela o acompanhasse na última hora, abrindo-lhe "as portas para a Luz". Ao lado de Anah, ele se sentia "pacificado". E era sincero ao confessar em suas memórias: "Às vezes, assalta-me aquela ideia que, quando passa e me trespassa, sempre me aperta o coração: e se ela faltasse, o que seria de minha vida?". Era a receita milenar do casamento com seu igual.

Vidas e fins possíveis...

"Ai, doutor...!" Doença, envelhecimento e morte foram a tríade de fantasmas que, em velocidades diferentes, assaltaram nossos avós na segunda metade do século XX. Como demonstrei em meu *Histórias da gente brasileira*, apesar das moléstias e da velhice, o aumento gradativo da esperança de vida sem doença ou invalidez consolidou um novo momento: a terceira idade. Não mais com os velhinhos de cabeça branca, a esperar a indulgente visita dos netos. Não mais o "ancião" que sobreviveu à vida adulta, exposto às doenças, à dependência e à pobreza, um fardo para os descendentes. Agora eram os *seniors*, os protagonistas da *silver economy*. E eles nem seriam exceção, como foram seus antepassados como maioria, perderam a excepcionalidade.

Com a melhoria da saúde, o acesso a hospitais e medicamentos básicos e o desenvolvimento do sistema de aposentadorias, graças ao qual passou a receber um rendimento médio mais elevado, o membro da terceira idade passou a ter um período ativo de vida que envolvia viagens, lazer e suporte familiar. As revistas não paravam de apregoar que o "velho, agora, é jovem". Tinha que controlar o peso, fazer exercícios regulares, praticar ioga, caminhadas ou natação, parar de fumar e de beber. Além da saúde, o período, enfim, oferecia certo conforto econômico. Caiu o número dos que viviam com parentes, assim como declinaram os problemas de deficiência física e mental. Segundo a economista Ana Amélia Camarano, foi crescente a proporção de idosos, de ambos os sexos, que passaram a viver sozinhos. Envelhecer? Um processo inevitável, mas não devastador... "Não interessa a idade que se tem, mas a reviravolta que pode se dar na vida", cravavam os gerontólogos.

Se era comum pensar que a industrialização e a urbanização destruíam a segurança econômica e as relações estreitas entre as gerações na família da primeira metade do século XX, pesquisas recentes comprovam que, apesar do que abandonamos, evoluímos. A universalização da Seguridade Social, as melhorias nas condições de saúde e outros avanços tecnológicos, tais como os meios de comunicação, elevadores, automóveis, entre outros, sugeriam que, para os idosos, viver só representou uma forma mais inovadora e bem-sucedida de envelhecimento do que abandono, descaso e/ou solidão – explica Camarano. Viver só passou a ser um estágio temporário do ciclo de vida, e estaria refletindo preferências. E é sempre bom lembrar: viver perto nunca foi garantia de frequência de contato com filhos ou netos.

Graças aos benefícios da seguridade social, as famílias brasileiras que tinham idosos estariam em melhores condições econômicas que as demais famílias. As pessoas idosas ganharam destaque durante a Assembleia Mundial sobre o Envelhecimento, realizado pelas Organizações das Nações Unidas (ONU) em 1982, e que produziu o Plano de Ação Internacional de Viena sobre o Envelhecimento. Nossos velhos ficaram relativamente menos pobres e menos dependentes da renda do chefe da família. Se após o fim do "milagre econômico" a população passou a conviver com altas taxas de inflação, em 1994, o Plano Real trouxe estabilidade econômica, o que afetou positivamente a qualidade de vida de muitos.

Camarano observou que havia menos pobres e indigentes entre as famílias com idosos chefiadas por mulheres do que entre as chefiadas por homem. Isso se dava, em parte, porque a legislação brasileira permitiu que as mulheres acumulassem os benefícios de pensão e viuvez. Em 1998, 7,7% das mulheres idosas acumulavam os dois tipos de benefícios. Além disso, tanto os homens quanto as mulheres puderam acumular os benefícios da aposentadoria com os do trabalho.

Mais mudanças: durante essa fase de prolongamento da vida, o casal idoso se encontrou num cara a cara, sem atividade profissional e em boa saúde, perguntando-se se não desejaria outras novidades. Sobretudo se ficavam parecidos com os protagonistas do conto do curitibano Dalton Trevisan, "Batalha de bilhetes". Ele expôs a velhice dos casais que, prisioneiros do isolamento, longe de familiares, deixavam de se respeitar, instalados num cotidiano de pequenas rixas, ironias e palavras destiladas para magoar. Palavras que foram a arma da guerra conjugal: "Não posso olhar a sua cara. Nunca mais fale comigo". Trevisan fez o retrato de um fim de vida mergulhado em ácido.

Mas havia solução. O aumento de divórcios após os 60 anos revelou o desejo de rupturas, ainda que tardias: era o "divórcio grisalho". Nunca era tarde para encontrar um novo amor. Para os viúvos, a possibilidade de formar um novo casal esteve presente desde sempre, pois eram minoria! As colunas nos jornais esclareciam: "Divórcio na terceira idade", "Cuidados ao casar-se depois dos 60", "Nunca é tarde para ser feliz", "Namoro na terceira idade"! O IBGE informava que, entre os anos de 2000 e 2010, a média de divórcios de *seniors* aumentou 28%, escondendo um número ainda maior de separações informais. Seis vezes mais do que os casais mais jovens, entre 20 e 50 anos. Na mesma época, a média de casamentos de pessoas com mais de 50 anos aumentou 55%, contra um aumento de 18% entre os jovens. Lentamente tinha início uma percepção nova daquele momento: afora os problemas no aparelho biológico, a idade não inibia absolutamente a possibilidade de continuar a construir projetos próprios.

As crises econômicas acentuaram o papel dos avós, que, para muitos filhos, se tornaram tanto sinônimo de suporte financeiro quanto de serviços: buscar e levar netos à escola, alimentá-los, guardá-los enquanto as mães trabalhassem. Outro dado: aumentou a proporção de filhos adultos, maiores de 21 anos, morando em famílias chefiadas por idosos. Essa proporção passou de 17,5% entre as famílias chefiadas por homens e de 26,8% entre as famílias chefiadas por mulheres, no ano de 1981, para 18,6% e 28,8%, respectivamente, em 1998. O que significou um aumento de aproximadamente 7% e 8%. A PNAD (Pesquisa Nacional por Amostra de Domicílios) de 1995 mostrou que aproximadamente 53% dos filhos do sexo masculino, morando em domicílios chefiados por idosos, eram viúvos e/ou separados, o que representou um retorno à casa dos pais. Entre as mulheres, 57% eram solteiras e 29%, viúvas. Como se vê, essa nova etapa do ciclo da vida levou, também, a uma renegociação geral das relações dentro da família.

Ana Amélia Camarano lembra ainda que, em 1998, a situação do idoso brasileiro, em termos de renda, era bem melhor que em 1981. Sua renda era maior que a dos mais jovens, o que lhe permitia oferecer suporte familiar. Dentre os idosos brasileiros, menos de 12% não tinham nenhuma renda em 1998. Essa proporção foi bem menor do que a observada em 1981, quando fora de 21%. Essa redução se deveu ao aumento do número de mulheres com algum rendimento. E a melhora foi resultado da universalização da seguridade social, da ampliação da cobertura da previdência rural e da legislação da assistência social estabelecidas pela Constituição de 1988, que garantiu aos idosos carentes, maiores de 70 anos, um salário-mínimo mensal.

Segundo a economista, ocorreu, também, uma feminização da velhice. Nem sempre a maior longevidade feminina foi vista como vantagem. Primeiro, porque uma parte das viúvas vivia só, sem experiência de trabalho e com menor educação, mas, também, porque a maior esperança de vida fez com que muitas idosas passassem a sofrer com doenças crônicas.

Isso também mudou. A perspectiva dos gerontólogos se tornou otimista ao afirmar que, para as idosas, a velhice e a viuvez podiam representar um momento de independência e realização. Livres do marido e dos cunhados e irmãos, além dos papéis impostos pela sociedade nos anos 1960 e 1970, elas foram "viver". As idosas apresentaram, em geral, uma tendência maior que os homens a viver sozinhas. Essa tendência era crescente. Isso se deve ao fato de que uma grande parte delas já se encontrava na categoria de viúvas, e uma proporção crescente, na de separadas/desquitadas e divorciadas. Segundo a PNAD de 1995, as mulheres viúvas constituíam 45% das mulheres idosas, as separadas, 7% e as solteiras, outros 7%. Elas se tornaram o maior público de teatro, passaram a sair à noite com amigas, fizeram malas e foram conhecer o mundo. Puderam dizer, aliviadas: "Enfim, só!".

Há quem diga que ser velha era mais difícil que ser velho. Ninguém mediu graus de insatisfação, mas quantas, entre viúvas e divorciadas, poderiam repetir, com a atriz Fernanda Montenegro: "Um mês após a morte de Fernando, eu completava 75 anos. [...] Vivemos juntos sessenta anos, nos buscando, nos conciliando, nos amando [...] a gratidão que sinto pela nossa vida é infinitamente maior do que qualquer crise que possamos ter experimentado".

Por outro lado, quase 80% dos homens estavam em algum tipo de união conjugal. As diferenças por sexo quanto ao estado conjugal resultavam, de um lado, da maior longevidade das mulheres. E, por outro, graças ao fato de os homens terem a oportunidade de se casar com mulheres mais jovens.

Para passar o tempo ou vendo o tempo passar

Frente a tantas mudanças, o que mais mudou para os avós? Sua melhor cuidadora não era mais a família, mas a televisão. A princípio, em preto e branco e, a partir dos anos 1980, colorida e democratizada. Entre os anos 1970 e 1980, aos domingos, velhos ficavam hipnotizados pelo programa Flávio Cavalcanti, da TV Tupi, ou o do Chacrinha. Anestesiados pelas novelas da TV Globo. Apaixonados pelos jogos da Copa do Mundo e dos Campeonatos Nacionais. Emocionados com o "Adeus de Pelé", vestindo a camisa do Santos, time em que começou, no jogo em que encerrou sua carreira de atleta profissional. Chocados com os assassinatos praticados pelo temido Esquadrão da Morte. Adestrados pela informação do Jornal Nacional. Vibrantes com os desfiles de escolas de samba, no Carnaval, as imagens dos bailes à fantasia e daí por diante. A imagem do velho ou da velha, a postos diante da tela, faz parte do que percebemos como envelhecimento. E quanto mais velhos, mais fiéis à TV, a ponto de ela ser chamada por sociólogos de "devoradora do tempo livre dos anciãos".

Apesar de os médicos desaconselharem, até hoje a televisão continua mantendo os velhos hipnotizados: em 2022, 91% dos espectadores consumiam canais da TV aberta. Principalmente porque passaram de telespectadores a protagonistas de novelas. Recentemente, uma delas, entre 50 atores, tinha 17 idosos, todos grandes nomes do teatro brasileiro. A tendência é isso aumentar, pois a indústria cultural só responde ao aumento de público – logo, aos velhos. Tanto na TV quanto nas telas de cinema sua presença será indiscutível, assim como a ficcionalização de suas aspirações ou problemas. O especialista Walmir Moratelli adverte, contudo, que a ficção audiovisual tende a reforçar estereótipos e canalizar ações para consolidar a ideia de que a velhice precisa ser entendida como a última etapa de uma vida já sem grandes desafios. Na maioria das novelas, a velhice era descrita como categoria subutilizada. Ser idoso impedia de quase tudo, se não tivesse alguém por trás que lhe desse suporte e financiamento.

Outra novidade: por meio das novelas históricas, velhos afro-mestiços lembraram de seus avós, ex-escravos. Antes, imperava o silêncio para "não falar de coisas ruins". As historiadoras Hebe Castro e Martha Abreu emprestaram direção acadêmica ao documentário *Memórias do cativeiro*, com entrevistas com septuagenários ou octogenários que recordaram histórias de avós e bisavós: "Africano mesmo da África! Legítimo". Sem o rigor das historiadoras e com mais imaginação do que conteúdo, as novelas de TV os incentivaram a recuperar a memória de quem viveu a escravidão fora da tela. De verdade.

A televisão virou também uma plataforma central para a publicidade. O idoso começou a aparecer em anúncios de planos de previdência privada, agências de turismo e produtos farmacêuticos, entre outros. Desse modo, a representação da velhice e seus estereótipos negativos – velhinhas de xale que não esperam a visita do filho ou velhinhos esquecidos discutindo futebol – iriam pouco a pouco se atualizar, explica Guita Debert. Num anúncio de margarina, a vovó é surpreendida pela família na cama com um velhinho e diz "Não se preocupem, vamos nos casar!". Ou, num anúncio de produtos de higiene infantil, os avós dentro da banheira, ensaboando-se mutuamente, são surpreendidos pelos netinhos.

Com o tempo, as imagens dos idosos encarnariam a rebeldia, o hedonismo, a subversão dos tempos que mudavam. Manipulavam-se *slogans*. "Envelhecer é ficar jovem!". "Velha é a vovozinha!" seria o grito de guerra da terceira idade. A vovó tradicional também desapareceria pouco a pouco dos livros infantis: deu lugar a uma idosa ativa, presente, colaborativa no dia a dia e – por que não, namoradeira. A relação com as novas gerações passou a ser de interação. Proibido usar os símbolos da velhice: bengala, cabelos brancos, óculos. O avô, ou pai-herói cedeu lugar a uma imagem de propaganda de consultório para calvície: um idoso, cabelos brancos ao vento, sorriso nos lábios e a mensagem: "devolva a autoestima de seu herói!". Mas a ideia de vencer a velhice tal como é promovida pela mídia e por nossa cultura não é mais – sabemos disso – do que um cortejo de ilusões.

Rir da velhice também distraía, apesar da crença de que velhos riem menos. Um dos maiores, senão o maior humorista brasileiro, Chico Anísio, tinha uma galeria de velhinhos que fazia o Brasil gargalhar: Popó, Doutor Salgado, Profeta Jesuíno, Justo Veríssimo, Bonfim... e outros. Riam-se os velhos das próprias angústias ligadas ao envelhecimento, mas riam-se também os menos velhos por conta da angústia de envelhecer. Freud dizia que o humor era o instrumento ideal para se defender das próprias possibilidades de sofrimento: "O sujeito bate à porta de uma casa e assim que o homem abre a porta ele diz: 'O senhor poderia contribuir para o lar dos idosos?' Claro, espere um pouco que eu vou buscar a minha sogra".

Verdadeiro desafio à saúde pública no Brasil, o número de idosos (60 anos) passou de três milhões em 1960 para sete milhões em 1975 e 14 milhões em 2002. Houve um aumento de 500% de sexagenários em quarenta anos. Em países como a Bélgica, por exemplo, foram necessários cem anos para que a população dobrasse de tamanho, explicam os pesquisadores da saúde Maria Fernanda Lima Costa e Renato Veras. Eles lembram, também, que um dos resultados dessa dinâmica foi a demanda crescente por serviços de saúde. Se houve declínio da mortalidade, o idoso precisou de mais leitos, remédios e tratamentos, pois a maioria de suas doenças é crônica.

Apesar disso, como demonstrou o epidemiologista Alexandre Kalache, a expectativa de sobrevida nas idades mais avançadas era bastante elevada no Brasil, aproximando-se daquela observada nos países desenvolvidos. Aqueles que conseguissem sobreviver às más condições de vida dos primeiros anos tinham uma esperança de sobrevida mais elevada nas idades avançadas – vimos o mesmo em séculos anteriores. Segundo Kalache, apesar dos diferentes níveis econômicos, isso resultou de existirem poucas diferenças entre ricos e pobres no que diz respeito à sobrevida. Apesar das dificuldades, pobres podiam ser tão longevos quanto ricos. Era a força do DNA.

Do que morriam os idosos? Camarano responde que as doenças do aparelho circulatório aparecem como o principal grupo de causas entre a população idosa em ambos os sexos. Entretanto, sua participação relativa diminuiu ao longo do período. De 42,7% dos óbitos masculinos em 1980, as doenças do aparelho circulatório passaram a ser responsáveis por 39,4% deles em 1997. Entre as mulheres, observou-se uma situação semelhante: de 46,9% dos óbitos femininos em 1980, esse grupo de causas foi responsável por 36,3% em 1995. Em contrapartida, observou-se que os outros grupos de causas de morte tiveram sua participação relativa aumentada. Entre eles, destacaram-se as doenças do aparelho respiratório e as neoplasmas. Entre os homens, aumentou o peso das mortes por doenças do aparelho digestivo, e entre as mulheres, por doenças endócrinas e do metabolismo.

Em 1985, o recém-eleito presidente Tancredo Neves, aos 75 anos, não se sentiu bem e foi operado. Foram 39 dias de agonia, sete cirurgias – e o país paralisado. Morreu no hospital de Base de Brasília. Sua diverticulite foi explicada e estampada com fotos em todos os jornais e revistas. É provável que quase 100% da população não soubesse o que era isso. Para as classes médias, leitoras de revistas semanais, não faltavam informações sobre doenças e suas curas. Em 1968, fez sucesso uma farta matéria sobre o primeiro transplante de coração no país. A capa de *O Cruzeiro* trazia um *close* do órgão pulsando sob o bisturi do médico, o Dr. Euricledes de Jesus Zerbini. Foi a primeira cirurgia do gênero na América Latina.

O suplemento especial da PNAD-Saúde de 1998 indagou como a população idosa brasileira considerava o próprio estado de saúde. Aproximadamente 83% avaliaram esse estado como regular ou bom. Embora essa proporção decrescesse por idade, 75% da população de 80 anos e mais consideravam seu estado de saúde regular ou bom. Ou seja, mesmo entre os mais idosos, já era relativamente elevada a proporção dos que declararam um estado de saúde bom ou regular. Já as mulheres se sentiam pior do que os homens.

Em cada número de *Realidade*, havia uma sessão específica sobre "medicina". Em 1966, em matéria sobre o câncer, a revista reclamava: "ignorância e medo sobre a doença também matavam". E esclarecia: o câncer não era nem hereditário, nem contagioso, nem, doloroso no início nem fatal ao final. Não nascia de ferimentos ou pancadas. Daí a importância do diagnóstico precoce e do uso do laser no tratamento, capaz de salvar duas entre seis pessoas. Em 1972, a "epidemia nacional do medo", a de meningite, apavorou. Qualquer febre horripilava. Nuca dura? Dor de cabeça e sonolência? O surto estava em toda parte e aparecia e desaparecia em diferentes regiões. E não faltaram reações da população desassistida, dignas da "revolta da vacina" do início do século XX: na pequena localidade de Itabira, Minas Gerais, médicos acorreram para conter um surto. Tomaram medidas saneadoras, como trocar copos de vidro por copos descartáveis para evitar contágio. Foram corridos a pedradas pela população.

O Cruzeiro anunciava a cura do neoplasma: soros e vacinas do Doutor Cembranelli, de Taubaté salvavam vidas no Brasil e no exterior! Teria o Instituto Karolinska, da Suécia, "roubado" a fórmula do paulistano? Certamente não. Seus pesquisadores não saberiam fabricar a "pubamicina", à base de um fungo que cresce nas raízes da mandiocabrava, ou o soro "carcinolítico", retirado de burros que pastavam nas imediações do laboratório do brasileiro. Nessa época, eram cerca de 520 mil os brasileiros sorteados por ano na loteria do câncer. No Acre, nem um só leito; no Maranhão, a estrutura estava montada, mas não funcionava; no Piauí, dos nove hospitais, apenas um tinha um serviço de prevenção; em Fortaleza e Belém, era a segunda causa de morte, precedida, apenas, por disenteria. E o Instituto Nacional do Câncer chegava aos 34 anos com déficit de médicos e enfermeiros, laboratórios destruídos e aparelhos defeituosos. Era a "tragédia nacional brasileira", alarmava-se *Veja*. Aversão a encarar a realidade, ignorância e falta de recursos explicavam a terrível situação. No interior, falava-se em "doença ruim" ou "aquela doença". A palavra não era sequer pronunciada. Já existiam 42 drogas eficazes no combate à doença, mas, os médicos sonhavam mesmo era com uma vacina.

Já a *Realidade* voltava com novidades: as pessoas podiam se reconstruir. Não faltavam operações para trocar rins, implantar pulmões de silástico, globos oculares de plástico, articulações de metal, articuladores de bexiga eletrônicos ou quadris de cerâmica. Os progressos na assepsia e da anestesia ajudavam, e muito, as complexas intervenções. Dezenas de fotografias ilustravam a matéria. Mais novidades? A picada de abelha podia curar cegueira, e o ipê-roxo, casos de leucemia ou câncer de pele. E o infarto? Todo cuidado era pouco. Ele matava mais do que todos os tipos de câncer combinados. Os fatores de risco tinham que ser avaliados recorrentemente: idade, peso, pressão, hereditariedade e falta de exercício. A revista trazia a ilustração de como avaliá-los.

Os males da alma e a "fossa" eram discutidos em colunas sobre "psicanálise". Ela ajudava a combater a angústia, o medo, a marginalização do "neurótico". Nele, "havia algo de estranho que o dominava". Para o choro e a paralisação dos dedos, o aperto no peito e a sensação de humilhação, a ordem era: "vá procurar um psicanalista!". Na época, um bom profissional, custava "vinte mil cruzeiros por sessão". Caríssimo. Na outra ponta da sociedade, na mesma época, a revista *Realidade* lembrava que 40% dos brasileiros morriam de doenças endêmicas: verminose, gripe, pneumonia, tuberculose, sarampo e tétano. "Causas desconhecidas" eram apontadas em milhares de atestados de óbito, sobretudo em pequenas cidades do interior. Malária, leishmaniose e esquistossomose também ceifavam vidas, sobretudo nas áreas agrícolas. Até 1970, o plano do Ministério da Saúde era erradicar a varíola. Mas, como? O país tinha então 35 mil médicos, quando precisava de pelo menos o dobro e mais dez mil para corresponder ao número exigido pela Organização Mundial de Saúde, atingindo a proporção de um médico para cada mil habitantes. No Maranhão, por exemplo, havia um para 80 mil pessoas. Em 1975, o Ministério da Saúde recebeu 3,19 do orçamento do governo federal. Mas ainda era pouco para combater a falta deles.

Em 1995, as queixas eram contra as UTIs: "um inferno na Terra", segundo quem escapava do mundo de lâminas, agulhas e gemidos. Três a quatro pacientes eram salvos, mas a que preço? – acusava a revista *Veja*. Aperfeiçoadas durante a guerra do Vietnam, as UTIs se beneficiaram de um invento americano: o cateter, capaz de administrar sangue, plasma e soros que, junto com respiradores, cardioversores, eletrocardiógrafos e outras máquinas, ofereciam uma ponte para a salvação.

Se ela custava a chegar, no desespero sobravam os "santos remédios". Ou a fé que curava, e curava desde sempre. Foram décadas de sucesso das cirurgias espirituais. Chico Xavier, José Arigó ou o Dr. Fritz, João Teixeira ou João de Deus: seus nomes eram verdadeiros lenitivos para os desenganados e enchiam as páginas de jornais e revistas. Centros especializados, com espíritos de médicos e cirurgiões às dezenas e pacientes aos milhares, pareciam hospitais. Com espaços para a recuperação e internação dos pacientes, ali se faziam consultas, tratamentos e operações. Distantes dos "curandeiros tradicionais" ou da "mediunidade receitista" usada décadas antes, eles refletiam a modernização da sociedade e eram frequentemente procurados por integrantes dos estratos socioeconomicamente mais elevados. Sem se opor à medicina científica, o tipo de "terapia" utilizada procurava funcionar de modo complementar, graças às intervenções ou à extração de materiais sem utilização de técnica asséptica ou anestésica, mas também sem infecções ou pacientes referindo-se a qualquer dor. Lembra o antropólogo Reginaldo Prandi que a adesão às chamadas religiões de conversão, como o pentecostalismo, as religiões africanas e o próprio kardecismo, relacionam-se com a busca de cura para doenças onde a medicina fracassava.

O ponto alto da década de 2000 foi a promulgação do Estatuto do Idoso, em 1º. de outubro de 2003, posteriormente nominado Estatuto da Pessoa Idosa. Esse marco legal estabeleceu direitos específicos para os idosos, como a prioridade de atendimento em órgãos públicos, transporte gratuito e medidas de combate à violência e ao abuso. Foi quando, inclusive, surgiu o Benefício da Prestação Continuada (BPC), previsto na Lei Orgânica da Assistência Social (Loas), garantindo um salário-mínimo a pessoas idosas em situação de vulnerabilidade econômica.

Depois do "Ai, doutor", ouvia-se o "morreu, coitado...". A morte, na segunda metade do século XX, mudou de pouso. Não mais em casa, entre familiares. Agora, no hospital, asséptica, silenciosa. O binômio doença e morte foi removido do controle doméstico para a instituição hospitalar. Segundo especialistas, ele veio acompanhado de ansiedade, atributo que os moribundos de outrora conheciam pouco. Afinal, nas sociedades individualistas, urbanas e industriais o destino de cada um dependia mais do sucesso pessoal que das redes comunitárias ou de parentesco existentes nas cidades pequenas e nos meios rurais. Pelo menos 75% das pessoas acabavam morrendo em hospitais, ao final do século XX.

Intelectuais de diversas áreas criaram um termo para essa conjuntura que começou a se modificar: medicalização da morte. Quando se tratava do fim certo, por conta de doenças incuráveis, profissionais começaram a se perguntar: que gesto fazer? Dizer ou não a verdade? Chamar um religioso? Para os católicos, a saúde ou a salvação do doente estava em jogo, e era preciso fazer tudo o que estivesse ao alcance para prolongar a vida. A morte, tão presente e próxima no passado, se tornou vergonhosa e estrangeira na segunda metade do século XX. Processos de racionalização e burocratização da sociedade, associados ao desenvolvimento rápido de conhecimentos e técnicas transformaram a relação com a morte e o morrer. Cultos coletivos de acompanhamento ao moribundo foram abandonados. Passou-se a morrer só. O culto ao morto, como descrito pelo etnógrafo Luís da Câmara Cascudo, um momento de comoção social seguido por um rigoroso processo ritual, já não era realizado com frequência. Só resta, à geração que fez a revolução sexual, fazer a revolução da morte e começar a discutir o direito à morte digna, pela eutanásia ou pela morte assistida. Sobretudo quando se perde a alma e a lucidez.

*Last, but not least**
[Por último, mas não menos importante]

Segundo o IBGE, até 2030 o Brasil terá mais pessoas acima dos 60 anos do que crianças até 14 anos. Por isso mesmo, multiplicam-se os doutores da "envelhescência". As faixas etárias também: "Primeira idade: de 0 a 20 anos; Segunda idade: de 21 a 49 anos; Terceira idade: de 50 a 77 anos; Quarta idade: de 78 a 105 anos", explica o Prof. Edmundo de Drummond Alves Jr., especialista em envelhecimento e sociedade.

Durante quase quinhentos anos, velhos eram apenas sobreviventes. A ninguém importava quantos anos tinham. No início do século XX, passaram a ser trintenários. Em 1970, eram os tais "marginais" de 40 anos. Em 2024, chegamos aos sexagenários, curiosamente, a mesma idade com que Amato Lusitano, no Renascimento português, definia seus velhos. E para falar deles, novos conceitos não faltam. A socióloga francesa Rose Marie Lagrave acabou de inventar um que achei ótimo: "trans-idades". Não existem os transclasse ou os transgêneros? Por que não "transvelho"? Pois há velhos que se sentem jovens e vice-versa. Afinal, quem envelhece não se sente envelhecendo. A idade pode ser um sentimento, um fato ou os dois juntos.

A maior parte da literatura sobre o envelhecimento insiste nas mesmas fórmulas. Para ser um velho bem-sucedido, é preciso boa saúde física e metal, atividade física e envolvimento com a vida, bem-estar, autoestima, criação de laços mais intensos, participação em grupos de convivência, amor e desejo. A aposentadoria deixou de servir como indicador da velhice, e exalta-se o corpo saudável, ativo e atraente.

Sim, caiu o tabu do qual não se falava: envelhecimento não é ausência de sexo, ou sexo não deve ser sinônimo de culpa e vergonha. Ao contrário, ele é emocional e afetivamente enriquecedor. Sexo que se declina em mil tons: "trocar carícias, acarinhar, ter intimidade, ser amigo, um conjunto de atitudes e sentimentos, ser gentil, abraçar, uma forma de se sentir vivo" – responderam velhos entrevistados por geriatras. "Nunca me senti tão jovem!" é o bordão do velho que copula, que penetra, como Carlos Drummond de Andrade em seu "Para o sexo a expirar". Tinha mais de 70 anos e, havia trinta, a mesma amante:

> Para o sexo a expirar, eu me volto, expirante.
> Raiz de minha vida, em ti me enredo e afundo.
> Amor, amor, amor – o braseiro radiante
> que me dá, pelo orgasmo, a explicação do mundo.
> Pobre carne senil, vibrando insatisfeita,
> a minha se rebela ante a morte anunciada.
> Quero sempre invadir essa vereda estreita
> onde o gozo maior me propicia a amada [...].

No século XXI, a velhice parece ser uma conquista e não um problema. Afinal, para os velhos, "velho é sempre o outro". Só que a maioria das regras para "bem-viver a velhice" têm a profundidade de um pires. E, para muitos, isso fica visível. Ou risível. Que o diga o grande escritor João Ubaldo Ribeiro, que não se cansou de fustigar o tema. Veja-se seu "Alegrias da velhice", escrito para *O Globo* de 16 de março de 2008, quando o escritor contava 67 anos:

> A mim, confesso, já enche um pouco o saco esse negócio. Começou, se não me falham os rateantes neurônios, com essa conversa de terceira idade, inventada pelos americanos, que são muito bons de eufemismo, como testemunha a exemplar frase "Lide com preconceito extremo", que, dizem, a CIA usava quando ordenava um assassinato. Passou a não pegar bem chamar velho de velho mesmo e agora a velharada é agredida com designações tais como boa idade, melhor idade, felizidade e outras qualificações

ofensivas. [...] Ninguém mais é velho, fica até feio o sujeito hoje em dia dizer que é velho.

Seu colega Ruy Castro, na *Folha de São Paulo* de 12 de janeiro de 2012, não deixou por menos ao tratar da "melhor idade para os que ainda não chegaram nela":

> melhor idade é quando você pensa duas vezes antes de se abaixar para pegar o lápis que deixou cair e, se ninguém estiver olhando, chuta-o para debaixo da mesa. Ou, tendo atravessado a rua fora da faixa, arrepende-se no meio do caminho porque o sinal abriu e agora terá de correr para salvar a vida. Ou quando o singelo ato de dar o laço no pé esquerdo do sapato equivale, segundo o João Ubaldo Ribeiro, a uma modalidade olímpica.

Ruy é ainda mais mordaz quando elenca os privilégios da melhor idade que, de acordo com ele, são:

> o ressecamento da pele, a osteoporose, as placas de gordura no coração, a pressão lembrando placar de basquete americano, a falência dos neurônios, as baixas de visão e audição, a falta de ar, a queda de cabelo, a tendência à obesidade e as disfunções sexuais. Ou seja, nós, da melhor idade, estamos com tudo, e os demais podem ir lamber sabão.

Nossa ficção literária também não se deixou enganar pelo mito do "jovem velho". Grandes autores como Silviano Santiago, em *Heranças*, e Chico Buarque de Holanda, em *Leite derramado*, dissecaram o fim de velhos que enfrentam solitários a morte e o morrer. Entre tédio, senilidade e loucura, ambos desfiam o passado com a única função de lembrar. Ambos são velhos fora de seu tempo, mergulhados num contexto de decadência social, familiar e individual e em nada associáveis a imagem do velho-moço. Já em *Arroz de Palma*, Francisco Azevedo retratou o protagonista de 88 anos, longevo, pois, ativo e cercado do amor de seus familiares. Ou seja, a velha e boa receita da velhice tranquila desde que o mundo é mundo.

E apesar de todas as receitas para bem envelhecer no século XXI, os demógrafos e economistas alertam para as consequências de um país de cabeças brancas. O economista José Pastore, da FEA/USP, lembra que, em 1980, 4% da população tinha 65 anos ou mais. Em 2022 esse percentual saltou para 11%. Em 2010, havia 31 idosos para 100 crianças. Hoje, são 55 – quase o dobro. O também economista Marcelo Nery, diretor da FGV Social, constatou que 20,94 % da população é idosa ou vive com idosos e que estes acabam sendo arrimo de família – como já eram desde o século anterior. O envelhecimento da população foi muito rápido, comprovou o Censo de 2022 do IBGE. Consequências?

Dificuldades crescentes com despesas previdenciárias, reduzindo o impacto positivo da reforma previdenciária de 2019. Com a natalidade em baixa, faltarão trabalhadores jovens para contribuir e bancar a aposentadoria e a pensão de velhos. O INSS e o SUS verão uma demanda brutal de recursos para enfrentar novos tempos. E Pastore crava: "O quadro das finanças públicas se torna ainda mais preocupante quando se verifica que o Brasil não cresce de modo expressivo há mais de 40 anos. Na década de 1980, crescemos 3%; na de 1990, 1,8%; na de 2000, 3,4%; e na de 2010, 1,9%". Logo, não se sabe se haverá lugar para viagens, dentaduras de titânio e festas com Viagra num quadro econômico preocupante, a ser analisado pelos historiadores de amanhã. Por enquanto, são os economistas que pensam no assunto, tentando trazer soluções para o envelhecimento da população: inclusão no mercado de trabalho adaptado, geração de renda, política de prevenção das doenças e de assistência social, investimentos nos serviços previdenciários etc. Como bem disse José Pastore, "viver mais e melhor é desejo de todos. Mas isso é um enorme desafio para países como o Brasil, que envelhecem antes de ficarem ricos".

A pergunta que não quer calar é: Que papel queremos para nossos velhos? Numa sociedade sedenta de modernidade, qual sentido dar à velhice? O historiador, que gosta de ouvir o passado, fica com medo de enfrentar a avalanche de livros, artigos, teses, achismos da autoria do mais qualificado especialista ao blogueiro oportunista, do melhor doutor ao curandeiro de internet. Nos últimos vinte anos, eles passaram a explicar a velhice e o envelhecimento. Nos últimos dez, eles se multiplicaram em progressão geométrica. E aí, confesso: é um tédio bracejar na avalanche pastosa de palavras, conselhos, definições e repetições para interpretar algo tão simples e complexo quanto ser velho. Sabemos: houve e há as mais diversas velhices, sobretudo num país desigual como o nosso, o velho rico vai viver mais e melhor que o pobre; onde combates cotidianos nos obrigam a constatar que o mundo não é branco ou preto e que a realidade das opressões e carências é complexa. Por isso mesmo, para escrever este livro, não dei conta, nem queria dar, de tudo o que foi escrito, pensado e ruminado sobre o tema.

Além disso, eu não estava procurando respostas, mas testemunhos. Testemunhos que contassem como passamos da invisibilidade à negação. E da negação às mudanças. A história mostra que tivemos velhos capazes de desenhar seu futuro e que não se restringiram àquele que lhes apontaram. Velhos que advertiam e que se divertiam. Velhos que reivindicaram e tiveram voz. Velhos que "esperançaram" e se frustraram. Que carregaram em si a criança que foram e o ancião em que se tornariam. Que, depois de comandar a própria vida, simplesmente ficaram velhos. Para eles, envelhecer não era um crime punido com exclusão, mas um fato que variou segundo a condição física, geográfica, social, racial, de gênero, de crença etc. Impossível etiquetá-los.

Única certeza? Viver é envelhecer. É renunciar à eternidade. É se integrar ao sentimento de finitude. Depois de tudo o que li para realizar esta pesquisa, cheguei à conclusão de que quem tem medo da velhice deve fugir de livros de autoajuda, de remédios milagrosos ou de conselho dos *influencers*. Quer saber se a velhice está chegando? Basta olhar a juventude. Os fossos geracionais são o termômetro mais eficiente para se saber o quanto se está velho. Somos todos "o velho" ou "a velha" de alguém.

Mas aprendi que um dos caminhos para adentrar nas várias faixas de idade, conhecê-las, admirá-las e até gostar delas é ler sobre nossos antepassados. Suas lições são incontáveis. São saborosas. São sinceras. Sua exemplaridade não é um valor absoluto, mas uma simples ilustração de valores. Ao consultar documentos de época, ler memórias, escutar histórias, concluí que sua exemplaridade é uma das vias que leva à sabedoria. Uma via exigente que lhes permitiu confrontar-se a si mesmos, aos outros e às realidades do mundo em que viviam. Eles instituíram uma exemplaridade prática que lhes permitiu atravessar provas e adversidades. Penso que conhecer nossos modelares antepassados é iluminar um mundo onde nos faltam... exemplos!

Sim, estamos ficando velhos, e cada vez mais velhos. E não há progresso na maneira de aceitar a velhice, seja lá o que isso queira dizer. Nossos ancestrais foram gente que passou por dificuldades com as quais nem sonhamos. Experimentaram perdas que hoje curamos com ansiolíticos. Sobreviveram às carências de todo tipo, pois ninguém podia deixar de enfrentá-las. A diferença? Uma característica que se tornou pré-histórica: eles não se queixavam. Não exibiam seus sofrimentos em praça pública, nem havia coitadismo como uma forma de chantagem. Faziam questão de não chatear seus interlocutores com choradeiras. O sofrimento não os vulnerabilizava. Ao contrário: era vivido com altruísmo. Altruísmo que fortalecia, que dignificava e que ajudava a seguir vivendo. Nada é mais estrangeiro à nossa época do que essa reserva, essa discrição, essa nobreza de sentimentos. Nossos ancestrais passaram por tudo sem pânico, recolhidos, tranquilos. Sabiam distinguir o essencial do acessório. Sabiam que velhas árvores também florescem e que, depois do poente, o sol nasce outra vez. Ser velho era como ser água que jorrava e corria.

Ao terminar este livro, a dor no joelho tinha ido embora e minha mãe também. Morreu à antiga, em casa, com a filha e o neto ao pé da cama. Exemplar, ela viveu intensamente todas as idades.

Bibliografia

Abreu, C. *Capítulos de história colonial e os caminhos antigos e o povoamento do Brasil*. Brasília: Edunb, 1982.

Abreu, J. L. N. *Nos domínios do corpo: o saber médico luso-brasileiro no século XVIII*. Rio de Janeiro: Ed. Fiocruz, 2011.

Adler, L. *La voyageuse de nuit*. Paris: Grasset, 2020.

Affonso Celso. *Oito anos de parlamento: poder pessoal de D. Pedro II*. São Paulo: Companhia Melhoramentos de São Paulo, s.d.

Agassiz, L.; Agassiz, E. C. *Viagem ao Brasil: 1865-1866*. Belo Horizonte: Itatiaia; São Paulo: Edusp, 1975.

Agra do Ó, A. *Velhices imaginadas: memória e envelhecimento no Brasil*. Campina Grande: EDUFCG, 2010.

Agra do Ó, A. *Velhices masculinas na literatura memorialística nordestina*. In: *Seminário Internacional Fazendo Gênero VIII*, 2006, Florianópolis, SC.

Albuquerque Júnior, D. M. *Nordestino: uma invenção do falo. Uma história do gênero masculino (Nordeste 1920-1940)*. Maceió: Catavento, 2003.

Albuquerque, S. B. M. *Memórias de Dona Sinhá*. Aracaju: Tipografia Editorial Scortecci, 2005.

Albuquerque, U. L. *Um sertanejo e o sertão, Moxotó brabo: reminiscências e episódios do quotidiano no interior de Pernambuco*. Belo Horizonte: Itatiaia, 1989.

Albuquerque, W. "É a paga!" *Rui Barbosa, os capangas e a herança abolicionista (1889-1919)*. In: Gomes, F. S.; Domingues, P. (Org.). *Experiências da emancipação: biografias, instituições e movimentos sociais no pós-abolição (1890-1980)*. São Paulo: Selo Negro, 2011.

Aldrin, F. J. M. *Os sertanejos que eu conheci*. Rio de Janeiro: José Olympio, 1963.

Almeida, S. C. C. *O sexo devoto: normatização feminina no império português (XVI-XVIII)*. Recife: Imprensa Universitária da UFRPE; Editora Universitária UFPE, 2005.

Alves Júnior, E. D. *Dossiê lazer organização*. Sinais Sociais, v. 8, p. 9-16, 2013.

Alves Júnior, E. D. *Perspectivas do envelhecimento para o brasileiro do século XXI*. Revista Virtual de Esportes e Educação, v. 1, n. 1, 1999.

Amado, G. *História da minha infância*. Rio de Janeiro: Livraria José Olympio, 1954.

Andrade e Silva, J. B. *Projetos para o Brasil*. Organização de Miriam Dolhnikoff. São Paulo: Companhia das Letras, 1998.

Antunes, J. L. F. *Medicina, leis, moral: pensamento médico e comportamento no Brasil (1870-1930)*. São Paulo: Unesp, 1999.

Antunes, M. *Oiteiro: memórias de uma sinhá-moça*. Natal: A.S. Editores, 2003.

Aragão, L. *O tema da velha nas cantigas d'escárnio e maldizer*. Revista da Faculdade de Letras, Porto, v. 20, p. 357-379, 2003.

Araújo, A. M. *Medicina rústica*. Rio de Janeiro: Companhia Editora Nacional, 1961.

Assis Brasil, C. *Diário: período 1916-1928*. Porto Alegre: L&PM, 1983.

Assis, M. *Correspondência: tomo I (1860-1869)*. Coordenação de Sérgio Paulo Rouanet. Rio de Janeiro: ABL; Ministério da Cultura; Fundação Biblioteca Nacional, 2008.

Augé, M. *Une ethnologie de soi, le temps sans âge*. Paris: Seuil, 2014.

Avé-Lallemant. *Viagens pelas províncias de Santa Catarina, Paraná e São Paulo (1858)*. Belo Horizonte: Itatiaia; São Paulo: Edusp, 1980.

Azevedo, C. M. *Onda negra, medo branco: o imaginário do negro na elite do século XIX*. São Paulo: Paz e Terra, 1987.

Bacellar, C. A. P. *Viver e sobreviver em uma vila colonial: Sorocaba, séculos XVIII e XIX*. São Paulo: Annablume; Fapesp, 2001.

Bandeira, L. A. M. *O feudo: a Casa da Torre de Garcia d'Ávila da conquista dos sertões à independência do Brasil*. Rio de Janeiro: Civilização Brasileira, 2000.

Bandeira, M. *Itinerário de Pasárgada*. Rio de Janeiro: Editora do Autor, 1966.

Barbosa, M. *Escravos e o mundo da comunicação: oralidade, leitura e escrita no século XIX*. Rio de Janeiro: Mauad, 2016.

Barros, L. M. P. *Condessa de Barral: cartas a suas majestades*. Rio de Janeiro: Arquivo Nacional, 1977.

Bastos, A. T. *Cartas do solitário*. São Paulo: Companhia Editora Nacional, 1938. (Edição baseada na segunda edição de 1863).

Bastos, J. J. R. *Coleção de máximas e provérbios*. Lisboa: Tipografia Rollandiana, 1847.

Beauvoir, S. *La vieillesse*. Paris: Gallimard, 1970.

Berrios, G. E. *Melancolia e depressão durante o século XIX: uma história conceitual*. Revista Latinoamericana de Psicopatologia Fundamental, São Paulo, v. 15, n. 3, p. 590-608, set. 2012.

Bessin, M. *Les catégories d'âge face aux mutations temporelles de la société*. Gérontologie et Société, n. 77, p. 77-96, dez. 1996.

Biard, A. F. *Dois anos no Brasil*. Brasília: Edições Senado Federal, 2004.

Bittencourt, A. R. G. *Longos serões no campo*. v. 1. Rio de Janeiro: Nova Fronteira, 1992.

Blaikie, A. *Ageing and popular culture*. Cambridge: Cambridge University Press, 1999.

Bonhomme, J. *Alerte aux voleurs de sexe! Anthropologie pragmatique d'une rumeur africaine*. L'Herne Cahier d'Anthropologie Sociale, n. 5, p. 115-138, 2009.

Brierly, O. *Diários de viagens ao Rio de Janeiro, 1842-1867*. Rio de Janeiro: Andrea Jakobsson Estúdio, 2006.

Bruno, E. S. *História e tradições da cidade de São Paulo*. v. 2. São Paulo: Hucitec; Secretaria Municipal de Cultura, 1984.

Bruno, H. S. *Equipamentos, usos e costumes da casa brasileira*. São Paulo: Museu da Casa Brasileira, 2001.

Buchet, B. *La sauvage aux seins pendants*. Paris: Hermann, 1977.

Burton, R. *The anatomy of melancholy*. London: Chatto and Windus, 1883.

Cabral de Mello, E. *O negócio do Brasil*. Rio de Janeiro: Topbooks, 2003.

Caldeira, J. *História do Brasil com empreendedores*. São Paulo: Mameluco, 2009.

Calmon, P. *Franklin Dória, barão de Loreto*. Rio de Janeiro: Biblioteca do Exército, 1981.

Calmon, P. *História de Minas e "Memórias de Nogueira da Gama"*. Rio de Janeiro: José Olympio; Pró-Memória; INL, 1985.

Calmon, P. *História do Brasil na poesia do povo*. Rio de Janeiro: Edições Bloch, s.d.

Calmon, P. *Memórias*. Rio de Janeiro: Nova Fronteira, 1995.

Câmara Cascudo, L. *Made in África*. São Paulo: Global, 2001.

Camarano, A. A. *Envelhecimento da população brasileira: problema para quem?* Rio de Janeiro: mimeo, 2001.

Campos, A. L. A. *Casamento e família em São Paulo colonial: caminhos e descaminhos*. São Paulo: Paz e Terra, 2003.

Campos, H. *Reminiscências... obra póstuma*. São Paulo: Editora Mérito, 1962.

Campos, M. H. *Senhoras donas: economia, povoamento e vida material em terras maranhenses (1755-1822)*. São Luís: Café & Lápis; FAPEMA, 2010.

Caradec, V. *Sociologie de la vieillesse et du vieillissement*. 2. ed. Paris: Armand Colin, 2015.

Cardim, F. *Tratados da terra e gente do Brasil*. Belo Horizonte: Itatiaia; São Paulo: Edusp, 1980.

Carlisle, A. *An essay of disorders of old age and of the means of prolonging human life*. [S.l.]: pdf, s.d.

Carneiro, E. *Antologia do negro brasileiro*. Rio de Janeiro: Agir, 2005.

Carneiro, H. *Filtros, mezinhas e triacas: as drogas no mundo moderno*. São Paulo: Xamã, 1994.

Castelucci Júnior, W. *Pescadores e baleeiros nas últimas décadas dos oitocentos, Itaparica 1860-1888*. Afro-Ásia, n. 33, p. 133-168, 2005.

Castillo, L. E.; Parés, L. N. *Marcelina da Silva e seu mundo: novos dados para a historiografia do candomblé ketu*. Afro-Ásia, n. 36, p. 111-151, 2007.

Castro, Y. P. *Camões com dendê: o português do Brasil e os falares afro-brasileiros*. Rio de Janeiro: Topbooks, 2022.

Caufield, S. *Em defesa da honra: modernidade, moralidade e nação (1918-1940)*. Rio de Janeiro: Civilização Brasileira, 2005.

Cerceau Neto, R. *Um em casa do outro: concubinato, família e mestiçagem na Comarca de Rio das Velhas (1720-1780)*. São Paulo: Annablume; PGH-UFMG, 2008.

Chebaby, W. L. *Por um estudo fenomenológico da velhice. Arquivos Brasileiros de Neuriatria e Psiquiatria*, p. 14-27, dez. 1956.

Chernoviz, P. L. N. *Dicionário de medicina popular.* 6. ed. Paris: A. Mayer, 1890.

Confissões da Bahia: Santo Ofício da Inquisição de Lisboa. Organização de Ronaldo Vainfas. São Paulo: Companhia das Letras, 1997.

Correa, R. R. *Escravidão, criminalidade e cotidiano em Santa Luzia de Carangola (1880-1888).* Rio de Janeiro: Editora Rede Universitária, 2023.

Costa, V. G. *Trajetórias negras: os libertos da Costa d'África no Recife (1846-1890).* Tese (Doutorado) – PPGH, UFBA, 2013.

Crosby, A. W. *Imperialismo ecológico: a expansão biológica da Europa (900-1900).* São Paulo: Companhia das Letras, 1993.

D'Abbeville. *História da missão dos padres capuchinhos na Ilha do Maranhão e terras circunvizinhas.* Belo Horizonte: Itatiaia, 1975.

Dauth Filho, J. *Memórias de.* Rio de Janeiro: Edição do Autor, 1949.

De Nicola, J.; De Nicola, L. *Semana de 22: antes do começo, depois do fim.* Rio de Janeiro: Estação Brasil, 2021.

De Souza Viana, C. *Conceptualizações da velhice em cantigas satíricas portuguesas.* Salvador: UFBA, Instituto de Letras, 2018.

Debert, G. G. *A reinvenção da velhice: socialização e processos de reprivatização do envelhecimento.* São Paulo: Edusp; Fapesp, 2004.

Debert, G. G. *O velho na propaganda. Cadernos Pagu*, n. 21, p. 133-155, 2003.

Del Priore, M. (Org.). *História da criança no Brasil.* São Paulo: Contexto, 1991.

Del Priore, M. (Org.). *História das mulheres no Brasil.* São Paulo: Contexto, 1997.

Del Priore, M. (Org.). *História dos jovens no Brasil.* São Paulo: Unesp, 2022.

Del Priore, M. *Ao sul do corpo: mentalidades e maternidades no Brasil colonial.* Rio de Janeiro: José Olympio, 1989.

Del Priore, M. D. *Maria I.* São Paulo: Benvirá, 2019.

Del Priore, M. *História do amor no Brasil.* São Paulo: Contexto, 2002.

Del Priore, M. *Histórias da gente brasileira: República – testemunhos (1951-2000).* São Paulo: Leya, 2019.

Del Priore, M. *Magia e medicina na colônia: o corpo feminino.* In: Del Priore, M. (Org.). *História das mulheres no Brasil.* São Paulo: Unesp; Contexto, 1998.

Del Priore, M. *O corpo vazio: o imaginário sobre a esterilidade entre a colônia e o império.* In: Del Priore, M.; Amantino, M. (Org.). *História do corpo no Brasil.* São Paulo: Unesp, 2011.

Del Priore, M.; Amantino, M. (Org.). *História dos homens no Brasil.* São Paulo: Unesp, 2013.

Delumeau, J. *La peur en Occident.* Paris: Fayard, 1978.

Denunciações e confissões de Pernambuco: primeira visitação do Santo Ofício às partes do Brasil. Recife: Governo de Pernambuco; Fundarpe, 1984.

Deus, F. G. M. *Memórias para a história da Capitania de São Vicente.* Belo Horizonte: Itatiaia; São Paulo: Edusp, 1975.

Dias, M. O. S. *Quotidiano e poder em São Paulo no século XIX.* São Paulo: Brasiliense, 1984.

Eco, U. *História da feiura.* Organização de R. J. Record, 2007.

Edler, F. C. *A saúde pública no período colonial e joanino.* In: *O Arquivo Nacional e a história luso-brasileira.* Disponível em: http://historialuso.arquivonacional.gov.br/. Publicado em: 22 fev. 2018.

Engelmann, C. *De laços e nós.* Rio de Janeiro: Apicuri, 2008.

Ermakoff, G. *O negro na fotografia brasileira do século XIX.* Rio de Janeiro: G. Ermakoff Casa Editorial, 2004.

Estatísticas históricas do Brasil: séries econômicas, demográficas e sociais de 1500 a 1988. Rio de Janeiro: IBGE, 1990.

Estudos afro-brasileiros. Recife: Fundação Joaquim Nabuco; Editora Massangana, 1988.

F.R.I.L.E.I. *Adágios, provérbios, rifões e anexins da língua portuguesa tirados dos melhores autores nacionais.* Lisboa: Tipografia Rollandiana, 1841.

Fabrício, T. C. M.; Saraiva, J. M.; Feitosa, E. S. C. *Contexto sócio-histórico em que surgem e evoluem as políticas de proteção à pessoa idosa no Brasil: da caridade ao direito a ILPI.* Oikos: Família e Sociedade em Debate, v. 29, n. 2, p. 259-277, 2018.

Farge, A.; Klapish-Zuber, C. *Madame ou mademoiselle: itinéraires de la solitude féminine.* Paris: Arthaud-Montalba, 1984.

Faria, S. C. *Sinhás-pretas: acumulação de pecúlio e transmissão de bens de mulheres forras no sudeste escravista (séculos XVIII e XIX).* In: Fragoso, J. (Org.). *Escritos sobre história e educação: uma homenagem a Maria Yedda Linhares.* Rio de Janeiro: Mauad; Faperj, 2001.

Farias, R. N. *Epidemia e poder no Recife Imperial. Dossiê: Estado, nação e cidadania no Oitocentos (1850-1889) – Parte 1.* Publicado em: 12 jan. 2016.

Featherstone, M.; Wernick, A. (Org.). *Images of aging: cultural representations of later life.* London: Routledge, 1995.

Ferraz, F. B. *Páginas de recordações.* São Paulo: Chão, 2020.

Ferreira, L. G. *Erário mineral.* Organização de Júnia Ferreira Furtado. Belo Horizonte: Fundação João Pinheiro; Rio de Janeiro: Fundação Oswaldo Cruz, 2002.

Figueira, L. *Relação da missão do Maranhão.* In: Leite, S. *Luiz Figueira.* Lisboa: Agência Geral da Colônia, 1940.

Filizzola, M. *A velhice no Brasil.* 1972. Edição do autor.

Florentino, M.; Góes, J. R. *A paz nas senzalas: famílias escravas e tráfico atlântico (1790-1850).* Rio de Janeiro: Civilização Brasileira, 1997.

Florentino, M.; Machado, C. (Org.). *Ensaios sobre a escravidão.* v. 1. Belo Horizonte: Editora UFMG, 2003.

Fraga Filho, W. *Encruzilhadas da liberdade: história de escravos e libertos na Bahia (1870-1910).* Rio de Janeiro: Civilização Brasileira, 2014.

Fraga Filho, W. *Mendigos, moleques e vadios na Bahia do século XIX.* São Paulo: Hucitec; Salvador: Edufba, 1996.

Fragoso, J. *Elite das senzalas e nobreza da terra numa sociedade rural do Antigo Regime nos trópicos: Campo Grande, Rio de Janeiro (1704-1741).* In: Fragoso, J.; Gouvêia, M. F. (Org.). *Coleção Brasil Colonial.* Rio de Janeiro: Civilização Brasileira, 2014.

Franco, A. A. M. *A alma do tempo: memórias.* Rio de Janeiro: Topbooks, 2018.

Franco, F. M. *Medicina teológica.* Rio de Janeiro: Fundação Biblioteca Nacional, 2008.

Franco, G. H.; Aranha Correa do Lago, L. *A economia da República Velha (1889-1930).* PUC-RJ, Departamento de Economia.

Franco, M. S. C. *Homens livres na ordem escravocrata.* São Paulo: Fundação do Instituto de Estudos Brasileiros, 1969.

Freyre, G. *O velho Félix e suas "Memórias de um Cavalcanti".* Rio de Janeiro: Livraria e Editora José Olympio, 1959.

Freyre, G. *Sobrados e mucambos: decadência do patriarcado rural e desenvolvimento do urbano.* 6. ed. Rio de Janeiro: Livraria José Olympio, 1981.

Furtado, J. F. *As mulheres nas Minas do ouro e dos diamantes*. In: Resende, M. E. L.; Villalta, L. C. (Org.). *As Minas Setecentistas*. v. 2. Belo Horizonte: Autêntica, 2007. p. 477-504.

Gallardo, B. *A arte de conservar a saúde e prolongar a vida de Mr. Pressavin*. Tradução de Francisco de Toxar. Salamanca: Oficina de D. Francisco de Toxar, 1800.

Gandavo, P. M. *Tratado da terra do Brasil e história da Província de Santa Cruz (1576)*. Belo Horizonte: Itatiaia; São Paulo: Edusp, 1980.

Gasparotto, B. A. *Transposição das representações femininas do Velho para o Novo Mundo*. Revista Línguas & Letras, ISSN 1981-4755.

Gomes, F. S. *A hidra e os pântanos: mocambos, quilombos e comunidades de fugitivos no Brasil (séculos XVII e XIX)*. São Paulo: Unesp; Polis, 2005.

Gourdon, V. *Histoire des grands-parents*. Paris: Perrin, 2000.

Guidin, M. L. *Armário de vidro: velhice em Machado de Assis*. São Paulo: Nova Alexandria, 2000.

Hareven, T. *Changing images of aging and the social construction of the life course*. In: Featherstone, M.; Wernick, A. (Org.). *Images of aging: cultural representations of later life*. London: Routledge, 1995. p. 119-135.

Hareven, T. K. *Novas imagens do envelhecimento e a construção social do curso da vida*. Cadernos Pagu, n. 13, p. 11-35, 1999.

Heslon, C. *Anniversaires et psychologie des âges de la vie*. Le Journal des Psychologues, n. 261, p. 45-49, 2008.

Holanda, S. B. *Caminhos e fronteiras*. São Paulo: Companhia das Letras, 1994.

Holanda, S. B. *Capítulos da história do Império*. São Paulo: Companhia das Letras, 2010.

Hoonholtz, A. L. *Memórias do Barão de Teffé*. Rio de Janeiro: Livraria Garnier, 1855.

Instituto Histórico de Petrópolis. *Site*.

Jankélévitch, V. *La mort*. Paris: Flammarion, 1966.

Jardim, V. S.; Medeiros, B. F.; Brito, A. M. *Um olhar sobre o processo de envelhecimento: a percepção dos idosos sobre a velhice*. Revista Brasileira de Geriatria e Gerontologia, v. 9, n. 2, p. 199-204, 2006.

João do Rio. *A alma encantadora das ruas*. São Paulo: Companhia de Bolso, 1997.

João do Rio. *As religiões no Rio*. Rio de Janeiro: José Olympio, 2006.

João do Rio. *No tempo do Wenceslau*. Rio de Janeiro: Biblioteca Nacional, 2015.

João do Rio. *Vida vertiginosa*. São Paulo: Martins Fontes, 2006.

Johnson, H.; Nizza da Silva, M. B. (Coord.). *O império luso-brasileiro, 1500-1602*. In: Serra, J.; Marques, A. H. O. (Dir.). *Nova história da expansão portuguesa*. Lisboa: Editorial Estampa, 1992.

Kabengele, D. C. *O "pardo" Antônio Ferreira Cesarino (1808-1892) e o trânsito das mercês*. Aracaju: Edunit, 2015.

Kalache, A.; Veras, R. P.; Ramos, L. R. *O envelhecimento da população mundial: um desafio novo*. Revista de Saúde Pública de São Paulo, v. 21, n. 3, p. 200-210, 1987.

Kandratovich, J. I. C. *Uma família mineira: retratos sem retoque*. Belo Horizonte: Fino Traço, 2014.

Karash, M. C. *A vida dos escravos no Rio de Janeiro, 1808-1850*. São Paulo: Companhia das Letras, 2000.

Katz, S. *Disciplining old age: the formation of gerontological knowledge*. Charlottesville: University Press of Virginia, 1996.

Knox, M. B. *Escravos do sertão*. Teresina: Fundação Cultural Monsenhor Chaves, 1995.

Lacerda, B. O. *Dias ensolarados no Paraíso*. São Paulo: Editora Chão, 2020.

Lacombe, A. J. *Relíquias da nossa história*. Belo Horizonte: Itatiaia, 1988.

Langsdorff, E. *Diário da baronesa de E. de Langsdorff relatando sua viagem ao Brasil por ocasião do casamento de S.A.R. o Príncipe de Joinville (1842-1843)*. Florianópolis: Editora das Mulheres; Edunisc, 1999.

Laslett, P. *A fresh map of life: the emergence of the third age*. Cambridge: Harvard University Press, 1991.

Leite, M. M. *A condição feminina no Rio de Janeiro, século XIX*. São Paulo: Hucitec; Brasília: Pró-Memória; INL, 1984.

Lenoir, R. *L'invention du «troisième âge» et la constitution du champ des agents de gestion de la vieillesse*. Actes de la Recherche en Sciences Sociales, n. 26-27, p. 57-83, mar.-abr. 1979.

Leonardi, C. C. *A velhice na obra de Clarice Lispector: uma análise da senilidade em quatro contos*. Projeto de pesquisa FAPESP, FFLCH/USP.

Léry, J. *Viagem à terra do Brasil.* Rio de Janeiro: Biblioteca do Exército, 1961.

Lima, N. T.; Hochman, G. *Condenado pela raça, absolvido pela medicina: o Brasil descoberto pelo movimento sanitarista da Primeira República.* In: Maio, M. C.; Santos, R. V. (Org.). *Raça, ciência e sociedade.* Rio de Janeiro: Fiocruz; Centro Cultural Banco do Brasil, 1996.

Livro da visitação do Santo Ofício da Inquisição ao Estado do Grão-Pará (1763-1769). Apresentação de José Roberto do Amaral Lapa. Petrópolis: Vozes, 1978.

Lobato, M. L. M. *O envelhecimento na imprensa feminina brasileira: apontamentos sobre os modos de representação da mulher idosa. Parágrafo,* v. 5, n. 1, p. 199-204, jan.-jun. 2017.

Lopes, N. *Enciclopédia africana da diáspora africana.* São Paulo: Selo Negro, 2004.

Lorenzoni, J. *Memórias de um imigrante italiano.* Porto Alegre: PUC/RS; Sulina, 1975.

Louro, G. L. *Mulheres na sala de aula.* In: Del Priore, M. (Org.). *História das mulheres no Brasil.* São Paulo: Contexto, 1997. p. 443-481.

Lugão Rios, A.; Mattos, H. *Memórias do cativeiro: família, trabalho e cidadania no pós-abolição.* Rio de Janeiro: Civilização Brasileira, 2005.

Luna, F. V.; Costa, I. D. N. *Minas colonial: economia e sociedade.* São Paulo: FIPE; Pioneira, 1982.

Lusitano, A. *Segunda centúria de curas medicinais.* Tradução de Firmino Crespo. Lisboa: Instituto Português de Oncologia, 1949.

Lyra Neto, G. *Getúlio 1882-1954.* São Paulo: Companhia das Letras, 2012.

Macedo, J. M. *Romance de uma velha: comédia em cinco atos.* Rio de Janeiro: Livraria de Cruz Coutinho, s.d.

Machado, M. H. *O plano e o pânico: os movimentos sociais na década da abolição.* Rio de Janeiro: UFRJ; Edusp, 1994.

Maestri Filho, M. J. *Depoimentos de escravos brasileiros.* São Paulo: Cone, 1988.

Maia, T. *No mundo das sinhás.* Documenta Histórica, 2005.

Marcílio, M. L. *A cidade de São Paulo: povoamento e população (1750-1850).* São Paulo: Pioneira; USP, 1968.

Marcílio, M. L. *Caiçara: terra e população.* São Paulo: Paulinas; CEDHAL, 1986.

Marcílio, M. L. *Crescimento demográfico e evolução agrária paulista.* São Paulo: Hucitec; Edusp, 2000.

Mariz, V. *Depois da glória: ensaios sobre personalidades e episódios controvertidos da história do Brasil e Portugal.* Rio de Janeiro: Civilização Brasileira, 2012.

Mariz, V. *Retratos do Império.* Rio de Janeiro: Topbooks, 2016.

Marques, A. L. *A medicina no tempo de Amato Lusitano.* In: *Cadernos da Beira Interior da Pré-História ao século XX.* Castelo Branco: Avalom, 1994. p. 17-21.

Marques, R. C. *A saúde na terra dos bons ares, poucos médicos e muita fé.* In: Resende, M. E. L.; Villalta, L. C. (Org.). *História das Minas Gerais: as Minas Setecentistas.* v. 2. Belo Horizonte: Autêntica, 2007. p. 226-245.

Marques, V. R. B. *Medicinas secretas.* In: Chalhoub, S. et al. (Org.). *Artes e ofícios de curar no Brasil: capítulos de história social.* Campinas: Editora Unicamp, 2003. p. 163-196.

Martins, A. P. V. *Dos pais pobres ao pai dos pobres: cartas de pais e mães ao presidente Vargas e a política familiar do Estado Novo. Diálogos*, v. 12, n. 2/3, p. 209-235, 2008.

Martins, D. *A poeira da jornada: memórias.* São Paulo: Editora Resenha Tributária, 1980.

Matos, G. *Obra poética.* v. 1 e 2. Edição de James Amado. Preparação e notas de Emanuel Araújo. Rio de Janeiro: Record, 1990.

Matos, O. N. *A princesa Isabel e a sociedade brasileira de seu tempo. Anuário do Museu Imperial*, v. 37, 1971.

Mattos, H.; Abreu, M. (Dir.). *Memórias do cativeiro: narrativas.* Documentário sob direção de Guilherme Fernandes e Isabel Castro. LABHOI/UFF, 2005.

Mattoso, K. Q. *Bahia no século XIX: uma província no Império.* Rio de Janeiro: Nova Fronteira, 1992.

Mattoso, K. Q. *Ser escravo no Brasil.* São Paulo: Brasiliense, 1988.

Mello e Souza, L. *O diabo e a terra de Santa Cruz.* São Paulo: Companhia das Letras, 1986.

Mello Franco, F. *Elementos de higiene ou ditames teóricos e práticos para conservar a saúde e prolongar a vida.* Lisboa: Tipografia da Academia, 1823.

Mello, J. O. A. *Os coretos no cotidiano de uma cidade: lazer e classes sociais na capital da Paraíba.* João Pessoa: Fundação Cultural do Estado da Paraíba, 1990.

Mendonça, J. M. N. *Entre a mão e os anéis: a Lei dos Sexagenários e os caminhos da abolição no Brasil.* São Paulo: Editora Unicamp; Cecult, 1999.

Meneses, J. N. C. *A terra de quem lavra e semeia: alimento e cotidiano em Minas colonial*. In: Resende, M. E. L.; Villalta, L. C. (Org.). *História das Minas Gerais: as Minas Setecentistas. v. 1*. Belo Horizonte: Autêntica, 2007. p. 337-358.

Miano, L. *L'autre langue des femmes*. Paris: Grasset, 2021.

Minois, G. *Histoire de la vieillesse: de l'Antiquité à la Renaissance*. Paris: Fayard, 1987.

Moniz, H. *O Segundo Império*. Rio de Janeiro: Livraria Editora Leite Ribeiro & Freitas Bastos, 1928.

Monteiro, J. M. *Negros da terra: índios e bandeirantes nas origens de São Paulo*. São Paulo: Companhia das Letras, 1994.

Montenegro, F. *Prólogo, ato, epílogo*. São Paulo: Companhia das Letras, 2019.

Moraes, J. A. L. *Apontamentos de viagem*. Organização de Antônio Cândido. São Paulo: Companhia das Letras, 1995.

Moratelli, V. "Velhice e telenovela: reflexões sobre as representações da velhice antes e durante a pandemia do Covid-19". *Oikos: Família e Sociedade em Debate*, v. 32, n. 1, p. 109-126, 2021.

Morley, H. *Minha vida de menina*. São Paulo: Companhia das Letras, 1998.

Mota, L. *Adagiário brasileiro*. Belo Horizonte: Itatiaia; São Paulo: Edusp, 1987.

Mott, L. *Pedofilia e pederastia no Brasil antigo*. In: Del Priore, M. (Org.). *História da criança no Brasil*. São Paulo: Contexto, 1991. p. 44-60.

Mousnier, R. *La société d'ordres*. Paris: Presses Universitaires de France, 1967.

Muazze, M. *As memórias da viscondessa: família e poder no Brasil oitocentista*. Rio de Janeiro: Faperj; Zahar, 2008.

Nabuco, C. *Oito décadas: memórias*. Rio de Janeiro: Livraria José Olympio, 1973.

Nabuco, J. *Cartas aos amigos*. Edição preparada por Carolina Nabuco. São Paulo: Instituto Progresso Editorial, 1949.

Nabuco, J. *Minha formação*. São Paulo: Instituto Progresso Editorial, 1949.

Nava, P. *Baú de ossos*. São Paulo: Ateliê Editorial, 1999.

Nava, P. *Chão de ferro*. São Paulo: Ateliê Editorial Giordano, 2001.

Navarro, A. et al. *Cartas avulsas*. Belo Horizonte: Itatiaia; São Paulo: Edusp, 1988.

Neves, L. M. B. Cidadania e participação política na época da independência do Brasil. *Caderno CEDES*, v. 22, n. 58, p. 47-64, dez. 2002.

Nieuhoff, J. *Memorável viagem marítima e terrestre ao Brasil*. Belo Horizonte: Itatiaia; São Paulo: Edusp, 1981.

Nizza da Silva, M. B. *História da família no Brasil colonial*. Rio de Janeiro: Nova Fronteira, 1998.

Nizza da Silva, M. B. *Sistema de casamento no Brasil colonial*. São Paulo: Tao; Edusp, 1984.

Nóbrega, M. *Cartas do Brasil*. v. 1. Belo Horizonte: Itatiaia, 1988.

Nozoe, N. H.; Costa, I. D. N. Sobre a questão das idades em alguns documentos dos séculos XVIII e XIX. *Revista do Instituto de Estudos Brasileiros*, n. 34, p. 175-182, 1992.

Oliveira Lima. *Memórias: estas minhas reminiscências*. Recife: Fundarpe; Governo de Pernambuco, 1986.

Oliveira Mello, A. *Memórias de um tempo*. Paracatu: Academia de Letras do Noroeste de Minas, 1999.

Ortega, M. P. M.; Luque, M. L. P.; Fernández, B. C. Visión histórica del concepto de vejez desde la Edad Media. *Cultura de los Cuidados*, v. 6, n. 11, 2002.

Ottoni, C. B. *Autobiografia de C. B. Ottoni*. Brasília: Senado Federal, 2014.

Paiva, A. T. *Os indígenas e os processos de conquista dos sertões de Minas Gerais (1767-1813)*. Belo Horizonte: Argumentum, 2010.

Pantoja, S. Angola com os ngangas e os zumbis nas redes da Inquisição no século XVIII. In: Isaía, A. C. (Org.). *Orixás e espíritos: o debate interdisciplinar na pesquisa contemporânea*. Uberlândia: Edufu, 2006. p. 17-32.

Pastore, J. Quais são os impactos do envelhecimento da população brasileira. *Estado de São Paulo*, 30 nov. 2023, p. 3.

Pereira, B. *Vultos e episódios do Brasil*. São Paulo: Companhia Editora Nacional, 1938.

Pereira, M. R. A. Corpo feminino e envelhecimento na obra de Lygia Fagundes Telles. *SciELO, Estudos de Literatura Brasileira Contemporânea*, n. 56, 2019.

Pereira, R. S. *Piso e a medicina indígena*. IAHGP; Universidade de Pernambuco, 1980.

Pieroni, G. *Vadios e ciganos, heréticos e bruxas: os degredados no Brasil colônia*. Rio de Janeiro: Bertrand Brasil; Fundação Biblioteca Nacional, 2000.

Pinho, W. *Salões e damas do Segundo Reinado*. São Paulo: Martins Editora, s.d.

Pirola, R. F. Escravos e rebeldes na Justiça Imperial (RJ), 1873. *Afro-Ásia*, n. 51, p. 41-80, 2015.

Querino, M. *Costumes africanos no Brasil*. Brasília: MinC; MCT; CNPq, 1988.

Quintaneiro, T. *Retratos de mulher: o cotidiano feminino sob o olhar dos viajantes do século XIX*. Petrópolis: Vozes, 1996.

Raminelli, R. *Imagens da colonização: a representação do índio de Caminha a Vieira*. São Paulo: Edusp; Fapesp; Jorge Zahar, 1996.

Raminelli, R. Mulheres canibais. *Revista da USP*, 1994, p. 122-135.

Ramos, A. *O folclore negro no Brasil*. São Paulo: Martins Fontes, 2007.

Ramos, G. *Memórias do cárcere*. v. 1 e 2. São Paulo: Círculo do Livro, s.d.

Rapto da Condessa Fé d'Ostiani por um dos testemunhos do Ipiranga. Acervo Itamar Bopp, ficha n. 54.

Rego, A. H. *Breviário do Coronel Francisco Heráclio do Rego*. Recife: 20-20 Comunicação e Editora, 1999.

Reis Júnior, D. *Propagandas históricas*. Disponível em: http://www.propagandashistoricas.com.br/search/label/medicina.

Rezende, F. P. F. *Minhas recordações*. Rio de Janeiro: Topbooks, 2005.

Rezende, M. I.; Villalta, L. C. *História de Minas Gerais*. v. 1 e 2. Belo Horizonte: Companhia do Tempo; Autêntica, 2007.

Ribeiro, M. M. *A ciência dos trópicos: a arte médica no Brasil do século XVIII*. São Paulo: Hucitec, 1997.

Ricardo, C. *Viagem no tempo e no espaço: memórias*. Rio de Janeiro: José Olympio, 1970.

Richshoffer, A. *Diário de um soldado da Companhia das Índias Ocidentais*. São Paulo: IBRASA; Brasília: INL, 1978.

Riguete, J. A. T. *Clube dos Cutubas: fragmentos de memórias, sociabilidades e histórias cruzadas. Leopoldina 1920-1940*. Tese (Mestrado) – PPGH, Universidade Salgado de Oliveira, 2020.

Risério, A. *A casa no Brasil*. Rio de Janeiro: Topbooks, 2019.

Risério, A. *As sinhás pretas da Bahia, suas escravas e joias*. Rio de Janeiro: Topbooks, 2021.

Risério, A. *Em busca da nação*. Rio de Janeiro: Topbooks, 2020.

Risério, A. *Textos e tribos: poéticas extraocidentais nos trópicos brasileiros*. Rio de Janeiro: Imago, 1983.

Rodrigues, N. *O óbvio ululante: primeiras confissões*. São Paulo: Companhia das Letras, 1993.

Rodrigues, P. J. S. La pastorale du grand âge et de la fin de vie. *Revue Lumen Vitae*, v. 74, n. 3, p. 251-260, 2019.

Russell-Wood, A. J. R. *Escravos e libertos no Brasil colonial*. Rio de Janeiro: Civilização Brasileira, 2005.

Salgado, M. A. Envelhecimento: um desafio para a sociedade. In: *Série Terceira Idade SESC*. São Paulo: SESC, 1997. p. 4-8.

Salles, R. *E o vale era o escravo: Vassouras, século XIX. Senhores e escravos no coração do Império*. Rio de Janeiro: Civilização Brasileira, 2008.

Salvador, F. V. *História do Brasil (1500-1627)*. Belo Horizonte: Itatiaia; São Paulo: Edusp, 1982.

Sandroni, C. *180 anos do Jornal do Comércio (1827-2007): de D. Pedro I a Luiz Inácio da Silva*. Rio de Janeiro: Quorum Editora, 2007.

Sant'Anna, A. R. *Quase diário: 1980-1999*. Porto Alegre: L&PM, 2017.

Sant'Anna, D. B. *História da beleza no Brasil*. São Paulo: Contexto, 2014.

Santos, F. S. D. Alcoolismo: algumas reflexões acerca do imaginário de uma doença. *Physis – Revista de Saúde Coletiva*, v. 3, n. 2, 1993.

Santos, S. D. M. Rastros na memória: propagandas de medicamentos, história e patologização da vida. *XI Encontro Nacional Nordeste História Oral*, Fortaleza, 2017.

Sarges, M. N. *Memórias do velho intendente*. Belém: Paka-Tatú, 2002.

Schwarcz, L. M.; Starling, H. M. *A bailarina da morte: a gripe espanhola no Brasil*. São Paulo: Companhia das Letras, 2020.

Scliar, M. *O nascimento da melancolia: Saturno nos trópicos: a melancolia europeia chega ao Brasil*. São Paulo: Companhia das Letras, 2003.

Segunda visitação do Santo Ofício às partes do Brasil. Anais do Museu Paulista, tomo XVII.

Seidler, C. *Dez anos no Brasil*. Brasília: Senado Federal, 2003.

Sela, E. M. M. *Modos de ser, modos de ver*. Campinas: Editora Unicamp, 2008.

Semedo, J. C. *Atalaia da vida contra hostilidades da morte*. Lisboa: Oficina Ferreiriana, 1720.

SESC. Ed. 86 – História da velhice no Brasil: 60 anos de mudanças, conquistas e desafios, 2024.

Sigaud, J. F. X. *Du climat et des maladies du Brésil*. Paris: Chez Fortin, Masson et Cie, 1844.

Silva, C. M. *Processos-crime: escravidão e violência em Botucatu*. São Paulo: Alameda, 2004.

Silva, C. *O melhor de Carmem da Silva*. Organização de Laura Taves Civita. São Paulo: Rosa dos Ventos, 1994.

Silva, F. C. T. *A morfologia da escassez: crises de subsistência e política econômica no Brasil colônia (Salvador e Rio de Janeiro, 1680-1790)*. Tese (Doutorado) – Departamento de História, UFF, 1990.

Silva, F. C. T.; Santos, R. P. *Memória social dos esportes: futebol e política – a construção de uma identidade nacional*. Rio de Janeiro: Mauad; Faperj, 2006.

Silva, L. G. F. *Heréticos e impuros*. Rio de Janeiro: Coleção Biblioteca Carioca, 1985.

Silva, M. B. N. *Sistema de casamento no Brasil colonial*. São Paulo: TA Queiróz; Edusp, 1984.

Silveira, M. I. *Isabel quis Valdomiro*. Rio de Janeiro: Livraria Francisco Alves, s.d.

Skidmore, T. E. *Brasil: de Getúlio a Castello (1930-64)*. São Paulo: Companhia das Letras, 2010.

Slenes, R. W. *Na senzala, uma flor: esperanças e recordações da família escrava – Brasil, Sudeste, século XIX*. Rio de Janeiro: Nova Fronteira, 1999.

Smith, H. H. *Do Rio de Janeiro à Cuiabá: notas de um naturalista*. São Paulo: Companhia Melhoramentos de São Paulo, 1922.

Soares, M. A biografia de Ignacio Monte, o escravo que virou rei. In: Vainfas, R. et al. (Org.). *Retratos do Império: trajetórias individuais no mundo português nos séculos XVI a XIX*. Rio de Janeiro: Eduf, 2006.

Souza, C. M. C. *A gripe espanhola na Bahia: saúde, política e medicina em tempos de epidemia*. Salvador: Edufba; Rio de Janeiro: Editora Fiocruz, 2009.

Souza, C. P. *Previdência social: perspectivas para um Brasil em transição demográfica*. 2014. Disponível em: https://pantheon.ufrj.br/bitstream/11422/1528/1/CPSouza.pdf.

Souza, J. P. (Org.). *Escravidão e ofícios da liberdade*. Rio de Janeiro: Aperj, 1998.

Souza, J. P.; Costa, R. Regimento proveitoso contra a pestilência (c. 1496) – uma apresentação. *História, Ciências, Saúde – Manguinhos*, v. 12, n. 3, p. 841-851, set.-dez. 2005.

Souza, L. M. *Inferno Atlântico: demonologia e colonização (séculos XVI e XVIII)*. São Paulo: Companhia das Letras, 1993.

Spix, J. B.; Martius, C. F. P. *Viagem pelo Brasil (1817-1820)*. São Paulo: Melhoramentos; Brasília: INL, 1976.

Staden, H. *Suas viagens e cativeiro entre os selvagens do Brasil*. São Paulo: 1900.

Suzannet, C. *O Brasil em 1845*. Rio de Janeiro: Livraria Editora Casa do Estudante do Brasil, 1954.

Taunay, A. E. *No Brasil de 1840*. São Paulo: Imprensa Oficial do Estado, 1935.

Taunay, A. E. *No Rio de Janeiro de D. Pedro II*. Rio de Janeiro: Agir, 1947.

Tavares, M. *O território da velhice em Dalton Trevisan*. Anuário de Literatura, Florianópolis, v. 26, p. 1-21, 2021. DOI: http://doi.org/10.5007/2175-7917.2021.e77993.

Teixeira, P. E. *O outro lado da família brasileira*. Campinas: Editora Unicamp, 2004.

Thomas, L. V. La vieillesse en Afrique noire. *Communications*, n. 37, p. 69-87, 1983.

Varnhagen, F. A. S. C. Sá e Benevides. *Revista do IHGB*, t. III, p. 105, 1841.

Vasconcelos de Drummond. Anotações de Vasconcelos de Drummond à sua biografia. Brasília: Senado Federal, 2012.

Vasconcelos, S. *Crônica da Companhia de Jesus do Estado de Brasil*. Rio de Janeiro: Tipografia de João Ignacio da Silva, 1864.

Veloso, C. *Verdade tropical*. São Paulo: Companhia das Letras, 1997.

Venancio, R. P. *Vinho & colonização: o Brasil e as bebidas alcoólicas portuguesas (1500-1822)*. São Paulo: Alameda, 2023.

Veríssimo, E. *Solo de clarineta: memórias*. Porto Alegre: Editora Globo, 1976.

Vieira, K. F. L.; Coutinho, M. P. L.; Saraiva, E. R. A sexualidade na velhice: representações sociais de idosos frequentadores de um grupo de convivência. *Psicologia, Ciência e Profissão*, v. 36, n. 1, p. 199-204, jan.-mar. 2016.

Vigarello, G. *Histoire de la virilité. v. 1: De l'invention de la virilité de l'Antiquité aux Lumières*. Paris: Seuil, 2011.

Vigarello, G. *Le sentiment de soi: histoire de la perception du corps (XVIe-XXe siècle)*. Paris: Seuil, 2014.

Weimer, R. A. "O meu avô me contava": dinâmicas de circulação da memória do cativeiro entre descendentes de escravos. Osório, século XX. *História Oral*, v. 13, n. 2, p. 65-87, jul.-dez. 2010.

Fontes

Periódicos do século XIX
1. Correio Braziliense – ING (julho de 1813)
2. Correio Braziliense – ING (janeiro de 1818)
3. Correio Braziliense – ING (julho de 1821)
4. Diário do Rio de Janeiro – RJ (29-11-1821)
5. O Conciliador – MA (02-10-1822)
6. O Mentor das Brasileiras – MG (14-01-1831)
7. O Mentor das Brasileiras – MG (21-01-1831)
8. O Mentor das Brasileiras – MG (30-09-1831)
9. O Ypiranga – RJ (01-02-1832)
10. O Noticiador – RS (10-06-1833)
11. Diário do Rio de Janeiro – RJ (27-08-1833)
12. O Carapuceiro – PE (30-11-1833)
13. O Auxiliador da Indústria Nacional – RJ (n. 4, 1837)
14. Pharol do Imperio -RJ (11-05-1837)
15. O Carapuceiro – PE (10-06-1837)
16. O Ladrão – RJ (Agosto de 1837)
17. Diario do Rio de Janeiro – RJ (23-06-1838)
18. O Despertador – RJ (27-03-1839)
19. A Phenix – SP (16-10-1839)
20. O Carapuceiro – PE (17-12-1839)
21. O Mosaico – PT (n. 94, 1841)
22. O Diário Novo – PE (20-02-1843)
23. O Mercantil – MG (18-12-1844)
24. Folhinha Civil e Eclesiástica – RJ (1848)
25. A Voz da Religião – PE (07-01-1849)
26. Jornal da Academia Imperial de Medicina do RJ – RJ (Novembro de 1849)

27. O Rio-Grandense – RS (12-01-1850)
28. Correio da Victoria – ES (09-03-1850)
29. Correio da Victoria – ES (16-03-1850)
30. Correio da Victoria – ES (20-03-1850)
31. O Despertador Municipal – RJ (21-10-1850)
32. O Guanabara – RJ (1850)
33. O Martinho – RJ (13-07-1851)
34. O Globo – MA (03-11-1852)
35. O Curupira – RJ (09-01-1853)
36. O Globo – MA (30-01-1855)
37. O Bom Senso – MG (18-10-1855)
38. O Argos – SC (16-06-1857)
39. Revista Literária e Recreativa – RJ (28-01-1858)
40. Diário do Maranhão – MA (20-02-1858)
41. O Argos – SC (26-03-1859)
42. A Marmota – RJ (09-12-1859)
43. A Marmota – RJ (27-01-1860)
44. O Correio da Tarde – RJ (09-01-1860)
45. A Imprensa – MA (11-02-1860)
46. O Correio da Tarde – RJ (22-02-1860)
47. A Marmota – RJ (03-04-1860)
48. Diário do Rio de Janeiro – RJ (08-04-1860)
49. A Marmota – RJ (24-04-1860)
50. Diário do Rio de Janeiro – RJ (15-03-1861)
51. O Argos – SC (06-08-1861)
52. O Mercantil – SC (03-04-1862)
53. A Coalição – MA (12-04-1862)
54. Publicador Maranhense – MA (27-11-1863)
55. Semana Ilustrada – RJ (1864)
56. O Publicador – PB (01-10-1864)
57. O Publicador – PB (13-05-1864)
58. O Publicador – PB (30-12-1864)
59. Revista Comercial – SP (08-06-1865)
60. Semana Ilustrada – RJ (1865)
61. Diário de S. Paulo – SP (26-11-1865)
62. O Liberal do Pará – PA (15-01-1869)
63. Monitor Macahense – RJ (19-02-1869)
64. Arte Dentária – RJ (setembro de 1869)
65. Jornal da Tarde – RJ (13-12-1869)

66. Gazeta de Campinas – SP (30-12-1869)
67. Almanak Administrativo – RJ (1870)
68. Monitor Macahense – RJ (06-10-1870)
69. Diário de Notícias – RJ (05-03-1871)
70. Amazonas – AM (02-10-1871)
71. O Espírito-santense – ES (22-10-1871)
72. A Nação – RJ (16-08-1872)
73. Almanak Administrativo – RJ (1873)
74. Semana Ilustrada – RJ (23-03-1873)
75. O Liberal do Pará – PA (16-09-1874)
76. O Espírito-santense – ES (28-11-1874)
77. Constitucional – SP (09-06-1875)
78. Gazeta de Notícias – RJ (25-12-1875)
79. Jornal da Lavoura – MA (30-12-1875)
80. O Americano – SE (01-05-1876)
81. Revista Ilustrada – RJ (17-12-1876)
82. O Cachoeirano – ES (15-01-1877)
83. O Município – RJ (30-09-1877)
84. Correio Oficial – GO (27-02-1878)
85. A Matraca – RJ (23-06-1878)
86. Jornal de Sergipe – SE (01-03-1879)
87. O Conservador – SC (13-03-1879)
88. O Bem Publico – SP (01-05-1879)
89. A Estação – RJ (30-09-1879)
90. Correio Comercial – RJ (03-11-1879)
91. Comercio de Portugal – POR (30-12-1879)
92. Gazeta de Notícias – RJ (14-01-1880)
93. Jornal do Recife – PE (17-02-1880)
94. Gazeta de Notícias – RJ (21-02-1880)
95. O Guarany – SE (21-07-1880)
96. O Liberal do Pará – PA (19-09-1880)
97. Diário de Belém – PA (06-01-1881)
98. O Cearense – CE (07-02-1882)
99. O Iniciador – MG (11-06-1882)
100. Gazetinha – RJ (22-06-1882)
101. O Espinho – RJ (10-12-1882)
102. A Folha Nova – RJ (15-12-1882)
103. Gazeta do Norte – CE (12-12-1882)
104. O Binoculo – SE (18-01-1883)

105. Revista Catholica – RJ (1883)
106. Folha Nova – RJ (04-03-1883)
107. A Lanterna – RJ (04-04-1883)
108. Gazeta da Bahia – BA (11-04-1883)
109. A Provincia do Espírito Santo – ES (26-07-1883)
110. Campeão Lusitano – RJ (27-07-1883)
111. Gazeta Paranaense – PR (12-02-1885)
112. Jornal do Comercio – SC (17-04-1885)
113. O Tempo – RJ (16-07-1885)
114. O Programa-Avisador – RJ (20-08-1885)
115. Diário de Notícias – RJ (04-12-1885)
116. A Regeneração – SC (29-08-1886)
117. O Baependyano – MG (19-12-1886)
118. O Diário de Santos – SP (08-05-1887)
119. O Programa Guiador – RJ (01-07-1887)
120. A Locomotiva – BA (18-11-1888)
121. Dezenove de Dezembro – PR (27-02-1889)
122. O Republicano – SE (31-03-1889)
123. Revista Illustrada – RJ (dezembro – 1890)
124. O Mercantil – SP (19-07-1890)
125. O Cearense – CE (15-10-1890)
126. República – SC (20-05-1891)
127. O Combate – RJ (01-04-1892)
128. Diário de Jaguarão – RS (10-10-1892)
129. Correio Paraense – PA (20-09-1893)
130. O Leopoldinense – MG (28-04-1895)
131. Santos Comercial – SP (28-09-1895)
132. Diário do Paraná – PR (25-03-1897)
133. A Imprensa – RJ (15-11-1898)
134. A Imprensa – RJ (04-02-1899)
135. Diário de Minas – MG (19-08-1899)

Periódicos (Geriatria)
1. A Noite – RJ (28-05-1925)
2. Jornal do Recife (PE) – 21-08-1931
3. Careta (RJ) – 29-04-1933
4. A Nação (RJ) – 30-07-1933
5. Jornal do Brasil (RJ) – 17-08-1933
6. A Noite (RJ) – 21-08-1933

7. Beira-Mar (RJ) – 06-10-1934
8. O Jornal (RJ) – 10 – 11 – 1934
9. Correio de São Paulo (SP) – 18-12-1935
10. Correio da Manhã (RJ) – 20-12-1936
11. Correio da Manhã (RJ) – 19-02-1939
12. O Imparcial (RJ) – 31-08-1939
13. Gazeta de Notícias (RJ) – 22-11-1940
14. O Imparcial (RJ) – 21-12-1941
15. Lavoura e Comercio (MG) – 06-07-1943
16. Revista Flamma (SP) – Novembro de 1943
17. Sino Azul (RJ) – Fevereiro de 1944
18. A Notícia (SC) – 09-04-1944
19. Correio da Manhã (RJ) – 29-04-1945
20. Diário de Notícias (RJ) – 03-06-1945
21. Boletim do SAPS (DF) – Novembro de 1945
22. A Noite – RJ (19-08-1946)
23. O Dia (PR) – 21-08-1946
24. A Noite – Suplemento (RJ) – 07-09-1948
25. Revista da Semana (RJ) – 29-01-1949
26. Fon Fon (RJ) – 28-05-1949
27. O Estado de Florianópolis (SC) – 10-06-1949
28. O Puritano (RJ) – 25-06-1949
29. A Noite – Suplemento (RJ) – 03-01-1950
30. O Estado de Florianópolis (SC) – 05-08-1953

Periódicos (Aposentados)
1. A Tarde (PR) – 11-11-1930
2. Praça de Santos (SP) – 15-02-1931
3. Diário de Santos (SP) – 21-02-1931
4. Gazeta Popular (SP) – 23-09-1931
5. Nação (CE) – 03-02-1932
6. Jornal Pequeno (PE) – 22-07-1932
7. Sino Azul (RJ) – Outubro de 1932
8. A Nação (RJ) – 18-03-1933
9. A Nação (RJ) – 05-04-1933
10. A Vanguarda (MG) – 07-07-1933
11. Brasil Feminino (RJ) – 1933
12. Legionário (CE) – 03-02-1934
13. Gazeta Popular (SP) – 26-06-1934

14. Gazeta Popular (SP) – 31-08-1934
15. Revista Criminal (RJ) – Fevereiro e Março de 1935
16. A Notícia (SC) – 12-06-1936
17. Monte Carmello (MG) – 21-06-1936
18. O Dia (PR) – 21-02-1939
19. Correio da Tarde (SP) – 03-01-1941
20. Vida Carioca (RJ) – Maio de 1941
21. A Cruz (RJ) – 05-07-1942
22. Carioca (RJ) – 31-03-1945
23. A Cruz (RJ) – 08-07-1945
24. A Manhã (RJ) – 12-09-1946
25. Vida Carioca (RJ) – Janeiro de 1949
26. Vida Carioca (RJ) – Abril de 1949
27. Revista do Professor (SP) – Fevereiro de 1954
28. A Manhã – Almanaque (RJ) – 1955

Periódicos (República Velha)
1. Diário da Tarde (PR) – 16-01-1900
2. A Imprensa (RJ) – 08-03-1900
3. O Commercio (PR) – 15-03-1900
4. Pacotilha (MA) – 19-03-1900
5. O Palpite da Época (RJ) – 22-09-1900
6. Correio da Manhã (RJ) – 07-08-1901
7. Estado do Rio (RJ) – 10-08-1901
8. O Industrial (PA) – 03-10-1901
9. Revista da Semana (RJ) – 20-10-1901
10. A Cidade (MG) – 29-10-1901
11. A Campanha (MA) – 25-04-1902
12. O Besouro (PE) – 23-06-1902
13. O Dia (SC) – 14-08-1902
14. O Dia (SC) – 02-11-1902
15. Quo Vadis (AM) – 04-01-1903
16. Vida Paulista (SP) – 20-08-1905
17. Cruzada (RJ) – 20-08-1905
18. O Puritano (RJ) – 07-09-1905
19. O Malho (RJ) – 16-09-1905
20. Jornal de Caxias (MA) – 07-10-1905
21. Gazeta de Ouro Fino (MG) – 06-05-1906
22. O Pharol (RJ) – 18-11-1906

23. Fon-Fon (RJ) – 13-07-1907
24. Revista do Brasil (BA) – 30-07-1908
25. O Piranga (MG) – 15-08-1908
26. Jornal da Exposição (RJ) – 07-10-1908
27. A Razão (SE) – 11-10-1908
28. Jornal da Exposição (RJ) – 16-10-1908
29. O Subúrbio (RJ) – 17-10-1908
30. A Razão (SE) – 18-10-1908
31. A Razão (SE) – 25-10-1908
32. Jornal da Exposição (RJ) – 25-10-1908
33. A Razão (SE) – 01-11-1908
34. A Razão (SE) – 08-11-1908
35. A Razão (SE) – 15-11-1908
36. O Norte (PB) – 18-11-1908
37. Careta (RJ) – 30-01-1909
38. A Razão (SE) – 31-01-1909
39. A Justiça (BA) – 04-02-1909
40. Vinte de Julho (AL) – 19-02-1909
41. Arealense (RJ) – 22-04-1909
42. Rua do Ouvidor (RJ) – 05-06-1909
43. O Seculo (RJ) – 08-01-1910
44. Fon-Fon (RJ) – 22-01-1910
45. Comercio de Joinvile (SC) – 05-02-1910
46. Correio Paulistano (SP) – 20-02-1910
47. Boletim Pharmaceutico (RJ) – abril a junho de 1910
48. O Malho (RJ) – 03-09-1910
49. A Razão (SE) – 04-09-1910
50. Almanak Henault (RJ) – 1910
51. A Vanguarda (SP) – 01-06-1911
52. A Vanguarda (SP) – 21-06-1911
53. A Tribuna (RJ) – 08-07-1911
54. A Tribuna (RJ) – 13-07-1911
55. Jornal do Commercio (RJ) – 1911
56. Rua do Ouvidor (RJ) – 30-03-1912
57. Novidades (SC) – 05-05-1912
58. Kodak (RS) – 30-11-1912
59. A Faceira (RJ) – setembro de 1912
60. Revista Moderna (RJ) – 15-08-1914
61. Jornal Illustrado (RJ) – abril de 1914

62. Alto Purús (AC) – 06-06-1915
63. Era Nova (RJ) – 09-09-1915
64. Oráculo (RJ) – n. 18 – 1915
65. Oráculo (RJ) – n. 21 – 1915
66. Alto Purús (AC) – 23-01-1916
67. A Razão (RJ) – 18-05-1917
68. Boletim Pharmaceutico (RJ) – janeiro a março de 1918
69. O Atirador (RS) – 24-02-1918
70. Archivo Vermelho (RJ) – março de 1918
71. Palco e Telas (RJ) – 21-03-1918
72. Casa dos Artistas (RJ) – 24-08-1918
73. Pão de Santo Antonio (MG) – 06-10-1918
74. Gazeta do Povo (SP) – 23-11-1918
75. Oráculo (RJ) – n. 110 – 1918
76. Jornal do Commercio (RJ) – 1918
77. O Parafuso (SP) – 27-02-1919
78. A Tribuna (MG) – 26-07-1919
79. A Nação (RJ) – 02-10-1919
80. Careta (RJ) – 10-01-1920
81. Fon-Fon (RJ) – 10-01-1920
82. Gazeta de Noticias (RJ) – 21-01-1920
83. D. Quixote (RJ) – 28-01-1920
84. A Revista (RJ) – fevereiro de 1920
85. Presença (RJ) – n. 1 – 1921
86. Gazeta de Minas (MG) – 13-11-1921
87. A Scena Muda (RJ) – 01-11-1923
88. A Tribuna (MG) – 10-03-1927
89. O Ceará (CE) – 06-04-1928
90. O Ceará (CE) – 28-04-1928
91. A Esquerda (CE) – 08-05-1928
92. O Combate (MA) – 03-10-1928
93. O Conciliador (SC) – 10-01-1929
94. Tribuna (MT) – 01-10-1929
95. Sultana (SP) – outubro

Agradecimentos

    Liana Leão e Lizir Arcanjo, maravilhosas companheiras nessa viagem. A Renato Venâncio, pelo apoio sempre. A José Antônio Monteiro Ameijeiras, piloto da pesquisa no Arquivo Digital da BNRJ. A Paulo Assunção, Márcia Ligia Guidin, Eduardo Schnoor, Jorge Prata, Randolpho Radsack Correa, Auxiliomar Ugarte, Natania Nogueira e Gian Carlo Melo, pelas excelentes informações.

Este livro foi composto com tipografia Adobe Garamond Pro e
impresso em papel Off-White 70 g/m² na Formato Artes Gráficas.